비트겐슈타인의 『철학적 탐구』를 위한 길잡이

비트겐슈타인의 『철학적 탐구』를 위한 길잡이

A. 아흐메드 지음 | 하상필 옮김

서광사

이 책은 *Arif Ahmed*의 *Wittgenstein's Philosophical Investigations*(Bloomsbury Publishing Plc., 2010)를 완역한 것이다.

비트겐슈타인의 『철학적 탐구』를 위한 길잡이

A. 아흐메드 지음
하상필 옮김

펴낸이 | 이숙
펴낸곳 | 도서출판 서광사
출판등록일 | 1977. 6. 30.
출판등록번호 | 제 406-2006-000010호

(10881) 경기도 파주시 회동길 77-12 (문발동)
Tel: (031) 955-4331 | Fax: (031) 955-4336
E-mail: phil6161@chol.com
http://www.seokwangsa.co.kr | http://www.seokwangsa.kr

제1판 제1쇄 펴낸날 · 2013년 7월 20일
제1판 제2쇄 펴낸날 · 2022년 1월 30일

ISBN 978-89-306-2040-6 93160

옮긴이의 말

『논리-철학 논고』[1](이하 『논고』)를 완성하였을 때 비트겐슈타인은, 그 책에 표현된 생각들이 불가침적이고 결정적인 진리라고 보아, 서양 철학사에서 면면이 이어져 온 논리적 · 철학적 문제들을 본질적인 점에서 최종적으로 해결했다고 생각했다. 더 이상 철학을 할 이유를 느끼지 못한 그는 오스트리아의 시골로 내려가 수년간 초등학교 교사 생활을 하였다. 『논고』에 문제가 있음을 깨닫고 다시 철학에 몰두하게 된 그가 남은 평생을 통해 쓰려고 했던 한 권의 책이 바로 『철학적 탐구』(이하 『탐구』)이다. 그가 죽을 때까지 약 20여 년에 걸친 철학적 사색을 통해서도 이 책은 만족스럽게 완성되지 못했다. 오늘날 우리에게 남겨진 『탐구』는 사후에 그의 제자들이 미완성본을 출간한 것이다. 오늘날 『탐구』는 철학사 전체를 통틀어 가장 중요한 몇 권의 책들 가운데 하나로 손꼽힌다. 그러나 이 책은, 『논고』와 마찬가지로, 우리 시대의 주류 사상을, 예컨대 진리와 진보의 이념을 추구하는 과학주의와 같은 사상을 대변하고 있지 않다. 반대로 비트겐슈타인은 『탐구』가 그런 이념을 추구하는 이 시대 사람들에 의해서는 한두 세기가 지나서도 이해될 수 없으리라고 생각했다. 『탐구』의 머리말에서 그는 '이 시대의 어둠 속에서' 그의 작업이 다른 사람들의 머리에 빛을 던지도록 하는 소명을 부여받았을

---

1 옮긴이 주: 곽강제 교수는 『논리철학론』으로 번역하였다.

지 모르겠다는 생각을 희망 반 회의 반의 마음으로 표현했다. 시대의 조류를 의식한 이와 같은 비관적인 전망은, 옮긴이가 보기에, 불행하게도 어긋나지 않은 것으로 보인다.

『논고』와 『탐구』 사이에는 공통점들도 꽤 있는데, 가장 중요한 하나의 공통점은 둘 모두 철학의 목적을 언어 비판에서 찾는다는 점일 것이다. 특히 형이상학적인 방식으로 언어를 사용하는 것에 대한 비판. 그러나 둘 사이에는 철학하는 방법과 스타일에서 큰 차이가 있다. 『논고』는 프레게와 러셀로부터 계승한 기호 언어로 일상 언어를 분석하는 일을 유의미하게 보는 반면, 『탐구』는 그 일에 비판적이다. 『논고』는 형이상학을 비판하면서도 세계의 구조와 본질, 그리고 그에 대응하는 언어의 구조와 본질에 관한 일종의 형이상학을 구축한 반면, 『탐구』는 세계 및 언어에 관한 어떤 본질적 설명도 거부하고 오직 철학적 문제들이 왜 발생하게 되었는가를 일상 언어가 실제로 사용되는 방식들을 살펴봄으로써 드러낼 따름이다. 그런데 비트겐슈타인의 문장들은 전 · 후기를 막론하고 의미심장할 뿐 아니라 난해하기로 악명 높다. 『논고』의 난해성이 극히 간명하고 선언적인 글쓰기 스타일에 기인한다면, 글의 내용이 상당히 풍부해진 『탐구』의 난해성은 주로 과거의 철학자들이 문제 삼아 본 적도 없는 것들, 그러니까 매우 당연하고 사소해 보이는 일상적이고 자연적인 것들을 중요하게 다루고 있다는 데 기인한다. 후기 비트겐슈타인의 철학에 관해 개론적인 지식을 가지고 있는 독자라 하더라도 『탐구』를 직접 접하게 되면 거기에서 비트겐슈타인이 무엇을 문제 삼고 있으며 무슨 주장을 하려는지 감잡기가 쉽지 않다. A. 아흐메드가 쓴 이 책은 이와 같은 독자들에게 『탐구』의 핵심적인 본문을 따라가면서 거기에서 다루고 있는 문제가 무엇이며 무엇을 주장하고 있는지 알려 주는 안내서로서 안성맞춤이다.

안내서라 하면 보통 그 분야를 처음 접하는 사람도 어렵지 않게 이해하면서 읽을 수 있는 책을 연상하지만, 이 책은 사실 초심자가 쉽게 읽을 수 있는 책은 아니다. 저자 서문에서 밝히고 있듯이 케임브리지 대학교에서 졸업시험으로 전문 분야 논문을 준비하는 학생들에게 강의한 내용을 토대로 하였다는 데서 짐작할 수 있는 일이지만, 저자는 이 책에서 『탐구』에 대한 기초적인 설명을 하기보다는 『탐구』의 주된 논점과 입장이 무엇인지 명확하게 기술하고 그에 대한 분명한 평가를 내리는 데 역점을 두고 있다. 그 이유는 어떤 논제가 제시되든지 학생들이 그것에 대한 『탐구』의 입장을 명확히 기술하고 자신의 입장을 또한 분명하게 표현할 수 있게 준비시켜야 하기 때문이었을 것이다. 그러므로 이 책을 비트겐슈타인의 철학에 대한 안내서로 활용할 수 있는 독자는 서양철학사에 대한 개괄적인 지식과 함께 비트겐슈타인의 철학에 관한 어느 정도의 선이해(先理解)를 갖추고 있어야 한다. 이 책은 『탐구』의 주요 소견들이 다수 인용되어 있는 본문 읽기를 중심으로 하고 있어, 무엇보다도 독자들이 『탐구』를 직접 읽어 내는 능력을 기르는 데 큰 도움이 될 것이다. 그 밖에 『탐구』가 쓰인 철학적 맥락을 먼저 설명해 놓은 점, 이어서 저자가 말할 내용을 전체적으로 개관해 놓은 점, 본문 읽기 뒤에 『탐구』가 이후의 철학자들에게 어떻게 수용되고 어떤 영향을 끼쳤는지를 간단히 설명해 놓은 점도 독자를 위한 배려로 눈에 띄는 점이다.

이 책은 그다지 많지 않은 분량에도 『탐구』의 핵심 주제들을 대부분 다루고 있지만 그것들을 소개하는 데 그치지 않고 비판적으로 고찰하고 있다. 특히 주요 대목들에서 비트겐슈타인이 뜻한 진정한 의도나 최선의 해석이 무엇인지 정확히 짚어 내려 하고, 그것이 어떤 조건하에서 설득력 있으며 어떤 주장으로 확대되어서는 안 되는지 그리고 어떤 점이 잘못된 주장으로 보이는지 등에 관해 명확한 선을 그어 보려는 시도가 돋보인다. 저자 A. 아흐메드가 『탐구』에 대하여 그려 내고 있는 전체적인 그림은 이 책이 아우구스티누스나 데카르트와 같은 철학자들이 체계화한 전통적인 철학적 관념들에 대해 매우 위협적이긴 하지만 그것들을 완전히 붕괴시킬 정도는 아니라는 것이다. 『탐구』의 근본적이고 예리한 비판에도 불구하고, 아흐메드는 다음과 같은 전통적인 철학적 관념들이 여전히 붕괴되지 않고 살아남으리라고 본다: 문장의 뜻이 그것을 구성하는 낱말들의 의미로 구성된다는 점, 개념이 지녀야 할 이상으로서의 정확성, 철학이 경험적 사실을 대상으로 삼을 수 있다는 점, 모든 명제는 비트겐슈타인이 주장하는 것으로 보이는 정당화 조건만을 갖는 것이 아니라 진리 조건도 가질 수 있다는 점, 그리고 감각어와 관련된 내적 지시의 가능성 등. 이와 같은 관념들이 살아남는다고 본다는 것은 아흐메드가 전통 철학에 대한 『탐구』의 비판을 성공적으로 보지 않는다는 것을 뜻한다. 아흐메드는 『탐구』가 철학적 문제들에 대한 해결을 주었다기보다 문제들을 바라보는 새로운 관점을 주었다고 보며, 이 점이 그 책의 진정한 가치라고 본다. 따라서 독자들도 그 책을 통해 비트겐슈타인을 추종하게 되기보다 참신한 시각으로 문제를 새롭게 바라보는 관점을 배우게 되기를 바란다.

옮긴이는 아흐메드가 제기한 비판이 거의 대부분 『탐구』를 통해 직접 답변되고 있거나 답변될 수 있다고 생각한다. 그러니까 옮긴이는 아흐메드가 『탐구』를 더 철저하게 읽고 이해했어야 한다고 생각하며, 그가 그렇게 하지 못한 것을 안타깝게 생각한다. 옮긴이는 앞으로 아흐메드의 비판에 답하는 글을 써야 할 책임감을 느끼고 있다. 그럼에도 아흐메드가 제기한 비판은 그 자체로 매우 중요한 역할을 하게 될 것이다. 그 비판은 일반 독자들에게는 『탐구』를 비판적으로 읽을 때 고찰해야 할 중요한 문제들이 무엇인지를 잘 보여 주고 있고, 비트겐슈타인의 철학을 전문적으로 연구하는 학자들에게는 그들이 과연 『탐구』를 제대로 이해하고 있는지 점검하게 하는 한편, 그들이 그 책을 제대로 이해하고 있다면 답해야 할 과제들을 제시하고 있기도 하다. 이와 같은 이유로 이 책은 『탐구』의 안내서로만이 아니라 비트겐슈타인의 철학을 전문적으로 연구하는 이들에게도 충분한 가치를 지닌다. 아무쪼록 이 책이 독자 여러분에게 큰 도움이 되기를 바란다.

이 번역서가 나오기까지는 여러분들의 도움이 있었다. 무엇보다도 이 책의 번역을 의뢰해 주신 부산외국어대학교의 박병철 선생님과 서광사의 사장님께 감사드린다. 이 책의 번역은 옮긴이의 지도교수인 이영철 선생님께서 그동안 심혈을 기울여 번역해 놓고, 지속적으로 수정을 해 오고 있는 훌륭한 번역서 『철학적 탐구』가 없었다면 애초에 시도하지도 못했을 것이다. 이에 이 지면을 통해 선생님께 존경과 감사의 마음을 표현하고자 한다. 원고를 꼼꼼히 읽고 교정을 해 준 송신지 선생님과 한소영 선생님께도 감사드린다.

2013년 6월
인제대 신어관 연구실에서
옮긴이

❖ 일러두기 ❖

1. 비트겐슈타인의 저서명이 본래의 이름대로 '*Tractatus Logico-Philosophicus*', '*Philosophical Investigations*'와 같이 쓰인 곳은 각각 『논리-철학 논고』, 『철학적 탐구』로 표기했고, '*Tractatus*', '*Investigations*'와 같이 약칭으로 쓰인 곳은 『논고』, 『탐구』와 같이 약칭으로 표기했다. 그러나 'TLP', 'PI'와 같이 영문 이니셜로 쓰인 곳은 그대로 영문 이니셜을 표기했다.

2. 비트겐슈타인의 저서 인용은 이영철 교수의 번역본을 따랐다. 『철학적 탐구』는 책세상에서 나온 초판 4쇄본(2012)을 따랐고, 나머지 책은 초판 1쇄본(2006)을 따랐다. 이영철 교수의 번역본은 독일어 원본을 직역하는 데 역점을 두었지만 저자가 영어 번역본에 따라 논의를 전개하였기 때문에 역자는 영어 번역본의 내용을 충실히 반영하기 위해 이영철 교수와 다르게 번역한 곳도 있다.

3. 『철학적 탐구』의 글 대부분을 비롯하여 이 책에 인용된 비트겐슈타인의 저술은 대부분 고유 번호가 매겨진 소견들로 이루어져 있기 때문에 인용문의 내용을 번역본에서 찾으려 할 때는 고유 번호를 참조하면 된다. 소견들(所見; Bemerkungen; Remarks)은 비트겐슈타인 특유의 저술 스타일인 짧은 단락들을 일컫는다. 간혹 소견 번호에 이어 알파벳 문자가 나타나는데 이것은 한 소견 속에 들어 있는 단락을 나타낸다. 그러므로 'PI 1d'는 소견 1의 네 번째 단락을 나타낸다.

4. 『청색책-갈색책』과 『철학적 탐구』의 일부(제1부의 몇 소견과 제2부 전체)는 소견에 고유 번호가 매겨져 있지 않아 소견들의 인용문 출처에 페이지 표시를 할 수밖에 없는데, 영역본과 국역본 간의 페이지가 다르고 영역본 간에는 제1판과 제2판의 대응 페이지가 같지만 제3판의 대응 페이지는 다르다. 저자는 *Philosophical Investigations* 제3판을 사용하였지만, 제1, 2판을 가지고 있는 독자들을 위해, 페이지 표시를 해야 할 곳에는 'PI p. 이전 판본 페이지/제3판 페이지' 순으로 표기를 해 놓았다. (예: PI p. 166/194) 이와 같은 곳이 나타나면 옮긴이는 국역본 대응 페이지를 나타내기 위해 '/『저서명』번역본 쪽수'를 덧붙여 두었다. (예: PI p. 166/194/『탐구』 344쪽)

5. PI의 어떤 문장들은 비트겐슈타인 자신이 아니라 상상된 '상대방'의 관점이나 태도를 나타내는데, 저자는 그것이 맥락에서 분명하게 드러나 있지 않은 곳에서 사각 괄호[ ]를 사용하여 관련된 인용문을 나타내고 있다.

차례

서문

이 책은 비트겐슈타인을 처음으로 접하게 되는 대학 2, 3학년 학생들에게 초점을 맞추었다. 『철학적 탐구』 전체를 다룬 것은 아니지만, 후기 비트겐슈타인에 관한 어떤 강좌에서나 발견하리라고 기대할 수 있는 것들, 즉 『논고』 비판, 규칙-따르기에 관한 내용, 사적 언어에 관한 내용 등을 모두 다루고 있다.

나는 이 책을 2009년 여름에 썼지만, 2007년과 2008년의 가을 학기에 철학 우등 졸업시험의 2부로 전문 분야('비트겐슈타인') 논문을 수강하고 있던 케임브리지 학생들에게 했던 강의를 토대로 하였다. 당시 의견을 말해 주고 질문을 해 준 학생들에게 고마움을 전한다. 또한, 1편에 대해 유익한 조언을 해 준 워릭대학교의 마이클 룬틀리(Michael Luntley) 교수에게 감사드린다.

비트겐슈타인 저작의 인용은 그가 한 대로 작은따옴표와 큰따옴표를 썼다.

1장 맥락

비트겐슈타인의 『철학적 탐구』에서 뭔가를 이해하려 한다면 그의 『논리-철학 논고』를 조금이라도 알아야 한다. 전기 저서는 후기 저서에 단연 가장 큰 영향을 끼쳤다.[1] 예를 들어 『철학적 탐구』의 앞부분에 나오는 100여 개의 소견들은 『논고』의 핵심적인 주장들과 전제들에 대한 직접적이고 광범위한 비판이다. 여기(제1장)에서 나는 그 전기 저서의 배경과 맥락에 관해 설명하려 한다. 이 일 가운데 가장 중요한 것은 그것에 가장 큰 철학적 영향을 끼친 두 사람, 러셀과 프레게에 대해 간략하게나마 언급하는 일이다.

러셀(RUSSELL)

19세기 말 영국 철학계의 지배적인 입장은 관념론이었다. 그 입장은 대략 다음과 같이 묘사할 수 있다: 우리는 실재 자체에 대한 직접적인 접근을 결코 할 수 없다. 인간의 경험과 사고 자체는 오히려 우리와 실재 사이에 일종의 왜곡하는 렌즈를 삽입하여, 우리가 실재를 그 자체로 존

---

1 옮긴이 주: 비트겐슈타인의 철학은 크게 전기와 후기로 나뉘는데, 전기를 대표하는 책이 『논리-철학 논고』이고, 후기를 대표하는 책이 『철학적 탐구』이다.

재하는 대로는 결코 알 수 없게 하고 그것이 우리에게 나타나는 대로만 믿게 한다. 이 관점은 궁극적으로 임마누엘 칸트가 그의 『순수이성비판』(1782)에서 언급한 **선험적** 관념론에서 유래했다.

러셀은 관념론을 부정했다: 그의 대안적 관점의 특징은 『철학의 문제들』(Russell 1912)에 명료하게 제시되어 있다. 이 모든 분야에 완전히 처음인 사람에게는 아마도 그 책이 공부를 시작하는 데 가장 좋은 출발점이 될 것이다.

러셀은 우리가 실재에 관한 직접적인 지식을 가질 **수 있다**고 생각했다: 그 직접지에 이를 수 있도록 우리가 그것과 맺는 관계를 그는 **익숙함(acquaintance)**이라고 불렀다(Russell 1912 : 23). 특히 그 관계는 아는 주체와 그것이 갖는 감각적 지식의 직접적 대상들을 연결한다: 그 대상은 테이블, 산 등과 같은 물리적 대상이 아니라 색점, 소리, 냄새 등과 같은 감각들이다. 이것들을 러셀은 **감각자료들**이라고 불렀다(같은 곳, 4). 익숙함은 또한 아는 주체를 하양(whiteness), 다양성, 형제성과 같은 보편자들 또는 개념들과 연결해 준다(같은 곳, 28).

그는 이 설명을 지향성의 문제, 즉 사고들과 언어가 어떻게 그 자신이 아닌 대상들에 **대한** 것일 수 있는가 하는 데까지 확대했다. 러셀은 익숙함이 다음과 같은 답을 준다고 생각했다. '우리가 이해하는 모든 명제는 전적으로 우리에게 익숙한 구성 요소들로 조합되어 있음이 틀림없다' (같은 곳, 32). 그래서 대함(aboutness)의 관계는 동일성의 관계가 된다: 당신의 사고들이란 단지 그것들이 대하는(about) 것들**이다**; 그리고 그것들은 그것들에 대한 **당신의** 익숙함 덕분에 당신의 사고들이 되는 것이다. 여기서 '당신' 은 **당신의** 육체가 아니라 비-감각적인 익숙함의 **주체**를 나타내지만, 그것은 또한 그것의 대상이 될 수 있다. 왜냐하면 우리는 분명 우리 자신에게도 익숙하기 때문이다(같은 곳, 27-8).

그러나 확실히 많은 철학자들이 감각적 익숙함이나 보편자들의 세목들을 — 예컨대, 우리가 일상적으로 하는 생각들과 말들의 대부분을 — 기술하지 **않는다**. 만일, 가령, 내가 **헨리 키신저는 빈틈없는 외교관이었다**는 생각을 한다면 나는 확실히 내가 익숙하지 **않은** 하나의 특수한 대상 — 헨리 키신저 — 에 대해 생각하고 있다. 왜냐하면 (a) 그는 살과 피를 가진 지속하는 대상이지 하나의 시각이나 냄새가 아니고, 또한 어떤 식으로든 (b) 나는 그를 만난 적이 없기 때문이다.

러셀의 대답은 두 단계로 제시될 수 있다. 첫 단계는 — 헨리 키신저는 빈틈없는 외교관이었다고 내가 생각할 때 — 비록 '헨리 키신저'가 내 사고의 어떤 요소와 대응하는 것으로 보인다 하더라도, 실제로 일어나는 사건은 하나의 연상된 한정 기술, 즉 '이러이러한 것(The so-and-so)'이라는 형식의 구절과 더 정확히 대응한다는 데 주목하는 것이다(같은 곳, 28). 그러므로 내가 한국어 문장 '헨리 키신저는 빈틈없는 외교관이었다'로 표현한 사고는 '이러이러한 것은 빈틈없는 외교관이었다'는 형식의 문장으로 더 정확해지고 여기서 '이러이러한 것'은 내가 '헨리 키신저'와 연합시킨 기술로, 예컨대 '2기 닉슨 행정부의 마지막 국무장관'으로 대체되어야 할 것이다.

두 번째 단계는 한정 기술을 포함하는 문장 자체는 보편자를 나타내는 표현만을 포함하는 문장으로 대체될 수 있다는 데 주목하는 것이다. 러셀 자신은 그런 대체를 위한 매뉴얼을 그의 유명한 기술 이론을 통해 제공하였다. 그 이론은 '그 F는 G이다' 형식의 문장을 다음과 같이 번역한다: '적어도 하나의 F가 있고, 오직 그것만이 F이다. 그리고 그것이 무엇이건 F는 G이다', 또는 형식적 표기법을 쓰자면, $\exists x \forall y ((Fy \leftrightarrow y=x) \& Gx)$. 그러므로 우리가 헨리 키신저에 '관한' 사고를 표현한 그 문장을 다시 쓴다면 그다음 단계는 다음과 같다: '적어도 한 사람이 2

기 닉슨 행정부의 마지막 국무장관이었고, 오직 한 사람만이 그런 자였다, 그리고 그 사람이 누구이건 그는 빈틈없는 외교관이었다.' 헨리 키신저에 관한 모든 지시는 이제 사라졌다. 이 단계들을 적절히 반복하게 되면 닉슨에 대한 모든 지시도 역시 제거될 것이다. 그로써 귀결되는 문장은 **오직** 보편자들에 대한 지시**만** 포함할 것이다. 그리고 이것은 그 처음 문장이 매우 오도적으로 표현한 사고 또는 명제의 참된 내용을 보여준다. 이렇게 해서 우리는 결국 저 명제가 내게 익숙한 대상들만을, 즉 보편자들만을 **포함하고 있다**는 것을 볼 수 있다. 문장들을 그 밑에 놓여 있는 사고의 참된 내용을 드러내는 형식으로 번역하는 이 과정이 바로 비트겐슈타인이 **분석**이라고 부른 것이다(TLP 3.2-3.201).

프레게(FREGE)

내가 방금 제시한 한정 기술의 형식적 분석은 러셀과 동시대를 산 독일인 프레게의 독창적인 저서가 없었다면 가능하지 않았을 것이다. 오늘날까지 모든 철학과와 수학과 1학년 학생들이 배우고 있는 것과 본질적으로 같은 양화사 표기법을 도입한 사람이 바로 그였다: 양화사 표기법의 도입은 그가 전통적인 논리의 영역을 훌쩍 넘어선 복잡한 문제들에 대한 논증들을 체계적으로 설명할 수 있게 하였다. 특히 그것은 혼합 양화를 포함하는 논증들, 즉 형식적 기호화를 해 보면 존재 양화사 ∃의 영역에 보편 양화사 ∀가 나타나거나 그 역의 경우가 나타나는 논증들을 체계적으로 처리할 수 있도록 해 주었다. 이에 관한 단순한 예로 '모든 사람 각각은 어떤 사람보다 더 크다'는 문장을 들 수 있다. '2기 닉슨 행정부의 마지막 국무장관은 빈틈없는 외교관이었다'는 문장과 같이, 한정 기술이 문법상 주어의 자리를 차지하고 있는 문장들도 또한 그 예가 될 수 있다.

여기서 나는 프레게가 철학에 공헌한 많은 중요한 것들 중 세 가지를 더 언급해야겠다.

첫째는 뜻과 지시체 사이의 구분이었다. 이름들에 관한 단순한 사고 방식은 단지 그것들이 **가리키는** 또는, 내가 때때로 말하겠지만, **지시**하거나 외연적으로 **나타내는**(denote) 것을 의미할 뿐이라고 생각하는 것이다(PI 1 참고). 그러나 '개밥바라기'와 '태백성'은 그 둘이 (금성과) 같다는 것이 알려지기 전에 샛별과 새벽별을 나타내는 이름들이었다. 그러므로 '개밥바라기=태백성'이란 진술은 참이고 또 새로운 정보도 제공하는 것으로 보인다. 그러나 만일 '개밥바라기'와 '태백성'이 단지 그것들이 가리키는 것만을 의미한다면 이 문장은 우리가 '개밥바라기=태백성'이라는 사소한 것으로부터 알 수 있는 것 이상을 말해 주지 않는 것으로 보인다. 프레게는 이름의 의미는 **단지** 그것의 지시체만이 아니라고, 그것은 더 나아가 그것의 **뜻**이라고 불리는 요소를 포함하는데 그 뜻은 그것의 지시체를 소유주처럼 **나타내는 방식**이라고 결론지었다(프레게 1892: 57). 이 뜻은 한정 기술문으로 기록될 수 있는데, 그로써 '헨리 키신저'가 나에게 전달하는 뜻은 '2기 닉슨 행정부의 마지막 국무장관'이라는 뜻이 된다. '개밥바라기'와 '태백성'이 다른 뜻을 가졌다는 사실은 '개밥바라기=태백성'이 새로운 정보를 제공한다는 것을 설명해 준다

비트겐슈타인은 『논고』에서 이 견해를 **단순한** 이름에 관한 이론으로 받아들이기를 거부했다. 그는 일상적인 **영어**나 **독일어** 이름들은 앞서 설명된 기술 이론을 통해 분석될 수 있고, 더 나아가 이 분석 과정에서 존립하게 되는 이름들이라면 그것들이 나타내는 것만을 의미한다는 뜻

에서 단순**하리라**고 생각했다(TLP 3.202-203).

그러나 그는 **문장들**에 관해서는 이런 관점을 수용했는데, 이는 문장을 구성하는 요소들의 지시체들과 문장이 전달하는 **정보**는 구분해야 한다는 프레게의 두 번째 요점에 동의했기 때문이었다. 이 정보의 내용이 바로 문장의 뜻이다. 따라서 '개밥바라기=개밥바라기'와 '개밥바라기=태백성'은, 비록 두 문장의 요소들이 **같은** 것을 지시한다고 하더라도, 분명히 다른 뜻을 가진다. 『논고』에서 비트겐슈타인은 문장의 뜻과 그것의 진리 조건들, 즉 그 문장을 참으로 만들어 줄 가능한 상황들의 총체를 동일시했다(이것은 TLP 4.4로부터 따라 나온다). 그러므로 두 문장이 같은 것에 관해 같은 것을 말하는 것으로 보일지라도 '2기 닉슨 행정부의 마지막 국무장관은 빈틈없는 외교관이었다'와 '닉슨이 중국에 갈 때 동행한 사람은 빈틈없는 외교관이었다'는 실제로 다른 뜻을 전달한다. 왜냐하면, 예컨대 닉슨이 중국에 갈 때 동행한 사람이 키신저가 아니라 닉슨 부인인 상황이 가능하기 때문이다. 그 경우 첫 문장은 참이지만 두 번째 문장은 거짓이다. 문장의 뜻은 그것이 표현하는 **명제** 또는 **사고**이다; 그것은 우리가 판단이라는 것을 할 때 참이라고 판단하는 것이다.

프레게의 세 번째 요점은 이름이나 어떤 다른 낱말이 문장에서 나타날 때를 제외하고는 그 의미를 묻지 말라는 그 유명한 맥락 원리이다. 이것이 실천적으로 의미하는 것은 만일 우리가 어떤 기호가 나타나는 모든 문장의 의미를 안다면 우리는 그 기호 자체의 의미를 알며, 그것의 의미에 관해 물을 수 있는 물음은 더 이상 존재하지 않는다는 것이다. 비트겐슈타인은 『논고』와 『철학적 탐구』 모두에서 이에 동의했다(TLP 3.3, PI 49). 『논고』에서 그는 명제의 구성 요소들은 낱말들이 아니라 변수들, 즉 그 낱말들을 포함한 모든 명제들에 걸치는 변수들이라고 간

주했다: 다시 말해서 명제의 구성 요소들은 일련의 명제들을 값으로 갖는 **함수들**이었다(TLP 3.313). 예를 들어 **브루투스가 카이사르를 죽였다**는 명제는 'x가 y를 **죽였다**'는 함수를, 가령 x의 값이 브루투스이고 y의 값이 카이사르일 때 **브루투스는 카이사르를 죽였다**는 값을 갖는 함수를 포함한다.

앞의 논의에서 지적한 것처럼 논고의 가장 중요한 이론들 중 일부는 프레게와 러셀의 주장을 다듬거나 반박한 것이었다. 이제 그것들의 직접적인 맥락 속에서, 즉 『논고』 자체의 의미 이론의 맥락에서 그 이론들을 살펴보기로 하자.

『논고』(THE *TRACTATUS*)

『논고』에서 비트겐슈타인은 지향성의 물음에 답하는 데 관심이 있었다. 어떻게 사고와 언어가 그것들 외부의 어떤 것에 **대해** 관여할 수 있는가? 이름들은 그것들이 나타내는 바로 그것을 의미해야 한다는 지시주의 이론을 그는 수용했다. 그래서 그는 문장들이 표현하는 사고가 이 요구만을 충족할 정도로 단순한 이름들만 포함하는 명제들의 조합이라는 것을 드러내기 위해, 일상적 문장을 분석하는 러셀의 프로그램에 전념하기도 했다.

이 지점에서 몇 가지 질문이 더 발생한다. 첫째, 그가 생각하는 완전히 분석된 언어의 이름들은 어떤 종류의 사물을 나타내는 것일까? 둘째, 이 이름들은 의미 있는 문장을 구성하기 위해 어떻게 결합하는 것일까? 셋째, 이 문장들은 일상 언어의 문장들을 구성하기 위해 어떻게 결합하는 것일까?

첫 질문에 대한 답을 구하면서 그는 러셀의 인식론적 관심들과 결별하게 되었다. 이 문제에 대한 비트겐슈타인의 가장 근본적인 생각 중에는 우리의 사고가 명확한 뜻을 가지고 있으며, 각각의 사고는 가능성들의 공간을, 그것을 **참**으로 만드는 것과 그것을 **거짓**으로 만드는 것으로, 완전하게 분할한다는 것이 있었다. 그러나 그런 가능성들에 대하여 무언가를 말할 수 있으려면 모든 가능성들 각각에 그것에 대한 사고가 되도록 해 주는 어떤 것이 존재해야만 한다. 그러므로 사고 속의 이름들이 나타내는 것은 모든 가능 세계에 존재하는 것들이다.

> 현실 세계와 아무리 상이하게 생각된 세계조차도 현실 세계와 어떤 것 — 형식 — 을 공유해야 한다는 것은 명백하다(TLP 2.022).

그러므로 (함께 세계의 형식을 구성하는) 이 대상들은 분해될 수 없어야 한다. 복합적인 것은 무엇이든지 분해될 수 있기 때문에, 이는 그것들이 완전히 단순한 실체들이라는 것을 의미한다. 비트겐슈타인은 『논고』에서 그것들의 본성에 관해 더 이상 아무 말도 하지 않으며, 그것들이 러셀이 말하는 익숙함의 대상들과 같은 것인지에 관해서도 말하지 않는다. 우리가 그것들을 같은 것으로 생각할 이유는 없다.

두 번째 질문에 대한 그의 답은 그 유명한 **의미의 그림 이론**이다. 한 문장은 지도상의 기호들과 같은 이름들의 배열이다; 두 이름이 어떤 관계에 있다는 것(가령, '제인'과 '존'이 '사랑한다'는 낱말의 왼쪽과 오른쪽에 있다는 것)은 어떤 관계가 현실 속에 있다는 **것**(가령, 제인이 존을 사랑한다는 것)을 우리에게 — 참되게 또는 거짓되게 — 말해 준다: TLP 3.1432.

이 의미의 그림 이론에 따르면 한 언어는 또 하나의 어떤 것(그것이 기술하는 현실 — 옮긴이)을 전제하지 않고는 그것의 낱말들이 무엇을 지시하는지 결코 **말할** 수 없다. 그리고 만일 나의 사고가 그 자체로 언어적인 것이라면 ('나만이 이해하는 그 언어' - TLP 5.62) 이것은 나의 언어와 그것이 기술하는 현실 간의 형식적 유사성이 결코 외적으로 포착될 수 없다는 것을 의미한다. 그런데 언어 자체는 그 형식에 대해서는 어떤 뜻에서 분절될 수 없는 신호이다. 언어는 말하자면 세계가 그것을 통해 자신의 본성을 우리에게 알려 주는 매체이다. 왜냐하면, 세계는 이러이러한 이름들을 가지고 있는 언어의 주제로 형상화됨으로써 우리에게 그것이 이러이러한 대상들을 포함하고 있다는 것을 보여 주기 때문이다.

그러나 이것은 단지 **보여질** 수 있는 어떤 것이다. 그것은 **말해질** 수 없다(TLP 4.126). 그러므로 철학 자체는, 그리고 특히 『논고』의 이론은, 우리가 그것을 명제의 형식으로 표현하려고 할 때 일종의 무의미에 빠져 버린다(TLP 6.54). 철학은 이론의 체계가 아니라 활동이다.

이것이 신비주의에 — 『논고』는 신비주의로 유명한데 — 어떻게 기여하는지는 분명하다. 말해질 수 있는 것에 한계가 있다는 것은 비트겐슈타인에게 평생 붙어 다닌 주제였다. 그것은 후기 작품에서 지시(PI 28-35), 규칙 따르기(PI 85-7, 138-201)를 다룰 때 다시 나타난다. 그러나 전기와 후기에 차이가 있다. 전기 작품에서 신비스러웠던 것은 언어를 통해 드러나는 것으로서 실재의 감추어진 본성 속에 자리 잡고 있지만 후기 저서에서는 신비스럽게 보이기 시작하는 것은 바로 일상이다. 이것이 바로 그것이 그처럼 갈피 잡기 힘든 이유이다. 이제 그리로 들어가 보자.

2장 주제들의 개관

네 가지 핵심 관념에 대한 비판이 『철학적 탐구』를 관통하고 있다: 뜻있는 문장은 이름들의 조합이라는 관념, 말해질 수 있는 것은 엄밀하게 말해질 수 있다는 관념, 말하기와 글쓰기에 동반되는 뜻함과 이해는 정신적 과정이라는 관념, 그리고 우리 주변에서 일어나고 있는 것과 무관하게 우리는 우리의 내적 감각 상태에 관해 말하고 생각할 수 있다는 관념이다.

우리는 『논고』에서 비트겐슈타인이 사고는 그 안에 나타나는 이름들을 결합함으로써 가능한 상황들을 묘사한다고 생각했다는 것을 보았다. 『철학적 탐구』에서 그는 이 관점을 반박한다. — 직접 하지 않고, 이 관점이 그것의 한 증상에 불과할 만큼 훨씬 더 광범위한 증후군을 공격함으로써. 그 증후군은 의미에 관한 **아우구스티누스적 개념**이라고 불릴 수 있는데, 이는 비트겐슈타인이 그것의 여러 측면을 설명한 성 아우구스티누스의 글을 인용하는 데서부터 탐구를 시작하기 때문이다. 그러고 나서 그는 이 생각들에 대한 공격에 나선다. 아마 그 생각들 중 가장 중요한 것은 『논고』 밑에 깔린 다음과 같은 편견일 것이다: 즉, 언어적 뜻함이라는 하나의 유일한 현상이 존재한다는 것, 그리고 이것은 하나의 유일한 이론적 설명을 요구한다는 것. 우리는 이 생각과 그 밖의 다른 아우구스티누스적 관점에 대한 그의 공격을 1편에서 논의할 것이다.

아마도 언어라고 하는 것들은 모두가 하나의 형식을 가지고 있는 것이 아니라 서로 다른 유형의 언어적 활동들 사이에 **상이한** 유사성을 가진 일종의 **가족**을 형성할 것이다. 그 경우 '언어'는 가족 유사성 개념일 것이다. '그러나 그렇다면 어떤 것을 언어라고 부르는 것은 **명확한** 어떤 것을 말하는 것이 아니다!' 하지만 모든 문장은 명확한 어떤 것을 말할 수 있다거나 말**해야 한다**고 누가 말한단 말인가? 바로 『논고』가 모든 문장은 엄밀한 어떤 것을 말한다고, 그러므로 그것의 참 또는 거짓이 모든 가능한 상황에 대해 결정된다고, 그렇지 않다면 그것은 도대체 사고를 표현하는 것이 아니라고 강변했다. 제2편에서 보게 되겠지만, 비트겐슈타인은 이제 그런 생각은 언어와 사고를 너무 협소하게 파악한 것일 뿐 우리가 실제로 행하는 대부분의 말하기, 글쓰기 및 사고에 들어맞지 않는다고 주장한다. 겉으로 보이는 언어의 거친 모습은 엄밀한 사고들을 완전히 숨기지 못한다. 철학은 그 내용을 밝혀 줄 수도 있지만, 실로 어떤 것을 **밝혀 주는** 것이 철학의 일은 아니다. 우리는 철학의 임무에 관한 이 그림에 대해 간단히 논의하면서 2편을 끝맺을 것이다.

'아무것도 숨겨져 있지 않다' : 비트겐슈타인은 PI에서 낱말들에 의미를 주는 것은 우리의 언어 속에 숨겨진 단순한 기호들과 세계의 복잡성 밑에 숨겨진 단순한 대상들 사이의 어떤 관계가 아니라, 우리의 실제 언어를 이루는 낱말들에 대한 우리의 공공연한 **사용**이라고 주장한다. 그러나 낱말들의 **의미 있는** 사용에는 어떤 감추어진 심리학적 과정이 당연히 동반**되어야 하는** 것으로 보일 수 있다는 점에서, 그리고 그런 동반물이 없다면 우리의 말과 (고도의 구조를 갖추었다 하더라도) 무의미한 소리를 무엇이 구별해 줄 수 있을지 모르겠다는 점에서, 사람들은 이 주장을 쉽게 잘못된 것으로 볼 수 있다. 다시 말해서 한 낱말의 의미는 당신이 그것을 처음으로 이해하였을 때 **그때** 당신 마음에 떠오른 것이지 그것을 나중에 **사용**한 방식이 아닌 것으로 보인다. 그렇지 않다면 어떻게 전자가 후자를 인도한 것일 수 있겠는가? 그러나 비트겐슈타인은 그러한 어떤 동반 과정도 우리가 바라는 의미나 이해**일 수** 없음을 보여준다. 하지만 이런 내용은 우리가 뭔가를 의미하는 일을 불가능하게 만드는 것처럼 보여, 독자에게 일종의 지적 현기증을 일으키기 쉽다. 우리는 이 느낌을 비트겐슈타인 자신의 관점으로부터 분리하고, 후자에 대해 불안하게 만들고 **있는** 것이 무엇인지 드러냄으로써 3편을 끝맺을 것이다.

우리는 러셀이 우리에게 직접적으로 익숙한 감각적 대상들을 지시할 수 있다고 생각하였다는 것을 앞에서 보았다. 이것은 그가 많은 경험주의자와 공유한 것이었다. 그렇게 지시할 수단을 갖추고 있기 때문에 우리는 우리가 이용하는 낱말들의 공적인 사용과 완전히 무관할 수 있으리라고 생각하는 것은, 따라서 공적인 언어로부터 완전히 독립한 감추어진 또는 내적인 의미의 영역과 같은 것이 존재하리라고 생각하는 것은 매우 쉬운 일이다. 이것이 잘못이라는 비트겐슈타인의 유명한 논증은 '사적 언어 논증'으로 알려져 있다. 4편에서 우리는 사적 언어 논증을 논의하는 한편, 그 논증을 포함하고 있는 것, 즉 우리 '내부의' 감각적 생명과 우리 외부의 육체적 활동을 직관적으로 구분하는 방식을 완전히 재설정하는 일에 관해서도 또한 논의해 볼 것이다.

나는 어떤 진리들은 보여질 수만 있다는 『논고』의 사상이 PI의 다양한 맥락에서 다시 나타난다고 말했다. 그것은 옳다. 그러나 아마도 그것의 가장 중요한 유산은 오히려 PI가 영리하고 세심한 독자에게 끼칠 전반적인 효과라고 해야 할 것이다. 어떤 뜻에서는 아무것도 변하지 않았다. 우리는 실재를 기술하는 일상의 '상식적인' 방법들을, 이것들이 옆길로 빠져들려 하지 않는 한, 계속해서 따르는 경향이 있다. 그러나 다른 뜻에서 **모든 것**이 변했다. 전체 세계가 면목을 일신한 것으로 보인다.

그러나 이 특징은 내가 여기서 분석이나 설명을 시도할 수 있는 것이 아니다. 그 진가를 알아보려면 당신은 PI 자체를 읽어야 할 것이다. 아무튼, 그것은 아마도 비트겐슈타인이 펼친 논증의 성질만큼이나 그의 글쓰기 능력과도 깊은 관계가 있을 것이다. 물론 나는 여기서 오직 그 논증들에만 관심이 있다.

3장 본문 읽기

1편 아우구스티누스적 그림

비트겐슈타인은 아우구스티누스의 『고백록(*Confessions*)』에서 발췌한 다음 인용문으로 시작한다:

> 그들(어른들)이 그 어떤 대상을 명명하면서 동시에 그 대상쪽으로 몸을 돌렸을 때, 나는 이것을 보고 그 대상이 그들이 그것을 지시하고자 했을 때 낸 소리에 의해 지칭되었음을 파악했다. 그러나 나는 이것을 그들의 몸짓들, 즉 모든 사람들의 자연 언어, 즉 영혼이 그 어떤 것인가를 열망하거나 간직하거나 거부하거나 피할 때에 얼굴 표정과 눈짓에 의해, 손발의 움직임과 목소리의 울림에 의해 영혼의 감정을 나타내는 언어로부터 추측하였다. 그렇게 해서 나는 내가 들은 낱말들이 여러 가지 문장들 속의 정해진 자리들에서 되풀이되어 말해지는 것이 어떤 사물들을 지칭하는지 이해하는 법을 점차 배웠다. 그리고 나의 입이 이제 이러한 기호들에 익숙해졌을 때, 나는 그것들에 의해 나의 소망들을 표현해 내었다(PI 1).

그는 이 말이 언어의 본질에 관한 특정한 그림을 담고 있다고 말한다. '즉: 언어의 낱말들은 대상들을 명명하며, 문장들은 그러한 명칭들의 결합들이다' (PI 1).

그 '그림'은 명명 관계의 본성과 그것의 대상을 모두 상이하게 보는 많은 철학적 언어 이론에 공통으로 깃들어 있다. 그런 이론 중 하나는 로크의 것이다. 또 하나는 『논고』에 나타난다. 그런 이론 모두의 공통점은 낱말들과 그것들을 포함하는 문장들의 의미에 관해 **획일적인** 설명을 한다는 것이다. 서로 다른 점은 (a) 그것들이 언어에 부과하는 획일성의 **종류들**과 (b) 그것들이 진정한 '이름들'로 보는 **항목**이다.

(a) 만일 우리가 한 언어의 개별 낱말들이 대상들을 명명한다고 말한다면, 여기서 그 낱말들이 공통으로 가지고 있다고 암시되어 있는 것은 무엇일까? 비트겐슈타인은 이 역할을 위해 세 가지 후보를 생각해 본다. (i) 그것들은 모두 같은 **기능**을 가진다. (ii) 그것들은 모두 같은 방식으로 **도입된다**. (iii) 그것들은 모두 바로 그것들이 가리키는 것을 의미한다.

(b) 어떤 이론들은 우리의 자연 언어들, 예컨대 영어에 대해 다음과 같은 획일적인 설명을 한다: 그것들은 **각 언어**의 표현들을 하나의 유일한 기능을 갖는 것 또는 같은 방식으로 도입된 것으로 다룬다. 예를 들어 로크의 의미 이론은 일상의 영어 낱말들이 관념들을 명명한다는 것이다. 다른 이론들은 로크의 이론이 상정하는 바와 같은 통일성을 자연 언어의 표현들이 전형적으로 가지고 있지 않다는 데 동의하지만, 이 통일성은 자연 언어들에 대한 **분석**을 통해 드러날 수 있을 것이라고 주장한다. 예를 들어 비트겐슈타인은 『논고』에서 영어나 독일어의 뜻이 있는 문장들은 단순히 이름들의 조합인 요소 문장의 진리-조건적 종합이라는 것을 분석이 보여 줄 것이라고 주장했다(TLP 4.221, 5).

『철학적 탐구』의 1-64에서 비트겐슈타인은 (a)와 (b)에 묘사된 입장들의 다양한 조합들을 공격한다. 처음에 그는 자연 언어들을 고찰한다. 그러나 PI 39부터는 우리가 (a)에서 언급한 것 중 일부를 '분석된' 언어들에 한정함으로써 옹호할 수 있을지 모른다는 생각으로 향한다. 우리도 비트겐슈타인과 같이 **자연** 언어의 모든 낱말은 같은 방식으로 **기능한다는** 생각으로부터 시작할 것이다.

진행하기 전에 그 고찰 과정에서 거듭하여 나타나는 용어 하나를 소개하는 것이 좋겠다. 비트겐슈타인이 제공한 많은 예들은 아주 단순한 언어들이나 언어적 과정들을 포함하고 있다. 예컨대 명령들로만 이뤄지거나(PI 2), 격자판에 찍힌 색깔들의 이름만으로 이뤄지거나(PI 48), 어떤 사람의 결심 표명으로부터 그가 무엇을 하려고 하는지를 추론하는 절차들로만 이뤄진(PI 632) 언어들. 비트겐슈타인은 이런 작은 언어들을 '언어놀이' 라고 부른다. 그는 또한 '언어놀이' 라는 용어를 언어에 대해서도 사용하고 말하기의 전형적인 원인들과 결과들인[1] 활동들에 대해서도 사용한다(PI 7b–d).

1.1. 기능의 통일성

PI 1d에서 그는 '다섯 개의 빨강 사과' 라고 적힌 종이를 가지고 식료품 가게에 간 사람을 상상해 보라고 한다. 가게 주인은 그 종이를 받아 들고

> "사과"라는 기호가 붙은 궤짝을 연다; 그다음 그는 한 일람표에서 "빨강"이라는 낱말을 찾으며, 그 맞은편에서 어떤 견본을 발견한다. 이제 그는 "다섯"까지 기수(基數)의 수열을 말하며 — 나는 그가 그 수열을 외고 있다고 가정한다. — 그 각각의 숫자마다 그 견본의 색깔을 가진 사과 하나를 궤짝에서 꺼낸다. —— 우리는 이렇게, 그리고 그 비슷하게 낱말들을 응용한다.

1 '원인들과 결과들' 은 '언어와 그 언어가 뒤얽혀 있는 활동들' (PI 7d)에 대한 나의 거친 해석이다.

이 예가 보여 주는 것은 '다섯', '빨강', 그리고 '사과'라는 낱말들 각각에 대해 가게 주인이 얼마나 **다르게** 작업하는가 하는 것이다. 그는 '사과'라는 낱말을 볼 때는 하나의 궤짝을 열지만, '빨강'이란 낱말을 볼 때는 색 견본을 본다 등등. 그러나 그렇다면 그런 낱말들의 의미에 관한 통일적인 **설명**에 무슨 희망을 걸 수 있을까? 그리고 이제 낱말들을 가지고 행하는 **우리의** 작업들에서 훨씬 더 큰 다양성을 보자. 어떻게 국어나 영어처럼 복잡한 어떤 언어의 낱말들이 모두 단일한 메커니즘을 통해 그 의미를 갖게 될 공산이 있단 말인가?

비트겐슈타인이 언어의 실제 기능과 미리 마음에 품은 모델을 통해 예견된 기능 간의 차이를 생생하게 만드는 방식 중 하나는 미리 마음에 품은 모델을 통해 예견된 기능이 적합하게 될 하나의 언어를 상상해 보는 것이다. 그것이 바로 PI 2에서 그가 했던 것이다(그리고 그는 나중에 그것을 '§2의 방법'이라고 기술한다: PI 48). 거기서 그는 다음과 같은 것을 상상해 본다:

> A는 건축용 석재들을 가지고 건물을 짓는다: 벽돌들, 기둥들, 석판들, 들보들이 있다. B는 그에게 그 석재들을 건네주어야 한다. 더구나, A가 그것들을 필요로 하는 순서에 따라서. 그 목적을 위해서 그들은 "벽돌", "기둥", "석판", "들보"란 낱말들로 이루어져 있는 어떤 한 언어를 사용한다. A가 그 낱말들을 외친다; — B는 이렇게 외치면 가져오도록 배운 석재를 가져간다.—— 이것을 완전한 원초적 언어라고 생각하라.

만일 우리가 이 사례로 의도한 것이 이 언어의 표현들은 모두 같은 방식으로 기능한다는 것이라면, **이** 원시적인 언어가 가지고 있는 표현들이 왜 모두 이름이라고 말해질 수 있는지 알기란 쉽다. 왜냐하면 (그것들이 나타내는 대상들을 기준으로 볼 때) 그것들의 사용이 같기 때문이다. '기둥!' 이란 말을 들을 때 B가 '기둥' 의 지시체에 대하여 하는 것과 같은 일을 B는 '석판!' 이라는 말을 들을 때 '석판' 의 지시체에 대하여 한다. 즉 그것을 A에게 가져다준다. 그러나 PI 2의 언어에 획일성을 부과한 이유가 PI 1d에는 전혀 없다. 종이에 적힌 '빨강' 이란 낱말을 보고 그 낱말의 지시체에 대해 식료품상이 한 일과 같은 일을, 종이에 적힌 '다섯' 이란 낱말을 보고 (그것이 무엇이건 간에) 그 낱말의 지시체에 대해 한다는 것에는 아무런 뜻도 명확하게 부여될 수 없다.

물론 우리는 그런 어떤 뜻을 **지어낼** 수는 있을 것이다. 우리는 그 식료품상이 '다섯' 은 숫자 다섯을 가리키기 위해, '빨강' 은 빨간색을 가리키기 위해 사용하고 있다고 주장할 수 있을 것이다. 그러나 그것은 단지 언어적 술책일 뿐이다: 각각의 경우 낱말은 대상을 **가리킨다**고 말하는 것은 그것들의 유사점들을 드러내는 것이 아니라 그것들의 차이점들을 감출 뿐이다.

> 누군가가 이렇게 말했다고 생각해 보라: "**모든** 도구들은 어떤 것을 변경하기 위해서 쓰인다. 이를테면 망치는 못의 위치를, 톱은 판자의 형태를 변경하기 위해서 등등" — 그런데 자와 아교 단지, 그리고 못들은 무엇을 변경하는가? — "사물의 길이에 대한 우리의 지식, 아교의 온도, 그리고 상자의 굳기를 변경한다." — 표현을 이렇게 동화시킨다고 뭔가가 얻어질까? — (PI 14)

그 질문의 요점은 그것의 대답과 같이 명백하다.

그러나 그렇다면 우리가 처음에 모든 낱말이 획일적으로 기능한다고 생각하도록 유혹한 것은 무엇이었을까? 비트겐슈타인은 하나의 분명한 설명이 존재한다고 생각한다: 그것들이 같은 방식으로 그 의미를 갖는 것으로 보이도록 한 것은 쓰이거나 말해진 표현들의 획일적인 **겉모습**이다(PI 11b).

> 그것은 우리가 기관차의 운전석을 들여다볼 때와 같다. 거기에는 모두가 다소 같아 보이는 손잡이들이 있다(이것은 이해될 수 있는 일인데, 왜냐하면 그것들은 모두 손으로 잡혀야 할 것이기 때문이다). 그러나 하나는 계속적으로 움직일 수 있는 크랭크의 손잡이이다(그것은 밸브의 구멍을 조절한다). 다른 하나는 스위치의 손잡이이다. 그것은 끄거나 켜는 오직 두 가지 작용을 일으키는 위치를 갖는다. 제3의 하나는 브레이크 손잡이로, 더 강하게 잡아당길수록 더 강하게 브레이크가 걸린다. 제4의 하나는 펌프 손잡이인데, 그것은 왔다 갔다 움직이는 한에서만 작용을 한다(PI 12).

이 비유에서 낱말들은 손잡이들에 대응한다. 그것들은 모두 비슷하다. 그러니까 '빨강' 이란 낱말은 '다섯' 이란 낱말과 같이 한글 자모로 쓰였고, 선(線) 문자로 이루어졌고 등등. 그리고 '다섯' 과 '빨강' 같은 낱말들의 상이한 사용들은 손잡이들의 상이한 기능들에 대응한다.

그는 또한 그와 같은 생각이 과학적 탐구를 추동하는 경향으로부터, 다시 말해서 이질적인 현상들을 하나로 엮어 주는 단일한 설명적 이론을 발견하려는 충동으로부터 발생한다는 설명을 제시하고 있다. 뉴턴의 중력 이론은 저 경향이 야기할 수 있는 것이 무엇인지를 보여 주는 멋진 사례이다: 그것은 어떻게 (사과가 땅으로 떨어지고 행성들이 태양을 도는) 이질적인 현상들이 단일한 메커니즘(중력의 힘)의 작동으로부터 발생하는지를 설명한다. 현재의 경우 이질적인 현상들은 매우 다양한 언어적 표현들이고, 설명적 이론은 그것들의 의미가 하나의 메커니즘(여기서는 지시 메커니즘)의 작동을 통해 일어나는 것이라고 설명하려는 것이다. 비트겐슈타인은 철학이 이 방향으로 나아가기를 바라서는 안 된다고 생각했다(PI 109). 그 이유를 우리는 때가 되면 말할 것이다(2.3).

비트겐슈타인의 공격은 얼마나 설득력이 있을까? 그것들이 실제로 무엇을 말하고 있는지 간략히 검토해 본다면 이 문제에 대해 그에게 반대할 것 같은 사람들이 PI 1d를 크게 설득력 있다고 보지 않을 것 같은 이유가 분명히 드러날 것이다. 가장 가능성이 큰 반응은 그 예가 문제의 단락에서 피상적인 기술만을 하고 있다는 것이 될 것이다. 그 식료품상의 외적 활동에 동반하거나 선행하는 **내적인** 활동들도 존재한다. 그리고 우리가 그의 행동들 전체를 본다면 우리는 그가 '다섯'을 가지고 하는 것이 '빨강'을 가지고 하는 것에 대응한다는 것을, B가 '석판!'을 가지고 하는 것이 **그가** '들보!'를 가지고 하는 것에 대응하는 것과 정확히 같은 방식으로 그렇게 대응한다는 것을 볼 수 있다.

그러므로 그 주장에 대한 로크식 버전을 고찰해 보자. 로크의 관점에 의하면 낱말들의 우선적인 목적은 그의 관념들을 — 거칠게 말해서 사적인 심상들을 — 명명하는 것이다(*Essay* III.ii.8). 일반적으로 말하자면, 이런 관념들은 외부 대상들을 그 관념과 비교하는 견본의 기능을 수행함으로써 낱말들을 외부 대상들에 어떻게 적용할지를 규율한다(*Essay* IV.iii.2). 가령 한 우체통이 우리가 '빨강'이란 낱말과 연합시킨 사적 관념과 어떤 식으로 일치하면 우리는 '빨강'을 그 우체통에도 적용해야 하다. 만일 하나의 과일이 우리가 '사과'라는 낱말과 연합시킨 사적 관념과 어떤 식으로 일치하면 우리는 '사과'를 그 과일에도 적용해야 한다. 로크는 수에 대해서도 같은 설명을 했으므로(*Essay* II.xvi), 그의 이론은 '다섯', '빨강', 그리고 '사과'의 사용에서도 충분한 통일성을 간직하게 되는데, 그 낱말들 모두에 같은 기능을 귀속시킨다는 것에는 중요한 의미가 있어 보인다. 왜냐하면, 각각의 경우 식료품상이 낱말을 가지고 '행하는' 것은 외부 대상들을 그 연합된 관념과 비교하는 것이기 때문이다. 이것은 그것을 외부 대상에 적용하는 일에 선행하며 또한 그것을 설명해 준다. 하지만 우리가 고찰한 소견들 중 어느 것도 이 가운데 어떤 것에 관해서도 전혀 말하고 있지 않다.

그러나 비트겐슈타인은 분명히 그 점을 알고 있었다. 과연 그 사례의 바로 뒤에 다음과 같은 말이 나온다: 그는 상대방이 다음과 같이 묻도록 한다. — '그러나 그가 "빨강"이란 낱말을 어디에서 그리고 어떻게 참조해 보아야 하는지, 그리고 그가 '다섯'이란 낱말을 가지고 무엇을 해야 하는지를 그는 어떻게 아는가?' — 첫 번째 물음에 대한 유혹적인 하나의 대답은 그가 '빨강'과 연합시킨 관념과 일치하는 색을 발견한다는 것이다. 그러나 그는 여기서 그것을 더 이상 끌어들이지 않는다. PI 73에 가서야 그는 낱말들의 외부적 적용을 설명해 주는 것은 '관념들'과의 비교라는 생각으로 되돌아온다(2.2.3 (a) (iii)에서 논의됨). 그는 낱말들이 그런 비교의 대상들을 가리키도록 만들어질 수 있다는 생각을 PI 258에서 공격한다(4.1.2에서 논의됨).

1.2. 지시(Ostension)

철학자들이 일상 언어에 존재한다고 생각해 온 또 하나의 통일성은 일상 언어의 낱말들이 **지시**를 통해 배운다는 것이다: 낱말을 가르치는 사람은 그 낱말을 발언하면서 그 낱말의 지시체를 지시하거나 가리킨다(PI 6b). 그런 그림은 모든 낱말이 직접적인 감각적 (또는 내성적) 앎의 대상을 가리킨다는 고전적 경험론의 관점과 자연스럽게 연합되어 있다. 그것은 성 아우구스티누스에게서 발췌한 단락에서도 명백하다. 그러나 비트겐슈타인의 관점은 그것이 표현들 중 작은 일부분에 과도하게 집착한 결과라는 것이다.

> 언어의 학습을 이렇게 기술하는 사람은 — 나는 이렇게 믿고 싶은데 — 우선 "책상", "의자", "빵"과 같은 명사들과 사람 이름들을, 그리고 두 번째에야 비로소 어떤 활동들과 성질들의 이름들을, 그리고 그 밖의 종류의 낱말들을, 발견될 수 있는 어떤 것으로서 생각하고 있다(PI 1).

이 이론에 따른다면, 가령 어떤 사람에게 '만일에'의 의미를 가르치기 위해서는 무엇을 지시할 것인가? 어쩌면 이 질문에 대한 답이 있을지도 모른다(PI II, vi에 논의된 '만일에-느낌' 참고). 그러나 어떤 경우에도 비트겐슈타인은 **어떤 사람이** 자신의 언어적 능력 **전부**를 지시를 통해 획득할 수 있을지 모른다는 주장을 반박할 수 있는 일반적인 논증을 가지고 있는 것으로 보인다.

그 논증은 PI 28-35에 나타난다. 거기에서 비트겐슈타인은 처음엔 지시적 정의가 **도대체** 가능한 일인가에 대해 의심을 제기하는 것으로 보인다. 내가 어떤 사람에게 '빨강'이란 낱말을 가르치려 하고 있다고 생각해 보라. 나는 키 큰 원통형의 우체통을 가리키고 '저것은 "빨강"이라고 불린다'고 말한다. 그러나 그는 '빨강'이 우체통이나 키가 크다는 것이나 원통형을 각각 의미할 수도 있다는 것을 망각하고 있을 것이다.

> 그리고 이와 똑같이, 내가 사람 이름을 지시적으로 설명할 때에는 이것을 색깔 이름으로, 인종의 지칭으로, 심지어 방위 명사로 파악할 수도 있다. 즉, 지시적 정의는 **모든** 경우에 이렇게도 저렇게도 해석될 수 있다(PI 28).

'그 **색은** "빨강"이라고 불린다'고 말함으로써 그런 오해의 가능성을 제거할 수 있는 것도 아닌데, 왜냐하면 '색'을 지시적으로 정의하려 할 때도 같은 오해의 가능성이 있을 것이기 때문이다(PI 29a). 몇 개의 대상들(말하자면, 우체통, 소방차 그리고 토마토)을 가리키면서 '이 모든 것들은 "빨강"이라고 불린다'고 말하는 것도 아무 도움이 되지 않을 것이다. 왜냐하면, 학생은 '빨강'을 우체통, 소방차, 그리고 토마토의 전체 그리고 오직 이것들에 대해서만 참이 되는 서술어로 생각할 수 있기 때문이다.

그러나 이런 사례들은 성공적인 지시적 정의가 결코 있을 수 없다는 것을 보여 주지도 않고 또 그런 것을 보여 주려 의도된 것도 아니다. 왜냐하면, 오해의 **가능성**이 있다는 사실이 곧, 그 가능성이 실현되지 **않은** 경우들을 포함하여, 그 정의가 **어떤** 경우에나 어떻게든 결함이 있다는 것을 의미하지는 않기 때문이다. 그 정의는 그것이 다른 효과가 있을 **수** 있느냐 없느냐와 무관하게 의도된 효과를 **갖는** 한 성공적이다(PI 87b-c 참고). 이런 사정은 지시적 정의가 성공하기 위해 학생은 '그것을 올바른 방식으로 파악할' 준비가 미리 되어 있어야 한다는 것을 **보여 준다**. 예를 들어 내가 '그것은 "빨강"이라 불린다'고 말할 때 나는 **색**을 의미했다는 것을 (또는 예컨대 내가 '이것들은 모두 "색"이라 불린다'고 말할 때 내가 표면의 성질을 뜻했다는 것을) 그는 이해해야 한다.

이제 여기서 말하는 '그것을 올바른 방식으로 파악한다'는 것은 무엇인가? 비트겐슈타인은 이렇게 쓰고 있다:

> "수"(또는 "색"이)라는 낱말이 둘의 지시적 정의에서 필요한가 여부는 이러한 낱말 없이는 그가 그 정의를 내가 원하는 것과 다르게 파악하느냐 여부에 달려 있다. … 그리고 그가 그 정의를 어떻게 '파악하고' 있느냐 하는 것은 그가 그 정의된 낱말을 어떻게 사용하고 있느냐 하는 데에서 드러난다(PI 29).

이제 저 마지막 문장은 '그 정의를 어떻게 파악하느냐'와 '그 정의된 낱말을 어떻게 계속 사용하느냐'를 **동일시**하지 않는다. 그것은 단지 우리가 전자를 후자에서 볼 수 있다고 말할 뿐이다(3.1에서 논의된 PI 139b의 '…에 의해 정의된다' 및 3.4.3에서 논의된 PI 201b의 '…에서 표출된다'와 비교하라). 그러나 일반적으로 그 낱말의 후속적인 사용 **외의** 어떤 것도 우리가 그 정의를 '파악하는' 방식과, 즉 그 낱말이 무엇을 의미하는 것으로 정의되었다고 우리가 파악하느냐와 무관하다는 것은 매우 분명하다. 그리고 실제로 비트겐슈타인은 그 텍스트의 조금 뒤에서 그것(정의를 파악하는 방식)과 지시적 정의를 명백히 관련시키는 소견에서 동등한 등식을 제공**한다**.

> "의미"란 낱말을 이용하는 경우의 **많은** 부류에 대해서 — 비록 그 모든 경우에 대해서는 아닐지라도 — 이 낱말은 이렇게 설명될 수 있다. 즉: 한 낱말의 의미는 언어에서 그것의 사용이다.
>
> 그리고 때때로 한 낱말의 **의미**는 그 **소지자**를 가리킴으로써 설명된다[2](PI 43).

그러므로 우리는 '정의를 파악하는 방식'을 더도 말고 덜도 말고 바로 다음을 의미하는 것으로서 파악한다: 낱말을 사용해 나가는 방식.

그러나 '그것을 올바르게 파악함'에 관한 이 해석에는 한 가지 반박

---

2 독자는 비트겐슈타인이 이 규정에 대한 예외들을 언급하고 있다는 것을 알고 있을 것이고 어떤 예외들을 그가 허용했는지 알고 싶을 것이다. **한** 종류의 예외적인 경우는 낱말의 의미가 당신이 체험하는 어떤 것이라고 말해지는 (그래서 예컨대 만일 당신이 그 낱말을 충분히 반복하면 그것이 '무의미하게 들리기' 시작하는) 경우이다. 비트겐슈타인은 이런 종류의 경우들을 PI 182-5쪽과 214-7쪽에서 논의한다. PI는 다른 예외들이 어떤 경우들인지 분명하게 말하지 않고 있다.

의 소지가 있다. 확실히 — 반대자는 이렇게 말할 것이다. — 학생이 '그 정의를 올바르게 파악' 하느냐 하지 않느냐는 그가 이러저러한 식으로 **그것을 사용해 나가**느냐 여부에 대해 기껏해야 **인과적** 관련성만을 가지고 있을 뿐이다. 확실히 '정의를 올바르게 파악함' 은 지시적 정의를 하는 것과 **동시에 발생하는** 체험이다. 그런 체험은 예컨대 지시되는 사물의 색깔에 **주의를 기울임** 또는 모양에 **주의를 기울임**의 체험일 것이다. 그러므로 학생이 지시적 정의 '이것은 "빨강"이다' 를 올바르게 파악한다는 것은 그가 지시적 정의가 계속되고 있는 **동안** 지시된 대상의 (예컨대 모양이 아니라) 색깔에 주의를 기울인다는 것이다. **그럼에도** 그때 — 그리고 아마 후에도 — 그는 그 낱말을 사용해 나갈 것이다.

비트겐슈타인은 이 반박에 대해 두 가지 대답을 한다.

(i) '색깔에 주의를 기울임' 의 모든 경우에 행해지는 **하나의** 일은 존재하지 않는다. 오히려 우리가 '색깔에 주의를 기울임' 이라고 부르는 많은 다양한 활동들이 존재한다. 그렇게 하는 다양한 경우를 고찰해 보자. 여기 비트겐슈타인이 제시하는 예들이 있다:

> "이 파란색은 저기 저 파란색과 같은 것인가? 어떤 차이가 보이는가?" —
> 색깔들을 혼합하고서 당신은 말한다: "이 하늘색은 그대로 그리기가 힘들다."
> "날이 갤 것이다, 이미 다시 파란 하늘이 보인다!"
> "보라, 이 두 파란색이 얼마나 다른 효과를 가지는가를!"
> "저기 파란 책이 보이는가? 그걸 이리 가져오라."
> "이 파란 신호등은 …을 의미한다."
> "이 파란색은 대체 뭐라고 하는가? — 그건 '인디고' 인가?" (PI 33)

비트겐슈타인 자신은 그런 다양한 경우에 우리가 다양한 **육체적 행위들**

을 — 예컨대 눈을 찡그리거나, 그 색깔을 손으로 틀 지어 보거나 등등의 일을 — 한다는 사실을 강조하지만, 그 예들은 그 동반되는 **체험들** 사이에 유사한 다양성이 있음을 확인해 준다.

그러나 우리가 육체적 행위들에 관심이 있든 **또는** 체험들에 관심이 있든, 왜 이 다양성이 중요한지는 분명하지 않다. — 특히 비트겐슈타인의 가족 유사성 원리에 비춰 볼 때(2.1을 보라). 왜냐하면, 반대자는 이 모든 경우에 일어나는 한 유형의 과정 또는 체험, 말하자면 색깔에 주의를 기울임이라고 하는 과정 또는 체험이 **존재한다**고 답할 수 있기 때문이다. 아주 많은 다양한 과정들이 색깔에 주의를 기울임의 행위들**이라**는 사실은 **그것들** 모두가 그 과정 또는 체험을 공통으로 가지고 있다고 말하는 것을, 말하자면 그것들은 모두 **놀이들**이라고 말하는 것을, 금하지 못할 것이다. 이는 마치 판 위의 게임, 카드 게임, 공으로 하는 게임, 올림픽 게임 간의 명백한 차이들이 **그것들** 모두는 어떤 것을 공통으로 가지고 있다고, 말하자면 그것들 모두는 **게임들**이라고, 말하는 것을 금하지 못하는 것과 같다(PI 66 참고). 그렇다면 왜 다양한 방식으로 서로 다른 체험들의 전체 영역이 색깔에 주의를 기울임의 체험들이 될 수 없겠는가? (서로 다른 체험들의 전체 영역은 곧 다양한 방식의 얼굴을 보는 시각적 체험일 수 있는 것과 같다. 화성인은 그것들 가운데서 아무런 공통점도 볼 수 없을지 모른다. 그렇다고 해서 **우리가** 그와 같이 말하는 것도 잘못이 될까?)

관련된 주제에 관한 또 하나의 논의에서 그가 말하고 있는 것(PI 171b)을 강조하는 일은 여기서 비트겐슈타인의 주장을 강화시킬 것이다. 왜냐하면 '색깔에 주의를 기울임'의 많은 경우에, 우리가 느끼는 것 중 **어떤 것도** 그것에 대한 특징적인 체험이 될 수 **없다**는 것이 사실이기 때문이다. — 실로 우리는 (색깔 자체의 체험이 아니라면) 전혀 어떤 특수한 체험도 하지 않는다. 바로 앞의 몇 문장을 읽고 있을 때 당신은 아마도 말의 내용에 주의를 기울이고 있었지 글자 모양에 주의를 기울이고 있지 않았을 것이다. 그러나 **내용에 주의를 기울임**의 체험이라는 것은 도대체 어디에 있었을까?

만일 그것이 옳다면 PI 33에 대한 현재의 반박은 논점을 벗어난 것이다: '[예컨대 색채어의] 정의를 올바르게 파악함'과 그것을 다르게 파악함을 구별해 주는 것은 우리가 첫 번째 경우에 정확하게 체험하는 어떤 것일 수 없는데, 왜냐하면 그 경우에 항상 존재하는 체험 따위는 없기 때문이다. 그러므로 이런 생각을 공격함에 있어서 중요한 점은 우리가 색깔에 주의를 기울일 때 갖는 체험에 있는, 어떤 차원들에서 펼쳐지는, 실제의 **다양성**이 아니다: 그 다양성은 그것들 **모두**가 가정된 유형의 체험들이라는 것과 양립할 수 있다. 중요한 점은 우리가 그 정의를 올바르게 파악할 수 있다 하더라도 우리는 그때 그런 체험이 될 **수 있을** 만한 것을 **전혀 아무것도** 느끼지 **않는다**는 것이다.

(ii) 어쨌든 비트겐슈타인의 정말 결정적인 요점은 PI 34에 있다. 가령, 형태에 주의를 기울이는 모든 경우 그리고 오직 그 경우에 어떤 심리학적인 상태나 과정이 존재하거나 일어난다고 생각해 보라. 학생이 **그것을** 잘못 해석할 수 있지 않을까? — 그래서 예컨대 내가 '이것[가리킴]은 "원"이라고 불린다'고 말할 때 그는 형태에 주의를 기울이고 (즉, 그런 체험을 갖고) 그래서 이제 그는 '원'을 색의 이름으로 간주한다.

> 그러나 어떤 사람이 이렇게 말했다고 가정하자: "내가 형태에 주의를 기울일 때, 나는 언제나 같은 것을 한다. 나는 눈으로 윤곽을 좇으며, 그와 동시에 …을 느낀다." 그리고 이 사람이 이 모든 체험을 가지고 어떤 원형의 대상을 가리키면서, "이것은 '원'이라고 한다"란 지시적 설명을 다른 어떤 사람에게

> 해 준다고 가정하자. ── 그렇지만 그 다른 사람은, 비록 그가 그 설명자가 눈으로 형태를 좇고 있다는 것을 보고, 또 그 설명자가 느끼는 것을 느낄지라도, 그 설명을 다르게 해석할 수 없는가?(PI 34)

이 논증은 『철학적 탐구』에서 거듭하여 나타나는 하나의 패턴을 보여 준다. 그것은 다음과 같다: 이를테면 '입방체를 의미함', '색을 가리킴', 또는 '큰 소리의 보고를 기대함'과 같은 심리학적 표현은 특정 유형의 내적 상태나 과정을 명명한다고 생각하도록 유혹을 받는 경우에는 즉시, 그런 유형의 과정은 어떤 **양립 불가능한** 심리학적 상태, 예컨대 삼각 프리즘을 의미함, 형태를 가리킴, 또는 조용한 보고를 기대함의 상태에 특징적인 행위를 동반한다고, 또는 그런 특징적인 행위를 실제로 만들어 낸다고 상상하라. 우리가 이런 경우들을 생각할 때 우리는 처음에 바로 그 본질로 보였던 추정된 내적 상태나 과정이 결국 그 심리학적 상태에 매우 비본질적이었다고 말하게 될 것이다.

그러므로 만일 우리가 이 유혹을 거부한다면, 우리는 그것들에 대한 오해 가능성이 지시적 정의가 불가능하다는 것을 보여 주는 것이 아니라 지시적 정의가 지적 진공 상태에서 작동할 수 없다는 것만을 보여 준다는 것을 알게 된다. 그것들은 학생 편의 어떤 배경적 능력을 요구한다. 그리고 그 필수불가결한 배경은 바로 이것이다: 학생은 예컨대 '빨강'이란 낱말의 정의에 반응할 준비를, 그렇게 정의된 낱말을 **우리가 색채**어들을 표준적으로 사용하듯 사용함으로써 (예컨대 동일한 빛 아래서 광학적으로 구별할 수 없는 두 대상 모두에 '빨강'을 적용하거나 적용하지 않음으로써), 갖추고 있어야 한다.

비트겐슈타인은 이 결론을 다음과 같이 요약한다:

> 그리고 이제 우리는 이렇게 말할 수 있다고 나는 믿는다. 즉 아우구스티누스는 인간 언어의 학습을 마치 어린아이가 낯선 나라에 와서 그 나라의 언어를 이해하지 못하고 있는 듯이 그렇게 기술하고 있다고, 즉 단지 이 언어가 아닐 뿐, 어린아이가 이미 하나의 언어를 가지고 있는 듯이, 또는 심지어, 단지 말하지 못할 뿐, 어린아이가 이미 **생각**할 수 있는 듯이. 그리고 여기서 "생각한다"는 "자기 자신에게 이야기한다"와 같은 어떤 것을 뜻할 것이다(PI 32).

만일 이것이 실제로 옳은 결론이라면 아우구스티누스가 지시적 정의를 **모든** 언어의 토대에 위치시킨 일은 잘못되었다. 지시적 정의가 성공하려면 학생은 이미 어떤 종류의 언어를 **가지고** 있어야 한다. 그러므로 유한한 존재인 어떤 학생도 지시에만 의존할 수는 없었다.

그러나 그것은 옳은 결론**인가**? '지시적 정의를 올바른 방식으로 파악하기' 위해서는 학생이 지시적 정의를 통해 획득하지 않은 **어떤** 능력을 갖춰야만 한다. 그러나 왜 그런 능력이 특별히 **언어적**이어야 할까?

여기에 하나의 가능성이 있다. 어떤 종류의 동물은 그의 선배들이 내는 소리를 흉내 낼 수 있다. 주어진 상황 S에서 그렇게 하게 하는 그의 욕구는 S와 그가 그 소리를 들은 다른 상황들 사이에 이미 놓여 있는 관찰 가능한 유사성에 달려 있다. 그 소리가 한국어 낱말 '빨강'과 같다고 생각해 보자: 더도 말고 덜도 말고 이 종의 새끼가 그의 선배들이 내는 그 소리를 들은 상황들 O에서 하나의 빨강 대상이 모든 집단의 눈에 잘 띈다고 간주하자. 그리고 그 결과 그 새끼는 더도 말고 덜도 말고 빨강 대상이 그것의 눈에 잘 띌 때 '빨강'이란 소리를 발한다고 생각해 보자. 그 새끼는 또 하나의 언어를 말하는 것과 같은 어떤 일을 아직 할 줄 **모르고도** 지시적 정의를 통해 '빨강'을 배웠지 않은가? 그는 이제 PI 2의 (지금 PI 6a와 같이 **완전한** 언어로 인식된) 언어놀이 속의 발화들이 초보적인 **명령**들로 간주되어야 하는 것과 마찬가지로 (그의 환경에서 색에 관한) 초보적인 **보고**라고 간주될 수 있는 어떤 것을 할 수 있지 않은가?[3]

물론 그 새끼는 지시적 정의가 제공할 수 **없는** 능력을 갖춘 채 학습 상황에 이르렀을 수 있을 것이다. 특히 **유사성 측정기**를 미리 갖추고 있었을 수도 있을 것이다. 다시 말해서 빨강 대상이 눈에 잘 띄게 존재하는 상황 S와 오직 파랑 대상이 눈에 잘 띄게 존재하는 상황 T가 주어질 때, 그 새끼가 S를 '빨강'이 그것에게 도입된 학습 상황인 O보다 T에 더 유사한 것으로 분류하는 일은 처음부터 틀림없이 가능한 일일 것이다. 이것이 불가능하다고 생각할 이유는 없다. 실로 성인들은 물론이고 동물들과 어린아이들이 **귀납 추론**을 어떤 방향으로 하고 다른 방향으로 하지 않는다는 사실은 그런 **어떤** 측정기가 널리 존재함을 보여 준다. 가령 화로에 손을 덴 사람은 그 후에 예컨대 고양이가 아니라 **불**을 피한다. 이것은 어떤 뜻에서 그가 이후에 만나는 고양이보다 이후에 만나는 불을 처음의 불과 더 비슷한 것으로 본다는 것을 보여 준다. 게다가 그것은 그런 측정기가 전언어적(prelinguistic)이라는 것을 보여 준다: 우

---

3 비트겐슈타인은 유사한 경우를 PI p. 160/187/『탐구』 331-2쪽에서 논의한다. 거기에서 그는 다음과 같이 말하고 있다.

> 붉은 어떤 것을 보면 어떤 특정한 소리를 내지르고, 노란 어떤 것을 보면 다른 어떤 특정한 소리를, 그리고 그런 식으로 해서 다른 색깔들에 대해 다른 소리를 내지르도록 훈련받은 사람이 있다면, 그로써 그는 아직 대상들을 그 색깔에 따라서 기술하고 있는 게 아닐 것이다. 비록 그가 우리가 기술하는 데에는 도움을 줄 수도 있겠지만. 기술이란 어떤 한 공간상의 (예컨대 시간상의) 배치에 관한 묘사이다.

그러나 이것은 독단적으로 보인다. 어쨌든 그것에서 **어떤 것**에 대한 보고의 지위를 부정하는 데 또는 (지시적 가르침 더하기 뒤이은 습관적 반응) 전체가 **어떤** 종류의 언어놀이라는 것을 부정하는 데에 아무런 근거도 제시되고 있지 않다.

리는 어떤 언어 없이도 그것을 가질 **수** 있고 동물들도 그것을 가질 **수** 있다.

간단히 말해서 비트겐슈타인에 대한 반박은 이것이다: 귀납 추론을 위해 어쨌든 우리에게 필요한 유사성 측정기는 우리가 '지시적 정의를 옳게 파악하기' 위한 **비**언어적 토대일 수 없는가?[4] 그리고 만일 그러하다면, 거기에 속한 낱말들이 이 원시적 형식의 지시를 통해 가르치고 배우는 언어놀이가 원칙적으로 존재할 수 있지 않은가?

우리의 언어 속에 있는 많은 표현이 그것을 넘어선 어떤 **언어적** 능력 없이는 지시를 통해 배워지지 않고 또 배울 수도 없다는 것은 옳다. '전하', '질량', '인플레이션', 그리고 심지어 '강도'(solidity)와 같은 이론적 낱말들이 좋은 예이다. 예컨대 단순히 어떤 강체를 지각하게 되는 일만으로는 결코 강도 개념을 가진 물리적 이론을 형성할 수 없다(Evans 1980: 269-70 참고). 그리고 한 언어를 말한다는 것이 그런 종류의 이론적 배경을 소유하기 위한 필요조건**이라**는 것은 설득력 있는 말이다. 그러나 우리의 언어가 이런 류의 낱말들도 포함하고 있으며 단순히 아무 언어도 갖지 못한 사람이 지시를 통해 배울 수 있는 류의 낱말**만을** 포함하고 있지 않다는 것은 경험적 사실이다. 그런데 전자의 이론적인 낱말들이 지시를 통해 배워질 수 있다는 논증은 (여기서 문제되고 있는) 비트겐슈타인이 의도한 논증이 아니다. 그러므로 나에게는 비트겐슈타인이 위에서 인용된 PI 32에서 공표한 반(反) 아우구스티누스적 결론을 확립하는 데 실패한 것으로 보인다.[5]

---

4 이것은 대략 콰인 1969, 121-4쪽에 나타난 지시에 관한 설명이다.

5 혹자는 비트겐슈타인이 '지시적 **정의**'라고 부른 것과 그가 '지시적 **가르침**'(PI 6b)이라고 부른 것을 내가 구분하지 않았다고 반박할지도 모르겠다. 동물과 관련하여 내가 기

1.3. 지시주의(Referentialism)

'모든 낱말들은 이름들' 이라는 말이 언어에 덧씌우는 것으로 보이는 세 번째 종류의 획일성은 이것이다: 즉 모든 낱말들은 대상들을 가리킨다; 그 대상은 낱말의 의미를 모두 보여 주므로, 같은 지시를 갖는 두 낱말은 **그 사실 때문에** 같은 의미를 갖는다. 그리고 만일 한 낱말에 소지자가 없으면 그것은 의미가 없다.

1.3.1. 일상 언어에서

이것이 일상 언어에 관한 원칙으로 간주된다면, 그것은 그 분야의 다른 원칙들과 같이 분명히 거짓이다. 비트겐슈타인이 그것을 반박하면서 보여 주는 첫 번째 예는 다음과 같다:

> 먼저 낱말에 아무것도 대응하지 않으면 그것은 아무 의미를 가지지 않는다는 **이런** 사고 과정의 주안점에 관해서 이야기해 보자. — 우리들이 "의미"라는

술한 훈련의 형식은 단지 지시적 가르침일 뿐이다. 지시적 정의의 경우를 구별해 주는 것은 그때 정의되고 있는 것 또는 그것이 속하는 유형의 **이름을 물을** 수 있어야 한다는 것이다. 그러므로 내가 제시한 사례가 보여 주는 것이라고는 지시적 가르침은 학생이 미리 한 언어를 말할 수 있어야 한다는 것을 전제하지 않는다는 것뿐이다. 그러나 비트겐슈타인이 확립하려고 목표한 것은 지시적 정의가 이것을 전제한다는 약한 주장이었다.

이에 관한 나의 두 가지 대답은 다음과 같다. (a) 만일 우리가 학생이 어떤 것의 이름을 물을 수 있어야 한다는 것을 지시적 정의의 정의에 속하는 것으로 만든다면 '나는 X에게 "빨강"에 대한 성공적인 지시적 정의를 준다' 가 'X는 이미 한 언어를 말할 수 있다' 를 수반한다는 것이 물론 참일 것이다. 그러나 만일 **이것**이 비트겐슈타인이 보여 주려 한 것의 전부라면 그의 논증은 모든 흥미를 잃게 된다. (b) 아우구스티누스나 이 점에서 표적이라고 족히 간주할 수 있는 어떤 경험주의자도 그런 어떤 구분에 의존하지 않았다. 그들에게 지시가 언어의 바탕에 놓여 있다는 생각은 지시적 가르침이 그렇게 놓여 있었다는 생각이었다(아우구스티누스는 어디에서도 어른들에게 그 앞에 놓여 있는 대상들의 이름들을 **묻는 것**에 관해 말하고 있지 않다). 요컨대 지시적 가르침과 지시적 정의 사이의 구분은 비트겐슈타인의 논증을 구하는 대가로 그것을 무관한 것으로 만들 뿐이다.

> 낱말로써 그 낱말에 '대응하는' 대상을 지칭한다면, 그 낱말은 어법에 어긋나게 사용되고 있다는 점을 확인하는 것이 중요하다. 그것은 이름의 의미를 이름의 **소지자**와 혼동하고 있음을 뜻한다. 아무개 씨가 죽는다면, 우리들은 그 이름의 소지자가 죽는다고 말하지, 그 이름의 의미가 죽는다고 하지 않는다. 그리고 그렇게 말하는 것은 무의미할 것이다. 왜냐하면, 만일 그 이름이 의미를 가지기를 중지한다면, "아무개 씨가 죽었다"고 말하는 것은 아무 뜻을 가지지 않을 것이기 때문이다(PI 40).

있는 그대로의 이 (인용문 첫 문장의, 비트겐슈타인이 비판하는 — 옮긴이) 논증은 매우 성급하게 보일 수 있다: 그것은 예컨대 선후 관계나 인과 관계와는 달리, 지시 관계가 하나의 이름과 그 이름과 같은 시기에 존재하는 어떤 것 사이에서만 성립할 수 있다고 가정한다. 왜냐하면, 만일 우리가 그 가정을 빼 버린다면 우리는 아무개가 죽은 후에도 '아무개'는 계속 아무개를 지시한다고 말할 수 있고, 그에 따라 '아무개'의 의미를 그것이 나타내는 대상이라고 생각하는 사람은 '아무개 씨가 죽었다'는 말이 참이 될 뿐만 아니라 의미 있는 것으로 남게 된다고 주장할 수 있기 때문이다.

이 반박을 피할 수 있는 더 좋은 예는 PI 2에 나타난 원시적인 건축가의 언어놀이를 다듬어 쓰는 것이다. 우리는 다음과 같이 상상할 수 있다: 'A가 집을 지으면서 사용하는 도구들이 어떤 기호들을 지니고 있다. A가 조수에게 그러한 기호를 보이면, 조수는 그 기호를 지니고 있는 도구를 가지고 온다' (PI 15). 이 기호들은 그 기호들을 지닌 대상들의 이름들로 간주될 수 있을 것이다.

> 그러나 가령 도구를 위해 결코 사용된 적이 없는 이름들도 그 놀이에서 의미

> 를 가지는가? — 그러니까 "X"가 그런 기호이고, A가 이 기호를 B에게 준다고 가정하자. 자, 이런 기호들도 그 언어놀이 속에 받아들여질 수 있을 것이며, B는 가령, 그것들에게도 역시 고개를 흔듦으로써 대답해야 할 것이다(우리들은 이것을 그 두 사람의 일종의 오락이라고 생각할 수 있을 것이다) (PI 42).

'X' 라는 이름조차도 **어떤** 종류의 의미를 가지고 있다. 그러나 어떤 것도 ('아무개 씨' 의 경우 그렇듯이) 그것의 소지자로 존재**하지** 않을 뿐 아니라 존재**한 적도 없다**. 그리고 일상 언어에서 분명히 'X' 와 같은 사용을 갖지만, 마찬가지로 (예컨대 '셜록 홈스' 와 같이 소설에서 나온 이름들이나 '아틀란티스' 와 '벌컨' 과 같이 만족시킬 수 있는 조건이 없다고 판명된 이름들처럼) 분명히 아무 소지자도 갖지 않는 이름들과 표현들을 떠올리는 일은 매우 쉽다. 그러므로 소지자 없는 **일상** 언어의 표현들이 의미 없다는 것은 잘못이다.

1.3.2. 『논고』에서

이 원칙의 또 다른 적용은 일상 언어에 대한 것이 아니라 『논고』에서 비트겐슈타인이 언어의 '분석' 이라고 불렀던 것에 대한 것이다. 그때 비트겐슈타인은 사고가 실재에 대해 명확한 주장을 한다고 믿었다: 이것이 뜻하는 것은 만일 내가 나폴레옹이 러시아를 1812년에 정복했다는 사고를 가지고 있다면, **각각의 모든** 가능한 상황이 그 사고를 참**이거나** 거짓**으로** 만든다는 것이다. 그러나 어떻게 그럴 수 있는가? 결국, 나폴레옹은 (예컨대 그의 부모가 만난 적이 없다면) 생존한 적도 없을 수 있다. 그렇다면 그가 생존**한** 적이 없는 하나의 가능 상황에서, 내 사고는 어떻게 — 참 또는 거짓이 되는 것은 차치하고 — 하나의 **사고**와 같은 것이 될 수 있을까 — 거기에 그것이 **대할(about)** 것이 존재하지 않는다면?(예컨대, 나폴레옹이 존재하지 않으면)

『논고』에서 그의 대답은 세계가 대상들로 구성된다는 것이었다(TLP 2.021). 이 대상들의 가능한 **배열들**은 모든 가능성을 망라한다: 따라서 우리의 세계에 관한 각각의 모든 가능성은 모든 현실의 대상들이 존재할 가능성이다(TLP 2.022–2.023, 2.0271). 그러므로 그 대상들은 파괴 불가능하다, 즉 필연적으로 존재한다: 복합적인 것은 모두 분해될 수 있기 때문에, 대상들은 **단순하다**는 것이 도출된다(TLP 2.02). 하나의 사고는 단순한 대상들의 어떤 가능한 배열을 기술함으로써 하나의 가능성을 기술한다: 이 가능한 배열들이 **사태들이**다(TLP 2.0272). 하나의 사고는 본질적으로 그림의 방식으로 하나의 사태를 기술한다(TLP 2.1, 3). 그것은 그 사태 속에 나타나는 대상들의 **이름들**로 구성된다(TLP 3.202). 이름은 단순히 그것이 가리키는 것을 의미한다(TLP 3.203). 그리고 이름들의 배열은 명명된 대상들의 가능한 **배열**을 모사한다(TLP 3.21).

우리의 첫 질문은 어떻게 나폴레옹이 러시아를 1812년에 정복했다는 나의 (거짓) 사고가, 나폴레옹이 존재하지도 않아 **그것이 대할** 것도 분명 존재하지 않는, 가능한 상황들에 대한 **사고**와 같은 것이 될 수 있는가였다. 그리고 대답은 그 사고가 실제로는 나폴레옹에 대한 것이 아니라는 것이었다. 또는 이렇게 말해도 좋다면, 그 사고**는** 그에 대한 것**이**지만, 오직 그를 구성하는 그런 단순하고 파괴 불가능한 대상들에 대한 것임을 통해서만 그에 대한 것이 된다는 것이었다. 그 대상들은 모든 가능한 상황들에 존재하는데, 그 사고는 오직 대상들이 나폴레옹 자신이 존재하지 **않는** 어떤 배열들을 갖는 상황들에서만 성립할 뿐이다. 그러므로 언제나 나의 사고가 무엇에 대하여 참일 그 무엇은 항상 존재한다.

이것이 바로 나의 사고가 **각각의 모든** 가능한 상황에 대해 참이거나 거짓일 수 있는 이유이다.

이 설명을 일상 언어들에 적용하기 위해 비트겐슈타인은 일상 언어들이 실제로는 사고의 구조를 감춘다고 주장했다(TLP 4.002); **일상 언어들이** 단순하다고 제시하는 것('나폴레옹')은 실제로는 매우 복잡한 대상들이다. 우리가 그런 사고들의 완전히 엄밀한 내용을 드러낼 수 있게 되는 것은, 따라서 완전히 분석된 문장의 요소들이 사고의 요소들에 대응될 수 있게 되는 것은 오직 일상 언어의 **분석**을 통해서이다(TLP 3.2–3.201).

예컨대 일상 언어의 문장들은 복합적이어서 파괴될 수 있는 사물들을 명명하는 것으로 보이는 단순한 요소들을 포함하고 있다. 예를 들어, '클레오파트라의 바늘'[6]은 어느 날 사라질 수 있고 어떤 사건에서도 존재하지 않을 수 있는 크고 복합적인 대상을 명명하는 것으로 보인다('클레오파트라의 바늘'은 하나의 기술이 아니라 하나의 이름이라는 것에 주의하라. 그것이 나타내는 것은 하나의 바늘도 아니고 클레오파트라의 것이었던 적도 없다). 그러므로 '클레오파트라의 바늘은 화강암으로 만들어졌다'는 것과 같은 문장은 그것이 표현하는 사고들의 구조를 반영하지 않는다. 그것에 대한 완전한 분석은 하나의 단순한 문장 또는 단순한 문장들의 복합적 조합, 단순하고 그래서 파괴 불가능한 대상들의 이름이 그런 대상들의 가능한 조합을 모사하는 방식으로 드러낼 것이다.

단순히 예시적 목적만을 위해 이 예를 검토해 보자면, '클레오파트라의 바늘은 화강암으로 만들어졌다'는 '$N_1N_2N_3 \cdots N_KG$'와 같이 표시

6 옮긴이 주: 고대 이집트의 헬리오폴리스에 있었던 두 오벨리스크의 이름.

될 수 있을 것이다. 여기서 'N_1' … 'N_K' 는 클레오파트라의 바늘을 구성하는 요소들을 명명한다. G는 그 요소들이 화강암인 어떤 것을 구성할 때 그것들이 맺는 관계를 명명한다. 그리고 왼쪽에 있는 요소들의 이름들과 오른쪽에 있는 보편자의 이름과의 접속은 그 보편자가 그 요소들에 적용됨을 말하는 하나의 방식이다(TLP 3.1432 참고).

이 예는 분석이 궁극적으로 보여 주는 류의 문장이 무엇인지를 『논고』보다 더 명확하게 보여 준다. 하지만 이것과 독립적으로 그것은 일상 언어에서 이름들로 보이는 것이 분석에서 제거되어 있다는 결정적인 점을 예시해 준다: '클레오파트라의 바늘' 은 '$N_1N_2N_3$ … N_KG' 에서 완전히 제거되어 있다. 이것은 전기에 비트겐슈타인이 분석된 문장들의 모든 요소는 정확히 그것들이 나타내는 것을 의미하는 표현들(거기에서 그가 '이름들' 이라고 부른 것)이라고 주장할 여지를 주었다. 반면 일상 언어나 분석되지 않은 언어는 그렇지 않다. 왜냐하면, 오직 일상 언어만이 '클레오파트라의 바늘' 이나 '아무개 씨' 와 같은 표현들을, 즉 그것들의 지시체가 존재할 수도 있고 존재하지 않을 수도 있는 것을 의미하는 표현들을 담고 있기 때문이다. 반면 'N_3' 나 'G' 와 같이 완전히 분석된 언어의 요소들은 오직 존재하지 **않을 수 없는** 것만을 지시한다.

우리는 이제 비트겐슈타인이 자신의 전기 입장에 반대하여 세운 두 가지 요점에 집중할 것이다. 첫째, 그는 세계가 절대적으로 단순한 대상들로 구성되어 있다는 생각의 이해가능성 자체에 의문을 제기한다. 둘째, 그는 일상어 문장을 분석한 것이 **같은** 의미를 **더** 뚜렷하게 표현한다는 것을 부정한다. 이제 이것들을 차례로 고찰해 볼 것이다.

1.3.3. 단순성

비트겐슈타인은 단순성과 복합성에 관하여 **단적으로** 말하는 것이 아무

의미도 없다고 말한다.

> 그러나 어떤 것이 실재를 구성하고 있는 단순한 구성 성분들인가? — 무엇이 의자의 단순한 구성 성분들인가? —그것을 조립하고 있는 목재 조각들? 아니면 분자들, 또는 원자들? — "단순하다"는 것은 복합적이지 않다는 뜻이다. 그런데 여기서 문제가 되는 것은, 어떤 뜻에서 '복합적'인가 하는 것이다. 단적으로 '의자의 단순한 구성 성분들'에 관해서 이야기하는 것은 전혀 아무런 뜻을 가지지 않는다. …… 그러나 예컨대 서양 장기판은 명백하고 단적으로 복합적이지 않은가? — 당신은 아마 32개의 흰 사각형과 32개의 검은 사각형으로 이루어진 복합을 생각하고 있을 것이다. 그러나 우리는 예컨대, 그것은 흰색과 검은색, 그리고 사각 그물의 도식으로 복합되어 있다고도 말할 수 있지 않을까? 그리고 여기에는 전적으로 상이한 고찰 방식들이 존재한다면, 그래도 당신은 장기판이 단적으로 '복합적'이라고 말하겠는가?(PI 47a, d)

자, 이 예들은 우리가 복합적 대상이 **어떤 구성 요소들**을 가지고 있는가에 대한 분명한 이해를 가지고 있지 않다는 것만을 보여 준다. 이것은 우리가 단순성이나 복합성에 대한 단적인 이해를 가지고 있지 않다는 것을 보여 주는 것이 아니다. 『논고』의 비트겐슈타인은 서양 장기판을 분해하는 방식이 하나 이상 존재한다는 것은 우리가 최종적 분석에 이르는 다양한 길을 선택할 수 있다는 것만을 보여 준다고 대답할 것이다. 이는 마치 낱말들은 궁극적으로 문자들의 합성물이라고 생각한 사람이 (a) 'logic'은 'lo'와 'gic'으로 합성되어 있다고 말하는 것과 (b) 그것은 'log'와 'ic'로 합성되어 있다고 말하는 것 사이에서 고심할 일은 아무것도 없다는 것을 여전히 받아들일 수 있는 것과 같다.

그러나 비트겐슈타인이 전기의 자신에 대하여, 『논고』는 아직 **단적인** 단순성의 개념을 가지고 있지 않은 사람에게 그것을 전혀 **설명해 주지** 않고 있다고 비난하는 것은 적절**하다**. 지금 당신은 『논고』가 단순성을 **중시한 동기**를 우리가 단순성에 관한 최종적인 설명으로 간주하고 있다고 말해도 된다. 더 엄밀하게 말하자면, 단순자들이 존재한다고 생각하는 이유는 무엇보다도 세계가 **파괴 불가능한**, 즉 **필연적으로 존재하는** 것들로 구성되어야 하기 때문이다. 그렇다면 어쩌면 우리는 『논고』의 체계에서 '단순자'가 '파괴 불가능한 것'을 **의미한다**고 볼 수 있을까?

그렇게 보는 것은 '단순자'가 무엇을 의미하는지 분명하게 만들어 주겠지만, 어떤 것이 단순**한지** 여부를 여전히 매우 불분명하게 남겨 둘 것이다. 어떻게 하나의 **개별자**가 파괴 불가능할 수 있는지를 아는 것은 어려운 일이다. **어떤** 개별자든 그것의 비-존재를 상상하는 것은 매우 간단한 일로 보이고, 따라서 그것이 필연적으로 존재한다는 것은 얼마든지 부정될 수 있을 것이다. 보편자에 대해서는 어떨까?

> "붉은 어떤 것은 파괴될 수 있지만, 붉음은 파괴될 수 없다. 그리고 그렇기 때문에 '붉은'이란 낱말의 의미는 붉은 사물의 존재로부터 독립적이다." — 확실히, 붉은색(물감이 아니라 색깔)이 찢어진다거나 으깨진다고 말하는 것은 아무 뜻도 가지고 있지 않다. 그러나 우리는 "붉은색이 사라지고 있다"고 말하지 않는가? 그리고 설령 붉은 것이 더 이상 아무것도 존재하지 않을지라도 우리는 붉은색을 우리의 정신적인 눈앞에 불러낼 수 있다고 하는 생각에 매달리지 말라! 이것은 붉은 불꽃을 만들어 내는 화학 반응이 그 경우에 여전히 존재할 거라고 말하려는 것과 다를 바 없다. — 왜냐하면, 당신이 더 이상 그 색깔을 기억해 낼 수 없다면 어떻게 되는가?(PI 57)

붉음이 존재한다고 말하는 것은 만일 붉은 **어떤 것**이 존재한다는 것을 의미하는 것이 아니라면 무엇을 **의미하는**지가 분명치 않다. 그렇다면 어떤 뜻에서 보편자들은 파괴 불가능하다고 할 수 있을까?

그런데 우리를 단순성과 파괴 불가능성이라는 관련된 개념으로 처음 인도한 일련의 사유에서 잘못된 것은 무엇인가? 그것이 무엇이었는지 기억해 보자: 우리의 사고들이 모든 가능성에서 참이거나 거짓이기 위해서는 각각의 가능성 속에 사고들이 그것에 **대한** 것이 되도록 만들어 주는 것이 있어야 한다. 비트겐슈타인은 이런 사유 노선을 다음 소견에서 논의한다:

> "[대화 상대방] 언어의 이름들이 지칭하는 것은 파괴 불가능해야 한다. 왜냐하면 우리들은 파괴 가능한 모든 것이 파괴되어 있는 상태를 기술할 수 있어야 하기 때문이다. 그리고 이러한 기술 속에는 낱말들이 존재할 것이다. 그리고 그렇다면 그 낱말들에 대응하는 것은 파괴되어서는 안 된다. 왜냐하면 그렇지 않다면 그 낱말들은 아무 의미도 가지지 않을 것이기 때문이다." 나는 내가 앉아 있는 나뭇가지를 잘라 내서는 안 된다.
>
> 물론 이제, 그 기술 자체는 실로 파괴에서 제외되어야 한다고 즉시 이의가 제기될 수 있을 것이다(PI 55).

이 직접적인 이의 제기는 본래의 사고 노선에 놓여 있는 문제를 요약하고 있다. 사람들은 **실제의** 사고나 기술이 반사실적 상황에 관해 어떤 것을 의미 있게 말할 수 있으려면 **반사실적** 상황 속에 그 사고나 기술을 의미 있게 만드는 어떤 것이 있어야 한다고 생각해 왔다. 그러나 이것은 단순히 거짓이다. **우리가** 비현실적 상황에 관한 기술을 평가할 때, 우리는 단지 그 기술이 의미 **있을** 것만을 요구한다: (비트겐슈타인이 아이러니하게 넌지시 말하고 있듯이) 기술이 **존재한** 적이 없는 가능한 상황들을 우리가 분명히 기술할 수 있다는 사실이 알려 주는 바와 같이, 우리는 그 비현실적 상황이 발생할 때 그 기술이 의미 있게 **될** 것까지 요구하지는 **않는다**.

언어의 전제 조건들에는 어떤 뜻에서 필연적이라고 생각하도록 유혹을 받는 또 다른 방식이 있다. 어떤 색채-**낱말들**이 의미를 갖기 위해서는 어떤 색을 가진 사물들이 반드시 존재해야 한다고 생각해 보라. 특히 '세피아' 란 낱말은 복제할 수 없는 표준 견본의 존재에 그 의미를 의존하고 있는데, 우리가 어떤 것들을 그 색깔로 인정하는 것은 그 견본과의 비교를 통해서라고 생각해 보라. 이것은 세피아 색의 대상들이 맨눈으로 볼 때는 다른 색조의 대상들과 색상적으로 구별될 수 없기 때문일 수 있다. 그러면 어떤 뜻에서 '세피아 견본이 있다' 는 문장은 거짓일 **수 없다**. 왜냐하면, 그것이 거짓이라면 그 문장 속에 나오는 '세피아' 란 표현은 어떤 의미도 갖지 못할 것이기 때문이다. 그렇다면 그 '문장' 은 결국 거짓인 게 아니라 무의미한 것이 될 것이다. 그리고 마찬가지로 우리의 언어가 의미 있기 위해 의존하는 대상들은 파괴될 수 없다고 우리는 생각할 수 있을 것이다. 왜냐하면 그 대상들 중 어떤 것이 존재하지 **않는다**고 주장하는 문장은, 만일 참이라면, 무의미하게 될 뿐이기 때문이다.

그러나 물론 '세피아 견본이 존재한다' 고 말하는 것이 **의미 있다면 참**이라고 말하는 것은 세피아 견본은 **그 자체가** 필연적으로 존재한다고 말하는 것과 다르다. 그것은 단지 그 말이 속하는 언어의 전제 조건에 속하는 것을 말하는 것일 뿐이다.

우리는 그것을 이렇게 표현할 수 있다. 즉 이 견본은 그것을 가지고 우리가 색깔을 진술하는 언어의 한 도구이다. 이 언어 내에서 그것은 묘사되는 것이

> 아니라, 묘사의 수단이다. …… 존재**해야만 하는** 것으로 보이는 것은 언어에 속하는 것이다. 그것은 우리의 놀이 내에서 하나의 범례(範例), 즉 비교되는 어떤 것이다. 그리고 이것을 확인하는 것은 하나의 중요한 확인을 하는 것이라고 할 수 있다. 그러나 이럼에도 불구하고 그것은 우리의 언어놀이 — 우리의 묘사 방식 — 에 관한 하나의 확인이다(PI 50).

『논고』의 대상들에 관해서도 똑같은 말이 이뤄질 수 있을 것이다.

1.3.4. 분석

PI 60-4에서 비트겐슈타인은 다음과 같이 주장한다. 첫째, 『논고』에서 예상한 분석이 분석되는 것과 **같은** 의미를 가진 것을 실제로 산출하느냐 하는 것은 분명치 않다. 그리고 둘째, 어떤 경우에도 분석은 그 의미를 더 **뚜렷하게** 드러내지 않는다.

첫 번째 요점과 관련하여 그는, 분석은 당신이 처음부터 가지고 있었던 그리고 애초에 분석되지 않은 문장에 의해 표현된 그 사고를 더 분명하게 드러낸다는 것을 단적으로 **부정하면서** 시작한다.

> 이제 내가 "내 빗자루가 구석에 놓여 있다"고 말한다면 — 이것은 실제로는 빗자루의 자루와 솔에 관한 진술인가? 아무튼, 그 진술은 분명 자루의 위치와 솔의 위치를 진술하는 어떤 한 진술로 대체될 수 있을 것이다. …… 그러니까 빗자루가 구석에 서 있다고 말하는 사람은 실제로는, 자루와 솔이 저기에 있으며, 그 자루는 솔에 부착되어 있다고 말하는 것인가? — 만일 우리가 어떤 사람에게, 그것이 당신 뜻이냐고 묻는다면, 분명히 그는 자기는 특별히 빗자루의 자루나 솔에 관해서는 전혀 생각하지 않았노라고 말할 것이다. 그리고 그것은 **올바른** 대답일 것이다. 왜냐하면 그는 빗자루의 자루나 솔 어느

쪽에 관해서도 특별히 이야기하고자 하지 않았기 때문이다(PI 60).

있는 그대로의 이 대답에 대해서는, 당신이 빗자루의 솔이나 자루에 대해 '특별히 생각하지' 않았다 하더라도 그것들은 어떤 뜻에서 당신이 애초에 뜻한 것 속에 잠재해 **있었다**고 반박할 수 있다. 다음과 비교해 보라. 내가 어떤 사람에게 1,000까지 세어 보라는 명령을 할 때 나는 625에서 626으로의 이행을 '특별히 생각하지는' 않을 것 같지만, 만일 그가 625 다음에 627을 부른다면 내가 그에게 하라고 **애초에 뜻했던** 것에서 그가 벗어났다고 말하는 것이 옳을 것이다(PI 187 참고). 우리는 나중에 이 문제로 되돌아올 것이다(3.3을 보라).

어쨌든 비트겐슈타인은 '나에게 그 빗자루를 가져오라' 는 **명령**에 관한 논의를 계속한다. 그는 언어놀이를 나타내기 위해 문자 (a)와 (b)를 도입하는데, (a)에서는 예컨대 빗자루와 같은 전체 도구의 이름이 (b)에서는 솔과 같은 각 부분의 이름이 부여되어 명령에서 사용된다. 그러므로 (a)는 '나에게 그 빗자루를 가져오라' 는 명령을 포함할 수 있을 것이고, (b)는 '나에게 그 빗자루의 자루와 거기 부착된 솔을 가져오라' 는 명령을 포함할 수 있을 것이다. 이제 (b)의 그 '분석된' 명령은 (a)의 '분석되지 않은' 명령과 같은 의미를 지니고 있음이 틀림없는가? 비트겐슈타인은 우리에게 그것이 그렇게 분명치 않은 다음과 같은 경우를 상상해 보게 한다:

가령, (a)와 (b)에서의 명령들을 받은 사람이, 그 요구된 것을 가져오기 전에, 이름들과 그림들을 서로 병렬시켜 놓은 어떤 한 일람표를 찾아보았다고 생각하라. 그런데 그가 (a)에서의 어떤 한 명령과 (b)에서 그것에 대응하는 명령을 수행한다면, 그는 **동일한** 것을 하는 것인가? —그렇기도 하고 아니기도 하다(PI 62).

아마도 그렇다는 것은 두 경우 모두에서 그가 같은 대상을 가져오기 때문일 것이고, 아니라는 것은 각각의 경우에 이 행위 앞에 다른 **선행 행위**가 있기 때문일 것이다.

이 점 — 그가 같은 일을 **하고 있는가**? — 현재 문제되고 있는 그 점 — 그 명령들이 같은 것을 **뜻하는가**? — 에 적절한지는 (1.2에서 논의된) PI 43에 나오는 의미와 **사용** 간 등식의 확장에 달려 있다. 거기에서 그는 ("의미"라는 낱말을 이용하는 경우의) 많은 부류에 대해서 한 낱말의 의미는 언어에서 그것의 사용이라고 말했다. 이제 그는 한 **문장**의 뜻 역시 언어에서 그것의 사용이라고 암묵적으로 전제하고 있다. 여기서 명령의 '사용'은 다음과 같은 것들이다: 어떤 사람이 그것에 복종할 때 행하는 것.

이제 『논고』의 옹호자는 이 전제를 또는 어쨌든 그것이 분석의 문제에 적용될 수 있다는 것을 받아들이지 않아도 된다. 그는 명령들, 질문들, 기술들은 결코 『논고』의 분석이 의도한 주제가 아니었다고 주장할 수 있다. 의도된 분석의 주제들은 대신 그것들 모두에 공통적인 **뜻들**이다. 예컨대 우리가 '카이사르가 루비콘 강을 건넜다'는 기술과 '카이사르가 루비콘 강을 건넜는가?'라는 질문을 본다면, 그것들은 공통적이지 않은 것뿐만 아니라 공통적인 것도 가지고 있어 보인다. 그것들이 공통으로 가지고 있는 것은 그것들의 뜻, 즉 '가정'(PI 22) 또는 **카이사르가 루비콘 강을 건넘**이라는 진리 조건이다; 그리고 그것들이 공통으로 가지고 있지 않은 것은 그 질문이 진리 조건이 충족되었느냐 **여부를 묻고** 있는 반면 그 기술은 진리 조건이 충족되었**다고 말하고** 있다는 것이다. 유사한 추론을 통해 우리는 하나의 명령이 하나의 질문 및 하나의 기술 모두와 어떤 것을 공유하는 경우를 만들 수 있을 것이다. '문 닫아!'는 '문이 닫혔나?' 및 '문이 닫혔다'와 첫 문장의 복종 조건, 둘째 문장의 긍정 조건, 셋째 문장의 진리 조건이라고 불릴 수 있는 것을 공유하고 있다.

그리고 『논고』의 옹호자는 다음과 같이 계속하여 말할 것이다. 내 관심은 애초부터 사고들이 어떻게 (사고들이 그것들에 대한 것이 되도록 해 주는 것이 그 속에 아무것도 **존재**한다고 보이지 않는) 가능한 상황들에 관한 것이 될 수 있을까 하는 것이었다고. 그런데 이 물음은 기술에 대해서만큼이나 질문과 명령에 대해서도 일어난다. 만일 우리가 나폴레옹은 러시아를 1812년에 정복했다는 사고가 실제로는 파괴 불가능한 대상들에 대한 것이라고 말한다면, '나폴레옹은 러시아를 1812년에 정복했는가?'라는 질문과 '나폴레옹은 러시아를 1812년에 정복했다'라는 기술은 모두 동일한 파괴 불가능한 대상들에 대한 것이어야 한다. 왜냐하면, 하나는 다른 하나가 주장하고 있는 바로 그것을 묻고 있기 때문이다. 그러므로 애초에 내가 실제로 분석하려 했던 것은 우리의 사고가 가진 **뜻**이다.

그리고 그는 다음과 같이 결론 내릴 것이다: 당신은 그 근거들을 토대로 하나의 분석된 **명령**이 분석되지 않은 명령과는 다른 **사용**을 가지고 있다는 이유로 나를 비판할 수 없다. 왜냐하면, 이것은 분석된 **뜻**이 분석되지 않은 뜻과 다르다는 것을 보여 주지 않기 때문이다. 분석된 명령과 분석되지 않은 명령 그 둘이 가진 **뜻**의 차이를 보여 줄 수 있는 것은 유일하게 (a)의 명령과 (b)의 명령에 있는 복종 조건들의 차이일 것이다. 그러나 우리가 알 수 있는 한 그 둘은 완전히 비슷하다. 어떤 사람에게 빗자루를 가져다주는 것은 그에게 빗자루 솔이 부착된 빗자루 막대를 가져다주는 것이다.

PI 22에는 이것에 대한 간단하고 불만에 찬 반응이 있다. 거기에서 비트겐슈타인은 '모든 주장은 주장되는 하나의 가정을 담고 있다' 는 생각을 거부한다. 그는 그 가정을 그 주장의 나머지로부터 구별할 가능성 때문에 그런 생각이 생겨난다고 비판한다. 예컨대 '카이사르는 루비콘 강을 건넜다' 는 문장 대신에 우리가 '이것이 주장된다: 카이사르는 루비콘 강을 건넜다는 것' 이라고 쓸 가능성 때문에. 여기서 '카이사르는 루비콘 강을 건넜다는 것' 은 그 주장의 가정 또는 뜻이다. 그러나 그는 이어서 만일 이렇게 바꿔 쓸 가능성이 그 생각의 토대라면 그것은 잘못된 것이라고 한다.

> 우리는 또한 모든 주장을 어떤 한 물음 다음에 긍정을 첨부한 형식으로도 아주 잘 적을 수 있을 것이다. 가령 "비가 오는가? 그렇다!" 와 같이. 이것이 모든 주장에는 각각 어떤 하나의 물음이 숨겨져 있다는 것을 보여 줄까?

답은 물론 부정이다.

그러나 그렇다면 우리는 이 '바꿔 쓸 가능성' 이 애당초 그 생각을 유발한 이유라고 볼 필요가 **없다**. 차라리 문장에 사용을 부여한 다른 요인들로부터 문장의 뜻을 구별하는 것이 그 사용의 체계적인 설명을 위한 명백한 전제 조건이 되지 않을까? 내가 '카이사르는 루비콘 강을 건넜다' 는 기술과 '카이사르는 루비콘 강을 건넜나?' 라는 질문을 모두 어떻게 사용해야 할지 안다는 것은 내가 영어를 어떻게 말하고 쓸 것인지를 앎에 속한다. 두 능력에 대한 최선의 설명은 어떤 사람에게 그 두 앎이 공통으로 가지고 있는 어떤 것, 즉 그것들의 **뜻**에 대한 나의 앎에 호소하리라는 것은 설득력 있고 적어도 훌륭하게 작동하는 가정이지 않을까? 곧 논의하겠지만, 비트겐슈타인은 철학이 어떤 것을 설명하고자 시도해야 한다고 생각하지 않았다(2.3을 보라). 하지만 매우 일반적으로 적용될 수 있는 이 입장과는 별도로 그가 왜 이 근본적인 문제에 관하여 『논고』를 반대하는지 그 이유는 알기 어렵다.

분석에 대한 다른 노선의 반대는 PI 63-4에 나오는데, 거기에서 그는 사고의 구성 요소들을 구별해 낸다는 바로 그 과정을 통해 사고에 본질적인 어떤 것이 상실될 수 있지 않을까?('우리는 분석하기 위해 죽인다') 하는 문제를 제기한다. 그는 (PI 48에서처럼) 색칠된 형태들에 대해서가 아니라 형태들의 특정한 **조합들**에 대한 이름들을 가지고 있어서, 예컨대 반적반록(半赤半綠, 그러니까 초록 사각형 왼쪽에 빨간 사각형)의 사각형은 'U' 라고 부르고 반록반백(半綠半白)인 사각형은 'V' 라고 부르는 사람들의 예를 든다. 그리고 그는 이 언어놀이를 다른 언어놀이(그러니까 PI 48의 언어놀이)와 예컨대 'U' 가 'RG' 로 번역되고 'R' 은 빨간 사각형을 'G' 는 초록 사각형을 나타내는 언어놀이와 비교한다.

낱개의 기호들 'U' 와 'V' 를 사용하는 번역을 통해 상실된 것은 아마도 그들의 본래 언어가 기술한 체험의 **단일성**일 것이다. 왜냐하면, 하나의 초록 정사각형에 인접한 하나의 빨간 정사각형을 보는 체험 그 자체와 하나의 '빨강-초록' 직사각형을 보는 형태 체험[7] 사이에는 차이가 있기 때문이다. 그런데 제안된 바와 같이 'U' 를 'RG' 로 번역하는 일은 이 차이를 뭉개 버린다. **우리 역시** 비슷한 사례를 알고 있다: '우리가 다음과 같이 말하는 경우들을 생각하라: "이 색깔 배열(가령 프랑스 국기인 삼색기)은 아주 특별한 성격을 가지고 있다"' (PI 64). 또 하나의 예

---

7 옮긴이 주: 게슈탈트(Gestalt) 심리학에서 즐겨 사용하는 용어로, 물리적으로 동일한 사물이 이런 형태로 체험될 수도 있고 저런 형태로 체험될 수도 있음과 관련된 개념.

를 들어, 우리가 음악을 들을 때 우리는 종종 하나의 화음을 서로 다른 음들이 **통일된 것**으로 듣는다: 그것은, 예컨대 우리가 콘서트 중에 어떤 사람이 휴대 전화가 갑자기 울리는 것을 들을 때처럼, 단순히 하나의 소리를 다른 소리와 함께 **동시에** 듣는 것과는 결코 같지 않다. 그러나 왜 분석이 이 통일을 또한 포착할 수 없을까? 예컨대 왜 우리는 말하자면 'U' 로 기록된 형태 체험을 가령 'R*G' 로 분석할 수 없을까? ― 여기서 기호 '*' 는 우리가 여전히 체험의 현상학적 요소들로 간주할 수 있는 것들의 통일을 나타내는 규약의 표시이다.

그 반박에도 비트겐슈타인의 또 다른 예는 더 적절해 보일 것이다.

> 나는 어떤 사람이 자기가 빨갛고 노란 하나의 별을 보았지만 노란 것은 어떤 것도 보지 않았다고 말하는 것을 상상할 수 있다. ― 왜냐하면 그는 별을 가령 색깔 있는 부분들의, 분리할 수 없는 **합**으로 보기 때문이다(RFM VII-65).

그러므로 '빨강-노랑 별' 체험의 분석(RFM에 있는 예시를 보라)은, 'S' 가 별-모양을 나타내고 'T' 가 혼성적인 '빨강-노랑' 의 광학적 체험을 나타내는 그의 언어에서, 'TS' 로 주어질 수 있을 것이다. 그것의 기술을 'RYS' 또는 심지어 'R*YS' 로 번역하는 것은 이제 그의 체험을 **왜곡하는** 것으로 보일 것이다. 왜냐하면, 그것은 노랑이 **이미** 그 체험에 속하는 것처럼 보이게 하지만, 그가 그 노란색을 알아차릴 수 있다는 사실은 더 엄밀히 조사해 보면 분명히 그것이 애초부터 그의 체험에 속한다는 것을 뜻할 필요가 없기 때문이다(PI 171b 참고). 그러나 『논고』의 저자는 그것이 보여 주는 것은 오직 분석이 눈에 띄지 않는 사고의 특징들을 드러낼 수 있다는 것뿐이라고 대답할 것이다. 그런데 ('빗자루' 사례와 관련하여) 우리는 그가 **그것을** 어떻게 옹호할 것인지 이미 살펴보았다.

마지막으로, 『논고』 전에 쓰인 『노트북(*Notebooks*)』에서 비트겐슈타인은 PI 63-4에 제기된 관심사들을 『논고』에서보다 훨씬 더 중요하게 취급했다는 점을 언급할 필요가 있다. 그는 1915년 6월 18일에 다음과 같이 썼다:

> 우리 시야 속의 반점들이 단순한 대상들이라는 것은, 우리가 반점 속의 어떤 한 점을 독립적으로 지각하지 않는다는 점에서, 내게 충분히 설득력 있는 말로 보인다. 별들의 시각적 모습들조차도 분명 그렇게 보인다. 내가 뜻하는 것은 이것이다: 가령 내가 이 시계는 서랍 속에 있지 않다고 말할 때 단적으로 시계 속에 있는 하나의 톱니바퀴가 서랍 속에 있지 않다는 것이 **논리적으로 도출될** 필요가 없다는 것이다. 왜냐하면 어쩌면 내게는 그 톱니바퀴가 그 시계 속에 있다는 최소한의 지식조차 없을 수 있고, 따라서 '이 시계'로써 톱니바퀴가 그 속에 들어 있는 복합체를 뜻하지 않았을 수도 있기 때문이다. 게다가 나는 분명 나의 이론적인 시야의 모든 부분들을 다 보지 않는다. 내가 무한히 많은 점들을 보는지 누가 알겠는가?(NB 64-5)

대략 이 시기의 기록들은 분석의 극한에 놓인 '단순한 대상들'에 관해 당신이 『논고』 자체로부터 얻게 될 것과는 매우 상이한 전망을 제공한다. 『논고』 전의 『노트북(*Notebooks*)』에 따르면 단순자에 관한 기호들을 복합적인 대상들에 관한 기호와 구별해 주는 것은, 바로 PI 50이 말하듯이, **그런 기호들이 언어 내부에서 하는 역할**이지 그것들이 나타내는 형이상학적 복합성이나 구성이 아니다. 그러므로 예컨대 소크라테스의 복합성이 우리가 '소크라테스'를 언어에서 (가령 '소크라테스'를 포함하는 추론들) 사용하는 일에 부적합하다면, 우리는 '소크라테스'라는 낱말이 언어에서 하나의 단순자를 나타낸다고 말할 수 있을 것이다. 그리고 우리가 그것을 하나의 '분석'으로 가령 '소크라테스의 몸과 거기에 부착된 소크라테스의 머리로 구성된 복합적 대상'으로 대체한다면, 바로 PI 64b가 말하듯이, 우리는 **더 이상 같은 언어를 말하고 있는 것이 아닐 것이다**. 『논고』의 단순성과 분석 개념에 대한 비트겐슈타인의 비판이 예전에 받아들였던 것으로의 반전을 권하거나 적어도 허용하고 있다고 보인다는 것은 놀라운 일이다.[8]

1.4. '문장은 이름들의 조합이다'

내가 여기서 논의할 아우구스티누스적 그림의 마지막 요소는 문장들이 다른 표현들의 조합들이라는 관념이다. 그것은 PI 1의 『고백록』에서 따온 인용문에는 드러나 있지 않지만, 그 인용문에 대한 비트겐슈타인의 설명에는 다음과 같이 나타나 있다:

> 내가 보기에, 우리는 이러한 말 속에서 인간 언어의 본질에 대한 하나의 특수한 그림을 얻는다. 즉 언어의 낱말들은 대상들을 명명하며, 문장들은 그러한 명칭들의 결합들이라는 것이 그것이다(PI 1).

우리는 모든 낱말들이 셋 중 어느 하나의 뜻에서 **이름들**이라는 것을 의심할 이유를 이미 보았다. 따라서 우리에게는 모든 문장들이 **이름들**의 조합들이라는 것을 의심할 이유가 있는 것이다. 그러나 우리는 그것들이 어쨌든 **조합들**이라고, 즉 **좌우간 어떤** 종류의 낱말 조합들이라고 일반적으로 말할 수 있는가? 지시주의에 대하여 그랬던 것처럼 우리는 그

8 이 『노트북』의 자료에 대한 더 자세한 논의는 Sullivan 2003을 보라.

생각을 우선 일상 언어에 적용해 보고, 그러고 나서 『논고』의 분석을 통해 구조가 드러날 그 배후의 사고들에 적용하여 숙고해 볼 것이다.

많은 일상적인 문장들이 표현들의 조합이 아니라 단 **하나의** 낱말로 이루어져 있다는 것은 정말 분명하다. PI 2에 나오는 (여기서 하나의 완전한 언어로 간주한) 상상된 언어의 **모든** 문장들이 바로 그런 경우이다: 그 단순한 문장들은 '들보!', '석판!', 그리고 이와 유사한 것들이다. 그리고 조합된 국어 문장들**이** 무수히 많**은** 반면, 조합되지 않은 국어 문장들도 무수히 많다. '단지 외침들만을 놓고서 생각해 보자. … 물! 비켜! 아야! 도와줘요! 좋아! 아니!' (PI 27).

그러나 이 문장들이 표현하는 사고들은 어떠한가? **그것들은** 본질적으로 복합적인가? 『논고』에서 그는 그렇게 생각했다. 그것에 따르면 사고는 뜻을 가진 명제이다(TLP 4); 명제는 하나의 가능한 상황을 모사함으로써만 뜻을 가질 수 있다(TLP 3). 그리고:

> 명제는 논리적으로 분절되어 있는 한에서만 상황의 그림이다.
>
> ("**Ambulo**"라는 명제조차도 합성되어 있다. 왜냐하면, 그 어간은 다른 어미와 함께, 그리고 그 어미는 다른 어간과 함께 다른 뜻을 낳기 때문이다) (TLP 4.032).

우리는 이 부분에서 새로운 점을 두 가지 배울 수 있다. 우리가 **Ambulo**에 대한 그의 설명에서 알 수 있는 것 하나는, 한 명제가 복합적이라는 것은 즉 다른 표현들의 조합이 된다는 것은 그것이 의미론적 의미(semantic significance)를 가진 어떤 것을 **다른** 명제들과 공통으로 갖는다는 것**이다**. 실로 비트겐슈타인은 한 명제의 각 '구성 요소'는 그 요소를 '포함하고 있는' 명제들의 집합**이라고** 주장하기까지 한다(TLP

3.31-3.318, TLP 5.5261b 참고). 그리고 우리가 그림 이론과 함께 TLP 4.032a에서 배울 수 있는 다른 하나는 이런 종류의 구성이 의미 있음을 위한 필요조건이라는 것이다.

그렇다면 PI 2의 언어는 어떤가? **그 언어의** 문장 중 어떤 것도 의미론적 의미를 가진 무언가를 그 언어의 다른 문장들과 공통으로 가지고 있지 않아 보인다. 예컨대 '들보(beam)!' 와 '석판(slab)!' 은 어떤 그런 것도 공통으로 가지고 있지 않다.[9] 그러나 『논고』의 관점에서 볼 때, 이것은 틀림없이 일상 언어의 구조가 그것이 표현하는 사고의 구조를 숨기는 경우들에 속할 것이다(TLP 4.002d). 그것에 따르면, '들보!' 와 '석판!' 은 틀림없이 공통적인 요소를 가진 사고들을 표현하고 있을 것이다. 예를 들어, **나는 네가 나에게 하나의 들보를 가져다주기를 원한다; 그리고 나는 네가 나에게 하나의 석판을 가져다주기를 원한다.**

PI 19-21에서 이 문제들에 관한 비트겐슈타인의 논의는 두 가지 문제를 모두 다루고 있다. 첫 번째 문제에 관하여 그는 전기의 자신에게 부분적으로 동의한다. 그는 문장을 복합적인 것으로 뜻하거나 단순한 것으로 뜻하는 것이 말하자면 그 문장의 발화라는 국지적 특성이 아니라 그 문장이 속하는 언어와 관계있다는 것에 동의한다. 당신은 예컨대 '나에게 석판 하나를 건네어다오' 라는 발화가 하나의 **긴** 낱말로 뜻해졌는지 아니면 네 개의 **짧은** 낱말들로 뜻해졌는지를 **그 발화**에 주의를 기울임만으로는 말할 수 없다. 그 대신 당신은 **다른** 한국어 표현들을 살펴

---

9 그 언어를 글로 쓴 모습에서 문장들은 문자 'a' 를 공통으로 가지고 있지만, 이것은 예컨대 'Ambulo' 의 어미 'o' 의 방식으로 의미론적 의의를 지닌 어떤 것이 아니다. 『논고』에서 그것들을 의미론적으로 활성화되지 않은 요소들로부터 의미론적으로 의의 있는 요소들, 즉 거기에서 그가 '상징들' 이라고 부른 것이 되게 만들어 주는 것은 기호들에 대한 우리의 **의미 있는 사용**이다. TLP 3.262, 3.326-3.328을 보라.

봐야 한다.

> 나는 우리가 다음과 같이 말하고 싶어질 것이라고 믿는다. 즉, 우리가 그것을 "나에게 석판 하나를 **건네어다오**", "**그에게** 석판 하나를 가져가라", "석판 **둘**을 가져오라" 등등과 같은 다른 문장들과 대조적으로 사용할 때는, 그러니까 우리의 명령의 낱말들을 다른 결합들 속에서 포함하는 문장들과 대조적으로 사용할 때는, 우리가 그 문장을 **네 개**의 낱말로 된 하나의 문장으로 뜻한다고 (PI 20).

그러나 이 동의는 그것의 **뜻함**이 복합적이냐 그렇지 않느냐에 관한 것이 아니라 단지 '나에게 하나의 석판을 건네어다오' 라는 **문장**이 복합적인 것으로 뜻해졌느냐 단순한 것으로 뜻해졌느냐 아니면 하나의 낱말로 뜻해졌느냐에 관한 것임을 주의하라. 비트겐슈타인이 여기서 말하는 것은 예컨대 하나의 악곡에서 고유한 의미가 없는 어떤 음의 패턴이 화음이냐 아니냐 또는 음정이냐 아니냐의 기준으로서도 동일하게 적용될 수 있을 것이다. 우리는 그것의 요소들이 그 장르의 다른 음악에서 다르게 조합되어 다시 나타나느냐 여부를 물음으로써 그것에 답할 수 있을 것이다. 그는 '나에게 하나의 석판을 건네어다오' 라는 문장 배후의 **사고**나 PI 2의 언어에서 '석판!' 이라는 문장 배후의 **사고**가 **그 자체로** 복합적인지 단순한지에 대한 기준을 제시하고 있지 않다. 그러므로 그는 이 사고들이 그 자체 복합적이어야 한다는 『논고』의 노선에 동의하고 있지 않은 것이다.

문장의 복합성에 관한 이 관점을 설명하는 과정에서 그가 그것에 관한 잘못된 이해를 공격하는 것에 주목할 필요가 있다. 그중 하나에 『논고』는 아무 잘못도 없지만, 전기 저서에 **나타나는** 다른 관점들과의 유사성 때문에 그것은 여전히 흥미롭다. 내가 염두에 두고 있는 관점은 (복합적인) 문장을 '다른 문장들과 대조적으로' 사용한다는 것이 우리의 드러난 발화에 어떤 관찰 불가능한 정신적 과정을 동반함의 문제라는 것이다. 비트겐슈타인이 그것을 효과적으로 비판하는 방법은 그 생각을 더 명료하게 만들려고 하는 것이다; 왜냐하면 이 동반물이 도대체 무엇인지 분명히 하려 들자마자 우리는 우리 자신이 평상시 발생하지 **않는** 어떤 것을 기술하고 있음을 발견하기 때문이다.

> 그러나 어떤 한 문장을 다른 문장들과 대조적으로 사용한다는 것은 무엇인가? 그때 가령 이 다른 문장들이 눈앞에 어른거리는가? 그리고 **모든** 문장들이? 그리고 그 하나의 문장을 말하는 **동안에**? 아니면 이전 또는 이후에? — 아니다! 그러한 설명에 우리가 약간의 유혹을 받을지라도, 우리가 여기서 잘못된 길에 들어서 있다는 것을 보기 위해서는, 우리는 실제 일어나는 것을 그저 한순간만 숙고해 보면 된다(PI 20).

당신이 한 문장을 복합적인 것으로 뜻한다고 말하는 것은 그 발화에 동반되는 하나의 내적 과정을 기술하는 것이 **아니다**; 오히려 그것은 그 문장과 당신이 당시 사용한 언어에서 만들어질 수 있는 다른 문장들과의 비교이다. 비트겐슈타인이 여기서 비판하는 오류는 『논고』에서는 발생하지 않는다; 하지만 그것의 기초 저음 위에 놓인 다른 형태의 오류들은 『논고』에서도 발생한다. 그 기초 저음은 뜻함, 이해함, 의도함, 주의함, 그리고 생각함 등이 그 언어적 표현들과 **나란히** 진행되는 내적 과정들이라는 사고이다. **이** 사고의 다양한 전개에 대한 비트겐슈타인의 비판은 하나의 홍색 실(scarlet thread)처럼 『철학적 탐구』를 관통한다.

그리고 『논고』에 나타나는 그것의 한 전개는 4.032a를 PI 2에 나오는 건축가의 언어와 양립할 수 있도록 이해하는 방식이다. 그 언어의 화자들이 '석판!' 이란 문장을, 적어도 우리가 방금 본 PI 20에서 제시된 기준에 의해서가 아니라면, 복합적인 것으로 뜻할 수 없었다는 것을 기억하라. 왜냐하면, 그것은 '석판!' 이나 그 언어의 어떤 다른 문장과도 공통적인 것을 전혀 가지고 있지 않기 때문이다. 그러나 『논고』에 따르면 그럼에도 건축가 A는 그가 '석판!' 이라고 말할 때 복합적인 어떤 것을 **뜻한다**. 즉, 그가 '석판!' 과 '들보!' 로 뜻한 것에 대한 특징적인 묘사는 그것들 사이에서 하나의 공통적인 요소를, 그러니까 가령 '나는 네가 나에게 하나의 석판을 건네주기를 원한다' 가 '나는 네가 나에게 하나의 들보를 건네주기를 원한다' 와 공유하는 것을 보여 줄 것이다.

> 그러나 당신은 어떻게 "석판!"이라고 말하면서 **그것을 뜻하는** 일을 하는가? 당신은 단축되지 않은 그 문장을 속으로 말하는가? 그리고 "석판!"이라는 외침으로 어떤 사람이 뜻하는 것을 말하기 위해서 왜 나는 이 표현을 다른 표현으로 옮겨야 할까? 그리고 그것들이 같은 것을 의미한다면 — "그가 '석판!' 이라고 말할 때, 그는 '석판!' 을 뜻한다"고 말해서는 왜 안 될까? … — 그러나 내가 "석판!"이라고 외칠 때, 어쨌든 나는 **그가 나에게 석판 하나를 가져오기**를 원한다! — 그렇고말고. 그러나 '이것을 원한다' 는 것이, 당신이 말하는 문장과는 다른 한 문장을 당신이 그 어떤 형식 속에서 생각하는 데 있는가?(PI 19)

(여기서 공격하는) 잘못은 PI 20으로부터 공격을 받는 잘못과는 다르지만 그것을 비판하는 형식은 같다: 만일 우리가 실제로 이뤄지고 있는 것을 본다고 해도 우리는 한-낱말 문장의 발화에 동반되는 뜻함의 어떤 복합적인 작용도 알 수 **없다**. 그렇다면 당신은 왜 실제로 복합적인

어떤 것을 뜻한다고 말하는가?

자, 하나의 이유는 『논고』 4.02-4.027에서 강조하는 것, 즉 하나의 명제는 **새로운** 것을 전달할 수 있다는 사실을 설명하려는 욕망일 수 있을 것이다. 더 자세히 말하자면, 만일 우리가 한 명제를 이해한다는 것은 **복합적인** 어떤 것을 파악한다는 것을 뜻하고 따라서 그 요소들의 배열들이 표현할 수 있는 것이 무엇인지 파악한다는 것을 뜻하는 것이라고 생각하지 않는다면, 어떻게 우리는 어떤 명제들을 이해하는 능력이 그 결과로 다른 명제들의 전체 영역까지 이해하는 능력을 일깨운다는 사실을 설명할 수 있을까?

우리는 이것을 PI 2에 나오는 건축가의 언어를 약간 다듬어서 설명할 수 있다. 이 새로운 언어에서 A는 B가 그에게 하나의 **석판**을 건네주기를 원할 때 **낮은** 소리로 '석판!' (또는 '들보!' 또는 …)이라고 외치고, B가 그에게 석판 **외의 것**을 건네주기를 원할 때는 **높은** 소리로 '석판!' (또는 '들보!' 또는 …)이라고 외친다. 낮은 소리로 이뤄지는 첫 번째 유형의 발화에 대해서는 '석판-' 라고 쓰고 높은 소리로 이뤄지는 두 번째 유형의 발화에 대해서는 '석판+' 라고 써 보자. 이제 『철학적 탐구』가 제시한 방식에 따라 우리는 건축가의 조수가 그 명령을 이해한다는 것은 그가 그 명령에 올바르게 반응하는 것이라고 말할 수 있을 것이다. 그러므로 어떤 사람이 가령 '석판-' 를 이해하지만 '석판+' 는 이해하지 못하는 일, 또는 그런 명령 **둘 다**를 이해하지만 '들보-' **나** '들보+' **는** 이해하지 **못하는** 일이 논리적으로 가능하다. 그리고 그런 이해는 한 표현에 관한 (즉 한 표현에 대한 정확한 반응에 관한) 사용상의 확실한 훈련을 통해 부여될 수 있을 것이고, 또는 그 건축가의 조수에게 다른 사람들을 관찰함으로써 그것을 이해하도록 요구할 수도 있을 것이다.

이제 한 건축가의 조수가 '들보+' 와 '석판-' 라는 명령들에 대한 이해에 좌우간 도달할 때마다 그는 '들보-' 와 '석판+' 라는 명령들도 역시 더 많은 가르침 없이 파악하게 되었다고 생각해 보자. 이 현상에는 다음과 같은 설명이 절실히 필요할 것이다: 그것은 '우리가 명제 기호의 뜻이 우리에게 설명되지 않아도 이해할 수 있다는 사실' (TLP 4.02)의 매우 단순한 예이다. 그런데 가장 명백한 설명은 바로 이것이 아닐까: 즉 그 건축가의 조수는 (a) '들보' 와 '석판' 이란 **낱말들** 그리고 (b) 그것들의 음높이를 **따로따로** 파악하고, '들보+' 와 '석판-' 둘 다를 파악하게 되면 이 원칙들의 **재조합**을 통해 '들보-' 와 '석판+' 도 파악하게 된다.

그 경우 우리는 그의 행동에 있는 어떤 규칙성에 대한 설명을 그의 사고에 있는 어떤 복합성에 호소할 하나의 **이유**를 갖게 될 것이다. 그런 복합성은 PI 19와 PI 20이 공격하고 있는 류의 어떤 의식적이거나 내성(內省) 가능한 과정상의 복합성일 필요는 없다. 오히려 우리에게 필요한 사고 개념은 그것이 설명해 주는 행동적 자료들 때문에 받아들여지는 **이론적인** 개념이다. 나는 인간이란 그런 존재라고 말하고 있는 것이 아니라 그게 그런지 안 그런지는 경험적인 문제라고, 그리고 PI 2를 넘어서는 언어들에 관해서는, 내가 그 언어를 다듬어 봄으로써 드러나는 한에서와 그 방향에서는, 적어도 그게 그렇다고 생각할 첫눈에 드러나 보이는 이유가 있다고 말**하고 있다**.

이 편(1편)을 지시 및 기능적 통일성에 관한 주제와 관련된 말로 끝맺기로 하자: 어떤 정신적, 지향적 사건들은 그것들의 시각적, 청각적 표현을 동반하는 내적 과정들이거나 그 과정들을 포함하는 관념. 지금까지 우리는 그 관념이 처음에 매력적으로 적용되는 것으로 보이는 네 가지 현상들을 살펴보았다: (a) 언어적 표현들의 의미 있는 사용 (1.1); (b) 어떤 것의 (예컨대, 형태가 아니라) 색깔에 주의를 기울임 (1.2);

(c) 한 문장을 단순한 것이 아니라 복합적인 것으로 뜻함 (1.4); (d) 단순한 문장을 말하면서 복합적인 어떤 것을 뜻함(1.4). 이 매력의 한 가지 원천에 대한 비트겐슈타인의 진단은 지시 문제의 논의에 대한 다음 요약에 나타나 있다:

> 그리고 여기서 우리는 비슷한 많은 경우에 우리가 행하는 것을 한다. 즉 우리는 우리가 (예컨대 색깔과 대조적으로) 형태를 가리킴이라고 부르는 **어떤 하나의** 육체적 행위를 제시할 수 없기 때문에, 이 말에는 어떤 하나의 **정신적** 활동이 대응한다고 말한다.
>
> 우리의 언어가 우리로 하여금 육체를 추측하게 하는데 육체는 없는 곳, 거기에는 **정신**이 있다고 우리가 말했으면 한다(PI 36).

이 말에 대한 올바른 이해를 위해서는 그가 말하는 **가족 유사성** 원리의 이해가 필요하다. 이제 그리로 가 보자.

2편 가족 유사성과 정확성의 이상

2.1. 가족 유사성

PI 60-4에 대한 우리의 논의를 기억하라(1.3.4). 거기에서 비트겐슈타인은 두 쌍의 언어놀이가 동일한가, 또는 두 언어놀이 각각에 대한 두 가지 방식의 놀이가 동일한가에 대한 의문을 제기했다. 첫째 쌍의 언어놀이는 (a) '분석되지 않은' 명령어와 (b) '분석된' 명령어로 구성되는데, 그 언어놀이들에서 사람들은 명령이 내려질 때 이름들과 그림들을 대응시켜야 한다(PI 62). 둘째 쌍의 언어놀이는, (c) '분석된' 언어놀이

— PI 48에 기술되었듯이 색칠된 정사각형들을 기술하기 위해 'R'과 'G'와 같은 문자들을 결합한다. — 와 (d) '분석되지 않은' 언어놀이 — 'U'와 'V' 같은 요소적 표현들이 복합적인 정사각형들의 쌍을 특징짓기 위해 사용되는데, 예컨대 'U'는 초록 정사각형 옆의 붉은 정사각형을 나타낸다. — 로 구성된다. 직관적인 생각 또는 적어도 『논고』식의 생각은 (a)와 (d)에서 표현된 것과 **똑같은** 의미들이 (b)와 (c)에서 더 명쾌한 표현을 얻었다는 것이다. 그리고 우리는 비트겐슈타인이 이것을 부정하려고 PI에서 제시한 이유들을 살펴보았다.

우리는 또한 그가 『논고』에서 그 주장을 아주 강하게 원하는 이유를 훑어보았다. 그 이유는 기본적으로 언어(즉 언어의 명제들)의 본질에 대한 분명한 파악이었다. 한 명제의 본질은 그것의 사정이 이러이러하다고 기술한다는 것이다.

> 이제 가장 일반적인 명제 형식을 제시하는 것이 가능한 것으로 보인다. 다시 말해서 **그 어떠한** 기호 언어의 명제들에 대해서건 하나의 기술(記述)을 주어서, 모든 가능한 뜻이 그 기술에 걸맞은 상징에 의해 표현될 수 있고, 또 이름들의 의미들이 알맞게 선정되면, 그 기술에 걸맞은 모든 상징이 각각 뜻을 표현할 수 있도록 하는 것이 가능한 것으로 보인다.
>
> 가장 일반적인 명제 형식을 기술할 때에는 **오직** 그 본질적인 것만이 기술될 필요가 있다는 것은 분명하다. — 그렇지 않으면 그것은 가장 일반적인 형식이 아닐 터이기 때문이다. …
>
> 명제의 일반적 형식은 다음과 같다: 사정이 이러이러하다(TLP 4.5).

자, 사정이 이러이러하다고 말하는 것은 사정이 어떠할 **수 있는** 하나의 가능한 방식을 뽑아내는 것이다; 즉 우리는 명제 p와 q에 대하여 그것들이 같은 상황들에서 **참**이고 같은 상황들에서 **거짓**이 될 경우에만 그 뜻들이 같다고 할 수 있다(이것은 TLP 4.4에서 따라 나온다). 그리고 우리는 그 설명을 앞에서 설명한 (1.3.4) 명령들에까지 곧장 확장할 수 있다: 명령들 O1과 O2는 그것들이 같은 상황들에서 **복종되고** 같은 상황들에서 **복종되지 않을** 경우에만 같은 뜻을 표현한다. 그리고 언어의 본질에 관한 이 설명으로부터 (a)-(d) 경우들에 대한 판결이 곧바로 내려진다. (a)에 속하는 하나의 명령은 (b)에 속하는 대응되는 명령과, 그것들이 같은 **복종**-조건을 갖기 때문에, 같은 뜻을 가진다. 그리고 (d)에 속하는 기술 'U'는 (c)에 속하는 'RG'와, 그것들이 같은 **진리**-조건을 갖기 때문에, 같은 뜻을 가진다.

이것을 염두에 두고 우리는 『철학적 탐구』가 언어의 본질에 관하여 (a)-(d) 경우들에 관한 대안적 판결을 정당화하는 어떤 **경쟁적** 설명을 제공하는지 물을 수 있다. 비트겐슈타인은 가상의 비판자를 통해 그런 설명의 요구를 제시한다.

> 당신 이야기는 경솔해 보인다! 당신은 가능한 모든 언어놀이들에 관해서 이야기하지만, 도대체 무엇이 언어놀이의 본질이냐, 따라서 무엇이 언어의 본질이냐는 어디에서도 말하지 않았다. 무엇이 이 모든 과정들에 공통적인 것이며, 그것들을 언어로, 또는 언어의 부분들로 만드는가를. 당신은 그러니까 옛날에 당신 자신이 가장 많이 골머리를 앓았던 바로 그 부분의 연구, 즉 **명제의 일반 형식**과 언어에 관계된 그 부분의 연구를 그만두고 있다(PI 65).

PI 65b에서 비트겐슈타인은 이 논평이 공정함을 인정하는데 이로부터, 그가 『논고』에서 생각했던 것과는 반대로, 왜 그런 어떤 설명도 가능하지 않은지 공들여 설명하는 일이 시작된다.

그것은 언어의 필요충분조건에 대한 설명이 가능해야**만** 할 것으로 보이기 때문이다; 그것이 가능하지 않다면, 우리가 '언어' 라는 낱말을 적용**하는** 바로 그 경우들에, 우리가 그것을 적용할 수 있게 해 주는 무슨 설명을 할 수 있는가? PI 65 근방의 논의 배경에서 맴도는 이 질문은 매우 중요한 주제를 다루고 있다. 하나의 표현을 이해한다는 것은 그 표현을 어떻게 사용할지에 관한 **지침을 주는** 어떤 정신적 상태에 있다는 것 또는 어떤 정신적 품목을 우리의 권한 내에 둔다는 것이라는 관념이다. 비트겐슈타인은 사정이 그것보다 더 복잡하다는 것을 여러 방향에서 주장하려 한다. 첫째로, 우리가 하나의 표현을 어떻게 사용할지 인도해 주는 어떤 내적인 지침도 **있을** 필요가 없다. 그리고 둘째로, 그런 필요가 있는 경우들에조차 우리의 사용에 **지침을 준다**고 말할 수 있는 매우 다양한 방식들이 여전히 존재한다. 나는 이 두 번째 문제로 돌아가 볼 것이지만(3.1.1) 지금은 직접적인 함축을 갖는 첫 번째에 속하는 사례를 하나 숙고해 보자.

비트겐슈타인은 우리가 하나의 낱말을 각각의 경우에 적용하는 것을 그 경우들이 공통으로 갖는 필요충분조건 때문이라고 보지 않아도 된다고 주장한다. 이것을 분명히 하기 위해 그는 '놀이' 라는 낱말을 고찰한다.

> 예를 들어 우리가 "놀이들"이라고 부르는 과정들을 한번 고찰해 보라. 나는 판 위에서 하는 놀이들, 카드놀이들, 공놀이들, 격투 시합들 따위를 뜻하고 있다. 무엇이 이 모든 것들에 공통적인가? — "그것들에는 무엇인가가 공통적**이어야 한다**. 그렇지 않으면 그것들은 '놀이들' 이라고 불리지 않을 것이다"라고 말하지 말고 — 그것들 모두에 공통적인 어떤 것이 있는지 여부를 **보라**. — 왜냐하면 당신이 그것들을 주시한다면, 당신은 그 **모든 것**에 공통적

> 인 어떤 것을 볼 수는 없을 것이지만, 유사성들, 근친성들은 볼 것이기 때문이다. 그것도, 매우 많이. 이미 말했다시피: 생각하지 말고, 보라! — 예컨대 판 위에서 하는 놀이들을 그 다양한 근친성들과 함께 주시하라. 자, 이번에는 카드놀이들로 넘어가라. 여기서 당신은 저 첫 번째 부류들과 대응하는 많은 것들을 발견하지만, 많은 공통적인 특징들이 사라지고 다른 것들이 등장한다. 이제 우리가 공놀이들로 넘어가면, 어떤 공통적인 것들은 보존되어 남아 있지만, 많은 것이 상실된다. — 그것들은 모두 '**재미있는**'가? 장기와 오목을 비교하라(PI 66 등).

이 예는 매우 설득력 있다. 그리고 누군가 기발한 재주를 부려 놀이가 되기 위한 사소하지 않은 필요충분조건을 발견했다고 하더라도, **그것이** 곧 '놀이'라는 낱말이 적용되는 모든 경우에 우리가 그것을 적용한 이유는 아니라는 것은 여전히 분명할 것이다. 오히려 비트겐슈타인이 여기서 나타내려 하고 있는 설명은 이것이다: 우리가 '놀이'라는 표현을 어떤 활동에 적용하는 이유는 그것들이 우리가 **이미** '놀이'라고 부르는 다른 것들과의 어떤 유사성 — 또는 아마도 어떤 다른 관계 — 을 가지고 있기 때문이다. 그리고 우리는 많은 낱말의 사용에 대해서도 다소간에 유사한 설명들을 줄 수 있을 것이다.[10] 비트겐슈타인은 이에 해당하는 관계를 가족 유사성이라고 부르고 그것에 해당하는 것들은 **하나의 가족을 이루고 있다**고 쓰고 있다(PI 67a). 나는 또한 이 점에서 '놀이'를 닮은 개념들은 **가족 유사성 개념들**이라고 말할 것이다.

그러나 만일 내가 어떤 것이 하나의 놀이가 될 수 있게 해 줄 필요충

---

10 예컨대, 왜 우리는 얼굴 표정들을 '친근하다'고 부르는가에 대하여 BB 145(『청색책-갈색책』 240-1쪽)에 나오는 명쾌한 논의를 보라.

분조건들을 모른다면 어떻게 나는 **다른** 사람에게 놀이가 무엇인지 설명해 줄 수 있겠는가? — 그러니까, 그의 형이 '놀이 한번 하자' 고 말하는 것을 듣고 '놀이' 가 무엇을 뜻하는지 알고자 하는 어린아이에게, 또는 '놀이' 라는 낱말의 설명을 듣고 그것을 이해할 만큼은 한국어를 알지만, 그 낱말 자체는 아직 모르고 있는 외국인에게? 자, 이런 경우들에 우리는 실제로 무엇을 **하는가**? — 우리는 그 학생에게 놀이의 **예들**을 주고서 '이것 **그리고 비슷한 것들**을 우리는 "놀이"라고 부른다' 고 말한다(PI 69). 그런데 '비슷한' 이란 낱말에 들어 있는 모호함은 내가 더 정확하게 알지만, 어떤 이유 때문에 말할 수 없는 어떤 것을 모호하게 나타내는 것이 아니다(PI 71b). 왜냐하면 '놀이' 가 의미하는 것에 대해 더 알아야 할 것이 있지 않기 때문이다. 그리고 만일 그 설명이 제 역할을 한 결과 나의 학생이 '놀이' 라는 낱말을 나처럼 사용한다면 (우리 사이에 별개의 의견 차이들이 있다 하더라도), 왜 우리는 내가 그 낱말로 의미하는 것을 그에게 정확히 말했다고 말할 수 없겠는가?[11] 나는 2.2에서 모호함의 문제로 되돌아올 것이다.

이제 비트겐슈타인은 이 문제를 '놀이' 에서처럼 '언어', '언어놀이' 그리고 '명제' 에도 적용한다: 모든 언어 또는 명제가 공통으로 가져야 할 것은 하나도 있을 필요가 없는데, 우리가 이런 낱말들을 적용하는 방식을 설명하는 따위의 일은 불필요하기 때문이다. '우리는 우리가 "문장", "언어"라고 부르는 것이 내가 [『논고』에서] 상상했던 형식적인 통

---

11 이것과 관련하여 PI 78은 알쏭달쏭하다. 왜냐하면 **'놀이' 란 낱말이 어떻게 사용되는가**를 **클라리넷이 어떻게 소리 나는가**와 비교해 보면, 둘 다 우리가 그것들을 말할 수 **없어도** 알 수 있는 것들임을 나타내고 있는 것으로 보이기 때문이다. 그 텍스트에서 뜻하는 '말할 수 있음' 의 기준에서 볼 때 우리가 '놀이' 라는 낱말이 어떻게 사용되는가를 정상적인 청중에게만 말할 수 있다 하더라도, 그 기준에 따르자면 그 말은 분명 잘못된 것으로 보인다. 3.4.3을 더 보라.

일이 아니라, 서로 다소간에 근친적인 구조물들의 가족임을 인식한다' (PI 108).

그러나 이 점이 도대체 어떻게 『논고』와 대립한다는 말인가? 비트겐슈타인은 전기에 '언어'란 낱말에 대한 우리의 일상적 사용이, 예컨대 '문제'란 낱말에 대한 우리의 일상적 사용과 같이, 난맥상이라는 것을 인정했음을 기억하자. 그는 『논고』에서 논의하고 있었던 것은 일상적인 말하기의 '언어' — 아마도 **그것**을 설명해 낼 수 있는 것은 없을 것이다. — 가 아니라고 여전히 주장할 수 있겠지만, 매우 중요한 특수한 **종류**의 언어놀이로, 즉 사정이 이러이러함을 기술하는 언어놀이로 추출한 더 제약된 **후속** 개념에 대해서는 다르다. 우리는 분명 『철학적 탐구』를 따라 사정이 어떠한지를 어떤 측면에서 기술하는 것이 **모든** 언어놀이에 본질적이지 않다는 것에 동의할 수 있다(PI 363 참고); 그러나 언어놀이들 중 매우 중요하고 흥미로운 부분집합, 특히 과학의 언어를 포함하는 부분집합의 경우, 그것이 왜 본질적이지 않아야 할까? 그리고 그 부분집합에 국한한다면, **그것들에** 적합한 기준들에 따를 때 언어놀이 (a)와 (d)의 문장들이 모호하게 표현한 바로 그 뜻이 언어놀이 (b)와 (c)에서 각각 분명한 표현을 얻게 된다고 우리는 말할 수 없을까? 그런데 이것은 애초에 비트겐슈타인의 가족 유사성 논의를 촉발한 질문이었다. 그러므로 우리는 그 논의의 주된 결론들을 받아들이면서도 축출되었다고 생각된 논고식 사고를 여전히 간직할 수 있을 것으로 보인다.

물론 이것은 한정된 분야의 어떤 언어가 그 독특한 특성을 어떻게 갖게 되는가를 『논고』가 올바로 설명했다고 말하는 것이 아니다. 실로 그것의 세부 사항에 대해서는 심각한 비판들이 매우 많이 제기될 수 있다. 그것이 말하는 것**은** 가족 유사성의 고찰이 『논고』의 기획 자체를 침해하지 않는다는 것**이다**: 그것들은 그 영역을 제한할 뿐이다.

마지막으로 1편에서 결론지은 문제로 돌아가 보자. PI 34에서 비트겐슈타인이, 그러니까 하나의 지시적 정의를 주는 과정에서, 어떤 것의 형태에 주의를 기울이는 행위를 색깔에 주의를 기울임으로부터 구별해 주는 것이 모종의 동반 체험이라는 것을 부정했다는 사실을 기억하자. 결정적으로 보인 그의 비판은, 그런 체험이 그에게 일어났다 하더라도 그 결과 그 정의된 낱말을 **색깔** 이름으로 계속하여 사용하는 사람은 처음부터 형태가 아니라 색깔에 주의를 기울여 왔으리라는 것이었다. 이 포인트는 매우 간명하고 강력해서 어떻게 사정이 다르게 **보이는** 일이 가능할 수 있었을까 하는 물음을 야기한다. 어떻게 해서 동반 체험이라는 관념이 **첫눈에**라도 매력적으로 보일 수 있었을까?

PI 36에서 비트겐슈타인은 이렇게 말하고 있다: '여기서 우리는 비슷한 많은 경우에 우리가 행하는 것을 한다. 즉 우리는 … 형태를 가리킴이라고 우리가 부르는 **어떤 하나의** 육체적 행위를 제시할 수 없기 때문에, 이 말에는 어떤 하나의 **정신적** 활동이 대응한다고 말한다.' PI 33은 이미 우리가 '어떤 **하나의** 육체적 행위'를 발견할 수 없다는 사실을 강조했다(PI 33에 나오는, 우리가 파란색에 주의를 기울일 때 할 수 있는 다양한 일들의 목록을 상기하라). 그러나 이것이 우리로 하여금 이 모든 육체적 행위들 **배후의** 단 한 가지 유형의 정신적 행위를 전제하게 하는 이유는 엄밀히 말해서 그것들이 모두 한 가지를 공통으로 가져**야만** 하기 때문이다. 하지만 지금 우리는 그럴 필요가 없다는 것을 안다: '형태에 주의를 기울임'은 가족 유사성 개념일 수 있다. 다시 말해서, 그 개념은 상이한 상황들에서 **상이한** 육체적 행위들을 올바르게 기술할 수 있다. 그러나 이 기술이 그런 모든 경우를 엮어 주는 어떤 하나의 정신적 행위 덕분에 가능한 것은 아니다.

우리는 하나의 정신적 행위가 그것을 표현하는 것으로 보이는 육체적 행위들 배후에 있다고 전제하도록 유혹하는 네 가지 경우들을 이미 보았다. 이것들은 (a) 언어적 표현들의 의미 있는 사용, (b) 어떤 것의 (예컨대, 형태가 아니라) 색깔에 주의를 기울임, (c) 한 문장이 단순한 것이 아니라 복합적인 것을 뜻함, (d) 하나의 단순한 문장을 말하면서 복합적인 어떤 것을 뜻함 등이었다. 그리고 우리는 가족 유사성의 참작이, 아니 차라리 그것을 참작하지 **못함**이, (b)의 경우에 어떻게 그 유혹을 설명하는지 보았다.

그런 참작의 실패 때문에 (d)의 경우 그 유혹이 생겨난 것인지는 그다지 분명치 않다: 그 배후에 놓여 있는 것은 차라리 뜻있음의 필요조건으로서 『논고』가 말하는 복합성의 요구라고 해야 할 것이다. 그러나 (a)와 (c)의 경우 그 설명은 설득력 **있다.** (a)의 경우는, PI 1의 식료품상에 대해 말하자면, 그가 '사과'를 사용한 방식은 빙산의 일각에 불과하고, 그 모든 다양한 사용들 배후에 그것을 설명해 줄 수 있는 정신적 비교(그러니까 하나의 관념과의 비교)라는 하나의 행위가 있다고 말하고 싶어 하는 유혹이었다. 그리고 이렇게 생각하고 싶어 하는 하나의 이유는, 그렇지 않을 경우 그가 '사과'라는 낱말을 사용하는 다양한 방식 모두에 대한 **하나의** 설명이 존재할 수 없으리라는 두려움 때문이다. 그런데 도대체 왜 단 하나가 있어**야 한단** 말인가? 그리고 (c)의 경우에 우리는 다음 두 가지 착각에 시달린다. 첫째 우리는 '복합적인 것으로 그것을 뜻함'이 우리가 그것을 말하는 **동안** 계속되는 어떤 것이어야 한다고 생각한다(여기서 우리를 기만하는 것은 동명사 또는 동사상형용사(gerundive)인 'meaning it'의 등장이다). 하지만 우리는 예컨대 당신이 한 문장을 하나가 아닌 네 개의 낱말로 말할 때 어떤 하나의 '육체적 행위'도 발견할 수 없다. 두 번째 착각은 '그것을 복합적인 것으로 뜻함'의 사례들이 하나의 가족을 이루는 것을 보지 못하는 데 기인한다.

2.2. 모호성

2.2.1. 모호성과 가족 유사성

비트겐슈타인의 모호성 개념을 소개하는 가장 좋은 방법은 그가 그것을 가족 유사성과 혼동한 것으로 보이는 소견을 통해 소개하는 것일 것이다.

> 놀이가 무엇인가를 우리가 어떤 사람에게 설명할 때, 우리는 도대체 어떻게 설명할까? 내가 믿기로는, 우리는 그에게 **놀이들**을 기술할 것이며, 그 기술에다 "이것, 그리고 **비슷한 것들**을 우리는 '놀이'라고 부른다"고 덧붙일 수 있을 것이다. 그리고 도대체 우리 자신은 더 많이 알고 있는가? 놀이가 무엇인가를 우리는 가령 단지 다른 사람에게만 정확히 말하지 못하는가? — 그러나 그것은 무지가 아니다. 우리가 그 한계를 알지 못하는 것은, 아무런 한계도 그어져 있지 않기 때문이다. 이미 말했다시피, 우리가 — 어떤 특별한 목적을 위하여 — 하나의 한계를 그을 수는 있다. 우리는 그렇게 함으로써 비로소 그 개념을 사용 가능하게 만드는가? 전혀 그렇지 않다! (그 특별한 목적을 위한 경우를 제외하고는) (PI 69)

모호한 개념이란 그 적용이 그것에 대한 우리의 파악을 통해 **어디에서나** 결정되어 있지는 않은 개념이다. 그러므로 예컨대 '파랑'이란 개념은 모호하다. 왜냐하면, 비록 그 개념을 이해한 어떤 사람이 하늘은 파랗고 풀은 파랗지 않음을 전형적으로 안다 할지라도 그가 양쪽의 어떤 범주로도 분류하지 않을 대상들이 충분히 있을 수 있기 때문이다. 심지어 그가 그걸 결정하는 데 관련되는 모든 것(즉, 그가 그것들을 적당한 빛 속에서 보고 있고, 그의 눈은 잘 기능하고 있고 등등)을 알 때조차 그럴 수 있다. 우리는 이 두 번째 종류의 대상들을 '한계 경우들'이라고 부를 수 있을 것이다. 그러므로 한계 경우들의 존재 또는 적어도 모호한 개념들을 정의해 주는 특징으로서의 가능성으로 간주할 수 있다. 이 소견에서 비트겐슈타인은 '놀이'가 모호하다고 주장하고 있는 것으로 보인다(우리가 그 한계를 알지 못하는 것은, 아무런 한계도 그어져 있지 않기 때문이다).

그러나 우리는 가족 유사성과 모호성을 구별해야 한다. 가족 유사성은 모호성을 위해 필요하지도 않고 충분하지도 않다. 충분하지 않은 이유는 하나의 개념이 가족 유사성의 특성이 있어도 한계 경우들을 허용하지 않을 수 있기 때문이다. 그러므로 수에 관한 비트겐슈타인 자신의 예를 보자.

> 그리고 마찬가지로, 예컨대 수의 종류들도 하나의 가족을 이루고 있다. 왜 우리는 어떤 것을 "수"라고 부르는가? 자, 가령, 그것이 우리들이 지금까지 수라고 불러 온 상당수의 것들과 어떤 — 직접적인 — 근친성을 가지고 있기 때문이다. 그리고 이에 의해서 그것은 우리가 또한 **그렇게** 부르는 다른 것들과 간접적인 근친성을 얻는다고 말해질 수 있다(PI 67).

사실 이런 관계들은 매우 상이하게 보인다. 이와 같이 정수는 뺄셈에 대하여 자연수의 집합을 닫을 때 얻는 것이므로 수로 인정되고, 유리수는 (0을 제외한) 나눗셈에 대하여 정수의 집합을 닫을 때 얻는 것이므로 수로 인정되고, 실수는 위로 유계인 임의의 집합으로부터 최소상계를 갖도록 하는 연산에 대하여 유리수의 집합을 닫을 때 얻는 것이므로 수로 인정되고, 복소수는 임의의 실계수 다항식이 근을 갖도록 하는 연산에 대하여 실수의 집합을 닫을 때 얻는 것이므로 수이다. 그러나 이런 관계들 각각은 아주 명확한 외연을 가지고 있다. 한계적인 파란 대상이 존재할 수 있다는 뜻에서의 '한계 수'는 존재하지 않는다. 그러므로 수 개념은 모호한 개념이 아니다.[12]

또는 다시 말해서, 우리는 '놀이' 개념이 어떤 '한계 놀이'도 존재할 수 없는 방식으로 경계 지어져 있다고 상상할 수 있을 것이다. 그렇지만 판 위에서 하는 놀이들, 카드놀이들, 격투 시합들과 기타 등등을 여전히 포함하는 방식으로. 그 경우 놀이들이 하나의 가족을 구성한다고 말하는 것은 **참**이겠지만, '어떤 한계도 그어져 있지 않다'고 말하는 것은 거짓일 것이다. 그리고 비록 이것이 실제 사정은 아닐지라도 그것의 **가능성**은 수에 관한 현실적인 상황이 또한 보여 주는 것, 즉 가족 유사성은 모호성을 위해서는 충분하지 않다는 주장을 확립하기에 충분하다.

모호성 역시 가족 유사성을 위해 충분하지 않다. 이것은 '삼색기(三色旗)' 개념을 통해 간명하게 분석될 수 있다: 그것은 빨강, 하양, 파랑의 세로 띠로 이뤄진 어떤 배열을 갖춘 깃발들에 적용된다(고 해 보자). 우리가 그 개념을 바로 그 깃발들에 적용하는 것은 그것들이 그 배열을 하고 있다고 여기기 **때문**이다. 그러므로 '삼색기'는 가족 유사성 개념이 아니다. 다른 한편 '빨강 띠'와 '파랑 띠'는 분명히 한계 경우를 허용하기 때문에 모호한 개념**이다**. 만일 어떤 개념들이 모호하다면 그것들('빨강 띠'와 '파랑 띠')이 그렇다. 그러므로 그것들('빨강 띠'와 '파랑 띠')로부터 '삼색기'와 같은 방식으로 복합된 개념도 역시 그렇다. 한계적인 삼색기를 상상하는 것은 쉬운 일이다. 그러므로 개념은 가족 유사성 개념이 아니더라도 모호할 수 있다. 그리고 개념은 모호하지 않더라도 가족 유사성 개념이 될 수 있다.

---

12 Fogelin 1987, 133-4의 유익한 논의 또한 보라.

2.2.2. 모호성과 분석

그러나 모호성은 이 지점의 논의에서, 비록 약간 다른 이유 때문이기는 하지만, 가족 유사성만큼의 관련성을 가지고 있다. PI 60-4의 논의는 (이 편의 서두에 정의된) 언어놀이 (a)-(d)에 관한 것이었다. 비트겐슈타인과 그의 상대방 간의 전체 문제는 이 언어놀이들의 동일성에 관한 것이었다. 더 엄밀히 말해서, (a) ('나에게 빗자루를 건네다오')와 (b) ('나에게 빗자루 솔에 부착된 빗자루의 자루를 건네다오')의 문장 **사용** 간의 차이가 뜻의 차이를 만들어 내느냐 여부, 그리고 마찬가지로 (c) ('RG')와 (d) ('U')의 문장 사용 간의 차이가 **그것들의** 뜻에도 차이를 만들어 내느냐 여부에 관한 것이었다. 그런데 우리는 이 문제를 다음과 같은 『논고』의 방식으로 해결해 볼 수 있을 것이다: 언어와 명제들의 본질을 발견하고 그것을 현재의 경우에 적용하라. 우리는 비트겐슈타인이 언어놀이가 하나의 가족을 이룬다고 생각하여 그것을 거부하였음을 보았다.

그러나 언어놀이 (c)와 (d)를 비교하는 목표는 분석에 관한 특별한 문제를 설명하는 것이었다.

> 그러나 (b)에서의 한 문장이 (a)에서의 한 문장의 '분석된' 형태라고 하는 표현은 우리로 하여금 전자의 형태가 더 근본적인 것이며, 다른 것에 의해 뜻해진 것을 비로소 보여 준다고 하는 따위의 생각을 갖도록 쉽게 오도한다. 우리는 가령 이렇게 생각한다. 즉 단지 비분석된 형태만을 소유하고 있는 사람에게는 분석이 부족하지만, 분석된 형태를 아는 사람은 그로써 모든 것을 소유한다고. — 그러나 나는 전자에서와 마찬가지로 **후자**에서도 문제의 어떤 한 측면이 상실된다고 말할 수 있지 않은가?(PI 63)

(c)와 (d)에 관한 요점은, 분석되지 않은 (d) ('U')에 기록된 체험들에 속하는 어떤 상(相)이 분석된 (c) ('RG')로 번역될 때 상실된다는 것이었다. 그런데 PI 63의 문제를 설명하는 또 하나의 방식이 있다. 왜냐하면, 분석되지 않은 표현들의 본질적인 모호성 또한 분석에서 상실될 수 있는 또 다른 상(相)이기 때문이다. 이것이 그렇다는 것이 바로 비트겐슈타인의 모호성 논의가 확립하려 목표했던 것 중 하나이다.

『논고』에서는 분석 과정이 분석 대상을 진리-조건적으로 구성하는 요소 명제들로 인도한다고 생각되었다(TLP 4.4). 우리는 예컨대 P('빗자루가 구석에 있다')를, 요소 명제들 O1, O2, O3(그것은 '빗자루 막대가 구석에 있다', '빗자루 솔이 구석에 있다', '빗자루 막대가 빗자루 솔에 부착되어 있다' 와 같을 것이다)를 사용하여, O1 & O2 & O3로 분석할 수 있다. 그 분석은 진리 조건들을 보존한다고 생각되므로, 오직 (O1 & O2 & O3)이 참인 상황들에서, 즉 오직 O1, O2, 그리고 O3가 각각 참인 상황들에서, P는 참이다. 이제 요소 명제들은 최대한 정확하다고 생각될 수 있다. 왜냐하면, 요소 명제들은 그림들이고, 또

> 그림은 그 요소들이 특정한 방식으로 서로 관계를 맺는다는 데 있다. … 그림의 요소들이 특정한 방식으로 서로 관계를 맺고 있다는 것은 실물들이 서로 그렇게 관계 맺고 있다는 것을 표상한다(TLP 2.14-2.15).

따라서 모든 가능 세계 각각은 하나의 요소 명제를 명확하게 참으로 만들어 줄 수 있는 또는 그것을 명확하게 거짓으로 만들어 줄 수 있는 그런 것이다. 그러므로 요소 명제들의 진리 조건적 조합들 모두에 대해 우리는 같은 말을 할 수 있다. 그리고 만일 『논고』의 분석 프로그램이 제대로 인식된다면, 모든 명제 각각은 그것을 참으로 만드는 가능 상황들

주변에 명확한 경계선을 긋는다. 그러므로 언어를 사용한다는 것은 또한 완전히 정확한 하나의 사고를 표현하는 것이다. '명제의 완전한 분석은 오직 하나밖에 없다. 명제는 그 표현하는 바를 특정한, 명료하게 제시할 수 있는 방식으로 표현한다' (TLP 3.25-3.251).

그러나 비트겐슈타인은 이제 모호성이 우리의 언어에 본질적이라고 주장한다. 그것은 우리의 언어가 정확한 사고들을 표현하는 모호한 수단들을 포함하고 있다는 것이 아니다. 그것은 우리의 언어가 **모호한 사고들**을 표현하는 모호한 수단들을 포함하고 있다는 것이다. 그 모호성을 제거하면 당신이 애초에 뜻해 온 것에 속하는 하나의 상(相)이 상실된다.

PI 70-88에서 그는 이 점을 모호한 명령들, 모호한 기술들 그리고 모호한 개념들의 예들을 가지고 설명한다. 이 중에는 '모세는 존재하지 않았다' 는 기술도 있다. 비트겐슈타인은 이름들이 한정 기술, 즉 '이러이러한 것' 이라는 수단을 통해 정의될 수 있다는 점에서 러셀에게 동의한다. 그러므로 우리는 '모세' 를 '이스라엘 사람들을 이끌고 황야를 가로질러 간 사람' 이라는 한정 기술을 통해, 또는 '이러이러한 시대와 장소에 살았고 그 당시 "모세"라고 불린 사람' 이라는 한정 기술을 통해, 또는 이러한 다른 많은 한정 기술 중 어떤 것을 통해 정의할 수 있을 것이다(PI 79a).

그런 정의 각각은 '모세는 존재하지 않았다' 의 분석에, 즉 그 문장을 바로 참이 되게 하는 가능 상황들과 그 문장을 바로 거짓이 되게 하는 가능 상황들을 상술하는 일에 기여한다고 간주할 수 있다. 따라서 비트겐슈타인의 첫 설명적 정의는 아무도 이스라엘 사람들을 이끌고 황야를 가로질러 가지 않은 바로 그런 상황에서는, 비록 어떤 사람이 모세에게 일반적으로 인정되는 **다른** 행위를 모두 **행했다** 하더라도, '모세는 존재하지 않았다'를 참으로 만들 것이다. 그리고 그의 두 번째 설명적 정의는, 아무도 이러이러한 시대와 장소에 살지 않았고 "모세"라고 불리지 않은 바로 그런 상황에서는, 비록 '쉬모세'라 불린 어떤 사람이 모세에게 인정되는 **모든** 행위를 행했다 하더라도, '모세는 존재하지 않았다'를 참으로 만들 것이다.

하지만 그런 정의들이 귀결하는 이런 결과들을 살펴보는 것만으로도 그것들이 만족스럽지 않다는 사실은 충분히 드러난다; 왜냐하면, 이와 같이 바꿔 표현한 것들 중 어떤 것도, 그리고 그 한정 기술들 가운데 어느 하나만큼 **한정적인** 어떤 것도, '모세는 존재하지 않았다'는 말로 내가 뜻한 것을 담아내고 있는 것 같지 않기 때문이다. 그래서 비트겐슈타인은 또 다른 정의를 내려 본다. '나는 가령 이렇게 말할 것이다. 즉 내가 "모세"로 이해하고 있는 것은 성경이 모세에 관해 전하고 있는 것을 행한 사람, 또는 어쨌든 그 가운데 많은 것을 행한 사람이라고'(PI 79b). 이 정의에 따르면, '모세는 존재하지 않았다'는 대략 다음을 뜻할 것이다: '어떤 사람도 성경이 모세에 관해 전하고 있는 저 많은 일을 하지 않았다.' **그것**은 내가 뜻한 것에 대한 더 나은 설명이다.

그러나 당연하게도 그것은 내 뜻을 모호하게 만든다. 왜냐하면, 그것은 '그것들 중 **얼마나** 많이?'라는 질문에 대해 전혀 답을 주지 못하기 때문이다. 예컨대 파라오의 딸이 나일강에서 끌어올렸고 이집트에 개구리 떼를 불러들였고 '모세'라고 불린 그런 사람은 존재하지 않았으며, 그 사람이나 어떤 다른 사람도 이스라엘 사람들을 이끌고 황야를 가로질러 가지도 않았고 십계명을 내리지도 않았다는 것 등이 발견되었다고 생각해 보자. 나는 '모세는 존재하지 않았다'가 참이라거나 거짓이라고 말할 수 있을까? 여기서 우리는 그 정의가 단순히 결정을 내리지 못하는 하나의 경우를 갖게 된다. 왜냐하면 그 속의 어떤 것도 그 가설적 상황이 '모세'라 불린 사람이 성경에서 그에 관해 전하고 있는 **그 많은** 일을 한 상황인지 아닌지를 결정해 주지 않기 때문이다. 그러므로 내가 '모세는 존재하지 않았다'로써 **뜻한** 것은 그것을 참으로 만드는 모든 가능 상황들 주위에 명확한 한계선을 긋는 어떤 것이 **아니**었다. 그리고 그것을 그런 한계선을 긋는 어떤 것으로 대체하려는 어떤 시도도 내가 뜻한 것을 왜곡할 것이다.

> 어떤 사람이 명확한 경계선을 긋는다면 나는 그것을 나 자신도 역시 이미 언제나 긋고자 했거나 정신 속에서 그은 적이 있는 것으로서 인정할 수 없을 것이다. 왜냐하면 나는 전혀 아무것도 긋고자 하지 않았기 때문이다. 그 경우 우리들은 그의 개념이 나의 개념과 같지는 않지만, 근친적이라고는 말할 수 있다. 그리고 그 근친성은, 그 하나는 경계가 불명확한 색채 반점들로, 그리고 다른 하나는 비슷한 형태로 배치된, 그러나 경계가 명확한 색채 반점들로 이루어진 두 그림 간의 근친성이다. 그 경우 근친성은 상이성과 똑같이, 부인될 수 없다(PI 76).

이 멋진 비유는 여기서 개념에 적용되고 있지만, 그 요점은 분명히 명제들로 옮겨져 있다. 캔버스 위의 (반점을 구성하는) 점들은 가능 상황들을 나타내고 반점들은 하나의 주어진 명제를 참으로 만드는 가능 상황들에 대응하는 점들의 영역들을 나타낸다. 요점은 만일 명제가 '모세는 존재하지 않았다'일 때, 당신이 그런 영역들 주위에 어떤 명확한 경계선도 그을 수 없다는 것이다.

2.2.3. 비트겐슈타인의 설명에 대한 반박들

그러나 (a) 우리는 모호한 어떤 것을 뜻할 **수 없**기 때문에 그것은 착각일 수밖에 없다거나, (b) 우리는 모호한 어떤 것을 뜻**해서는** 안 되기 때문에 그것은 착각이건 아니건 해롭다고 생각할 이유들이 있다. 비트겐슈타인이 (a)의 이유들로 제시하는 것은 다음과 같다: (i) 만일 우리가 모호한 어떤 것을 뜻한다면 우리는 우리가 뜻한 것이 **무엇**인지 실제로 알지 못한다, (ii) 모호한 개념은 사용될 수 없다, (iii) 우리가 낱말들과 결합하는 정신적 견본들은 그것들이 적용될 때의 온갖 모호성을 없애준다. (b)의 이유는 다음과 같다: 정확성은 항상 부정확성보다 선호된다. 이제 이것들을 차례로 고찰해 보기로 하자.

(i) 우리는 모호성에 대한 이 반박을 우리가 이미 논의한, 이것과 비슷하게 들리는, 가족 유사성에 대한 반박과 구별해야 한다. 저 다른 반박은 당신이 예컨대 '놀이'로써 무엇을 뜻하였는지를 당신은 **알지**만 어떤 이유 때문에 그것을 **말할** 수 없다는 것이었다. 그러나 지금의 반박은 당신은 모호한 개념을 통해서는 당신이 무엇을 뜻하였는지 알지 **못한다**는 것이다. 그 반대자는 다음과 같이 말한다: '만일 "놀이"란 개념이 그런 식으로 한계가 없다면, 당신은 실제로는 "놀이"로써 당신이 무엇을 뜻하고 있는지 알고 있는 것이 아니다.' 비트겐슈타인은 다음과 같은 수사적 질문으로 이에 답한다:

> 내가 "대지는 온통 식물들로 뒤덮여 있었다"는 기술을 한다면 — 당신은 내가 식물에 대한 정의를 줄 수 있기 전에는 나는 내가 무엇에 관해 이야기하는지 모르고 있다고 말하겠는가?(PI 70)

이것은 그 자체로 결정적이나 — 분명 '우리가 무엇에 관해 이야기하는지 앎'의 뜻으로, 그 뜻이 언어적 이해에 적합하기만 하다면, 우리는 우리가 무엇에 관해 이야기하는지 정말 **안다**. — 그 반박에 동기 부여를

한 것이 무엇인지 좀 더 말할 필요가 있다. 불명료성을 **피할 수 있는** 경우 어떤 사람이 무엇을 뜻하였는지 더 분명히 알 수 있는 하나의 길은 그에게 그의 진술을 참으로 만들 가능 상황들을 상술하라고 요구하는 것이다. 예컨대 어떤 교통사고의 증인이 법정에서 '나는 평소보다 더 빨리 달리고 있었다' 고 말한다면, 그에게 가령 시속 60마일은 '평소보다 더 빠르다' 고 보는지, 아니라면 시속 70마일은 그렇게 보는지, 등등을 묻는 것은 이성적일 것이다. 이것은 실제로 어떤 가능한 상황들 — 예컨대 그가 시속 60마일로 운전하고 있었던 상황이나 시속 70마일로 운전하고 있었던 상황 — 에 대하여 그 상황들 각각이 그의 문장을 참으로 만드는지 여부를 일일이 언급함으로써 그가 애초에 뜻한 것을 처음 말한 것보다 더 정확하게 말하게 하는 방법이다. 그런 질문들을 충분히 많이 던졌을 때 그가 일관된 답변들을 준다면 우리는 그 답변들이 그가 '평소보다 더 빠르다' 는 말로써 애초에 뜻한 것을 명료화했다고 자연스럽게 말할 것이다.

만일 **그것이** 어떤 사람이 실제로 뜻한 것이 무엇인지 확인하는 방법이라면, 그와 같은 명료화하는 질문들에 답할 줄 **모르는** 사람은 그가 무엇을 뜻한 것인지 알지 **못한다**고 생각하는 것 역시 자연스럽다. 분명히 이렇게 보는 것이 어떤 경우들에 대해서는 이성적일 것이다. 내가 '대지는 온통 식물들로 뒤덮여 있었다' 고 말한다고 생각해 보자. 그러면 당신은 나에게 '접란은 "식물"로 간주되는가?', '제라늄은 "식물"로 간주되는가?' 등등을 물을 것이다. 그런데 나는 각각의 질문에 대해 그렇다나 아니다로 답하지 않는다; 나는 '나는 **그것들이** 식물들인지 아닌지 모르고, 단지 대지가 온통 **식물들로** 뒤덮여 있었다는 것만을 뜻했다' 고 말할 뿐이다. 이와 같이 충분히 많은 식물의 (또는 다른 생물들의) 종에 관하여 그것이 내가 처음에 그 낱말을 뜻한 바로 그 '식물' 로 간주되는지 여부를 말할 수 없다면, 대지는 온통 '식물들'로 뒤덮여 있었다고 말했을 때 나는 내가 **무엇**을 뜻했는지 몰랐다고 결론짓는 것이 안전할 것이다.

그러나 구멍이 **너무 많은** 개념은 현실적으로 개념이 아니라고 말할 수 있다 하더라도, 그것으로 어떤 것인가를 뜻하기 위해 나는 그런 공간들 **모두를** 메울 수 있어야 한다는 것이 도출되지는 않는다(PI 99 참고). 교통사고 증인의 예를 다시 생각해 보자. 변호사가 그에게 묻는다: '정확히 무엇이 당신에게 "평소보다 더 빠르다"고 간주되는가?' 시속 60마일은 그렇게 간주되는가? — 예. '50마일은 그렇게 간주되는가?' — 아니오. '55마일은 그렇게 간주되는가?' — 예. '자 그러면, 52.5마일은 당신에게 "평소보다 더 빠르다"고 간주되는가?' 여기서 우리는 증인이 모른다고 말하는 것을 상상할 수 있다. 그러나 이것은 **그가 애초에 무엇을 뜻했는지** 몰랐기 때문이 아니라, 그가 이미 말한 것보다 **더 정확한** 어떤 것을 뜻하지 않았기 때문이다. 전자라고 생각하는 것은 '무엇을 뜻했는지 모름'의 일상적 기준을 정확하게 적용하려는 것으로서 이는 매우 부적절한 일이다. 그렇게 하려는 유혹이 PI 70에 있는 대화 상대방의 반박 배후에 놓여 있다.

(ii) 두 번째 반박에 대한 비트겐슈타인의 논의 역시 마찬가지로 짧고 수사적이다. 하지만 여기에서도 말할 것은 상당히 많다.

> 프레게는 개념을 하나의 영역과 비교하면서, 경계가 불분명한 영역은 도대체가 영역이라고 불릴 수 없다고 말한다. 아마 이는 우리가 그것으로는 아무것도 할 수 없다는 뜻일 것이다. — 그러나 "대충 여기에 서 있어라!"고 말하는 것은 뜻이 없는가?(PI 71)

물론 그것은 뜻이 없지 **않다**. 당연히 우리는 그것으로 무엇인가를 **할 수 있다**. 그러나 이것은 실제로 모호한 개념들이 쓸모없다고 생각할 최선의 이유를 말하고 있지는 않다. 최선의 이유는 다음과 같다.

개념들의 적용이 최적의 상황들에서 어떤 관찰을 통해서만 가능하다는 것은 — 그래야만 우리가 그것들을 사용할 수 있기 때문에 — 많은 모호한 개념들의 본질에 속한다. 더 쉽게 말하자면, (적절한 밝기, 적절한 시야, 등) 최적의 상황들에서 나는 **단지 봄으로써** 어떤 것이 붉다고 말할 수 있고, 단지 봄으로써 대충 말해서 당신이 저 너머에 서 있는지 여부를 말할 수 있고, 단지 들음으로써 사이렌 소리가 시끄러운지 그렇지 않은지 말할 수 있고, 단지 냄새 맡음으로써 장미 한 송이가 향기로운지 그렇지 않은지 등등을 말할 수 있다. 그리고 만일 내가 그런 수단들만을 통해서는 말할 **수 없다**면 어떤 **다른** 것도 그것을 해결할 수 없을 것이다. 만일 책 한 권의 겉표지가 내가 '붉다' 거나 '붉지 않다' 고 분류하기 곤란한 색을 가지고 있다면, 어떤 다른 것을 보거나 어떤 다른 조사를 해 봄으로써 그 문제가 해결되지는 않을 것이다.

이제 이런 특징을 갖는 모호한 개념들은 또 다른 특징도 가질 것이다: 즉 우리는 그 개념을, 적어도 그것의 적용을 결정하는 차원에서는, 관찰에 의해 구별할 수 없는 두 대상 중 하나에 대해서만 일관되게 적용할 수 없다는 특징. 예를 들어 우리는 최적의 상황들에서 볼 수는 있지만, 색상으로는 구별할 수 없는 두 개의 공에 대해, 하나가 붉은색이었다는 말을 다른 하나 역시 그러했다는 것에 동의하지 않으면서 할 수는 없을 것이다. 그렇게 말하는 것은 당신이 공 하나가 붉은지 안 붉은지를 단지 봄으로써 말할 수 있어야 한다는 조건과 모순될 것이다. 어느 공을 보더라도 봄은 우리에게 같은 것을 말해 주기 때문에, 만일 그것이 우리에게 하나의 공이 붉다고 말해 준다면 그것은 다른 공도 역시 붉다고 말해 준다. 유의할 점은 내가 말하는 것이 단지 우리는 하나의 공이 붉다는 것을 긍정하는 한편 다른 하나의 공이 붉다는 것을 **부정**할 수 없는 것이 아니라는 것이다. 내가 말하고 있는 것은 그것보다 더 강한 것으로, 우리는 다른 하나에 대한 **판단을 보류**한 채 하나의 공이 붉다는 것을 긍정할 수조차 없다는 것이다. **그것**만으로도 당신은 하나의 공이 붉은지 여부를 단지 봄으로써 말할 수 있어야 한다는 조건과 모순될 것이다.

이제 이러한 특징을 가진 개념 중에는 그 이상의 다음과 같은 특징을 가진 어떤 것도 있다. 즉 대상들의 유한한 계열이 있는데, 그중 첫째는 분명히 그 개념의 사례이지만, 마지막은 분명히 그 개념의 사례가 아니고, 그 개념의 적용을 결정하는 차원에서 그 계열 중의 어떤 대상도 (후속자를 **갖지** 않는 마지막을 분명히 제외하고) 그것의 후속자로부터 관찰에 의해 구별될 수 없는 그러한 계열을 가진 개념. 예를 들어 우리는 첫째가 선명하게 붉지만, 마지막은 선명하게 초록색인 채색된 공들의 계열을 상상할 수 있다. 그 공들은 각 공 표면의 반사율 특성들이 바로 앞에 놓인 공의 특성들과 아주 미세한 차이만 나도록 — 너무 미세하여 색상의 차이를 시각적으로 나타낼 수 없을 정도로 — 배열되어 있다. 그래서 이 계열에서 인접한 공들은 색상으로 구별될 수 없다. 이런 계열을 **연쇄식 계열**이라고 부르자.

우리는 드디어 왜 이런 조건들을 만족하는 모호한 개념들이 그리고 그것들을 포함하는 많은 명제가 결국 쓸모없을 수 있는지 알 수 있는 위치에 있다. 문제는 어떤 연쇄식 계열이 주어져 있을 때, 이에 상응하는 모호한 개념을 모순적으로 사용하게 되는 유능한 사용자를 우리가 쉽게 생각할 수 있다는 것이다. 예컨대 그 공들의 계열 중 첫째가 붉다는 것을 받아들이는 사람은 두 번째에 대해서도 마찬가지로 말해야 할 것이다. 그러나 만일 그가 두 번째에 대하여 그렇게 말한다면 그는 세 번째에 대해서도 그렇게 말해야 할 것이고 … 결국 그는 시각적으로 **초록색**인 공에 대해 **그것이** 붉다고 말하는 자신을 발견하게 될 것이다!

이제 비트겐슈타인 자신의 예를 고찰해 보자. 만일 내가 '대충 저기 서 있어라' 고 말할 때 당신이 지표상의 한 지점에 서는 것이 (즉 당신의 무게 중심이 바로 그 위에 있게 되는 것이) 내가 뜻한 것에 대한 복종으로 간주된다면, 당신이 거기에서 1나노미터(1×10^{-9}m) 북쪽 지점에 서는 것도 마찬가지로 간주될 수 있다. 그렇다면 만일 내가 런던의 넬슨 기념비 기단(基壇) 주변의 영역을 가리키면서 '대충 저기 서 있어라' 고 말할 때도 당신이 북극에 섬으로써 나의 명령을 따를 수 있을 것임을 보여 주는 긴 논증이 성립될 수 있을 것이다. (비트겐슈타인이 PI 77a에서 그렇게 생각한 것으로 보이듯이) 최소한 연속하는 중간 경우들이 허용되기만 한다면 같은 논리가 윤리학 개념들에도 적용될 수 있다: 만일 어떤 사람의 팔꿈치를 새끼손가락으로 건드리는 것이 무방하다면 그녀와 함께 자는 것도 무방하다 등등.

> 여기서 우리는 프레게가 가졌던 매우 이해하기 어려운 하나의 생각, 즉 모호한 개념들의 사용은 근본적으로 모순적이라는 생각에 가까워졌다. 이와 같은 사례들에 관해 숙고하지 않는다면 우리는 프레게의 생각을 단순한 편견으로 제쳐 놓기 쉬울 것이다(Dummett 1975b : 262).

요컨대 모호한 개념들을 사용 불가능하게 만든 책임은 모순을 생산한 자들에게 있다. 하지만 모호함에 관한 『철학적 탐구』의 논의 어디서도 이 점을 직접 고심하고 있지 않다.

그러나 다른 저작을 통해 볼 때 그가 그를 공격하는 사람에게 뭐라고 말**했을지**는 분명하다. 그는 아마 어떤 규칙들로부터 모순을 도출할 **가능성**이 있다고 해도, 우리가 **실제로** 모순을 도출하지 않는다면, 그 규칙들을 사용 불가능하게 만들지 **않는다**고 말했을 것이다.

> 어떤 나라의 법령집에 모순이 있다고 생각해 보자. 하나의 법령에는 축제일에 부통령이 대통령 다음에 앉아야 한다고 되어 있고, 다른 하나의 법령에는 그가 두 여성 사이에 앉아야 한다고 되어 있다고 해 보자. 만일 그가 축제일들에 항상 아프다면 이 모순은 얼마간 눈에 띄지 않을 수 있다. 그러나 어느 날 축제일이 되었는데 그가 아프지 않다. 그러면 우리는 어떻게 할까? "우리는 이 모순을 제거해야 한다"고 나는 말할 수 있다. 좋다, 그러나 그것이 우리가 전에 했던 것을 무효화할까? 전혀 그렇지 않다(LFM 210).

현실의 삶에서는 아무도 연쇄식 계열들을 만나지 **않는다**. 만일 누군가 만난다 하더라도 그는 모호한 개념들을 연쇄식 계열들에 적용함으로써 어떤 실제적 결론들을 도출하지는 않는다. 그러므로 현실의 삶에서는, 비록 그런 계열들에 모호한 개념들을 맹목적이고 기계적으로 적용하는 것이 우리에게 아무 쓸모가 없**을**지라도, 모호한 개념들은 완전히 사용 가능**하다**.

그에 관해 두 가지를 간단하게 강조할 필요가 있다. 첫째, 법령집에 관한 비트겐슈타인의 비유는 다소간에 오도적일 수 있는데, 왜냐하면 그것은 **어떤** 모순적인 규칙들과 공리들의 집합이라도 우리가 모순 자체를 도출하지 않는 한 그로써 사용 불가능한 것은 아니라는 인상을 주기 때문이다(LFM 220에서의 튜링과의 논쟁 참고). 그러나 그것은 단적으로 틀렸다: 만일 문장들의 집합이 모순적이라면 당신은 명백한 모순을 드러내 보여 주지 않고도 그것으로부터 하나의 진술과 그것의 부정을 모두 도출할 수 있다. 그러나 이 점은 우리 앞에 놓인 경우에는 중요하지 않다. 모호한 개념들이 실제로 연쇄식 계열들에 적용되지 않거나 적용된 결과들이 무시되는 한, 그 무엇도 그런 개념들이 사용 가능하다는 말을 방해하지 않는다. 결국, 그것들은 **사용된다**.

둘째, 내가 여기에서 비트겐슈타인에게 돌리고 있는 다소 약한 실용주의의 저변에는 모순으로부터 사용 불가능성으로의 추론을 거부하게 하는 더 깊은 이유가 존재할 수 있다. 왜냐하면, 앞으로 보겠지만, 그가 말하고 있는 것은 나의 개념들의 이용을 지배하는 온갖 규칙들을 맹목적이고 기계적으로 적용하는 일이 그것들 속에 처음부터 감춰져 있던 어떤 것을 드러내는 방법이 아니라는 것으로 보일 수 있기 때문이다. 그러므로 그것들로부터 모순을 도출하는 일은 특히 **애초에** 나의 규칙들에 뭔가가 잘못되었음을 보여 주지 않는다. '왜냐하면, 그때 나는 "그것은 더 이상 놀이가 아니다"라고 말했으면 하지, "이제 우리는 그것이 놀이가 아니었다는 것을 안다"고 말하고 싶어 하지 않기 때문이다' (RFM III-77). 나는 3.4.2에서 그 문제로 돌아올 것이다.

(iii) 하나의 개념을 시각적 비유를 통해 이해한다는 것은 생각하기 쉬운 일이다. 이것은 일상적인 어구 전환에서 나타난다: 예컨대 당신이 '황갈색' 이란 색깔 개념을 이해한다면 당신은 그것의 사례들 전부에 **공통적인 것을 본다**고 말해질 수 있을 것이다. 그런 어구 전환을 문자적으로 취하여 우리가 낱말을 이해할 때 우리는 내성의 대상에 익숙하게 된다고 생각하는 것은 약간의 어려움을 추가할 뿐이다. 그때 이 내적 대상은 낱말의 적용을 확립하기 위하여 외부 대상들과 **비교된다**: (예컨대) '황갈색' 의 경우 그것은 우리의 '내적 견본' 과 색상에서 일치하는 어떤 외부 대상에도 적용된다. 그런데 만일 그것이 우리가 색깔 이름들을 이해할 때 일어나는 것이라면, 어떻게 그것들이 모호할 수 있을까? 결국,

내가 여기서 보는 이 색이 내가 '황갈색'이란 이름과 결합하는 내적 대상의 짝인가 아닌가는 모호한 문제가 아니다.

비트겐슈타인은 뒤에서 예컨대 색깔 이름에 대한 우리의 이해가 그것을 인지함으로써 비로소 이뤄진다고 이야기되는 (예컨대 4.1.3에서 논의되는 PI 293을 보라) 내성의 '내적 대상'이라는 바로 그 관념을 공격할 것이다. 그러나 이 지점에서는 그는 다른 방식으로 답한다. 그는 이렇게 말한다: 그런 내적 대상이 존재했다고 생각해 보고 그것이 **많은 색조들**을 허용하는 색깔들(예컨대 파랑이나 초록색)에 어떻게 작용하였을지 숙고해 보라. 그 경우 내적 견본과 외부 대상 간의 색상적 **일치**에 관해서는 전형적으로 아무 문제도 발생하지 않는다: 초록색이 상이한 색조들을 허용한다는 것은 색상적으로 **구별될 수 있는** 것들의 한 범위를 초록색이 차지한다는 것**이다**. 그러므로 단순히 초록색의 내적 견본을 **갖는 것**은 내게 전혀 쓸모없는 일이 될 것이다. **그것은** 정확히 무엇이 내가 이해하는 '초록색'이란 낱말에 해당하고 해당하지 않는지 정해주지 않는다. 그것이 정해지기 위해서는 부가적으로 그것을 어떻게 사용할지에 관한 어떤 정책을 갖는 것이 필요하다. 특히 어떤 것이 내 견본의 이러이러한 색상 **범위** 속에 놓여 있을 때 그리고 오직 그때에만 어떤 것에 '초록색'이 적용된다고 말하는 어떤 정책.

> 초록색 — 즉 초록의 모든 색조에 공통적인 것 — 에 대한 '내 정신 속의 견본'은 어떤 색조를 가지고 있는가?
>
> "그러나 그런 '일반적인' 견본이 존재할 수 있지 않을까? 가령 잎사귀 도식이나 **순수한 초록색**의 견본이?" — 아무렴! 그러나 이 도식이 도식으로서 이해되고 특정한 잎사귀의 형태로서 이해되지 않는다는 것, 그리고 순수한 초록색의 작은 조각이 초록빛이 도는 모든 것들의 견본으로서 이해되고 순수

> 한 초록색의 견본으로서 이해되지 않는다는 것 — 이는 다시 이러한 견본들의 적용 방식에 놓여 있다(PI 73).

'초록색'의 이해에 대한 이 분석은, 그 낱말의 모호성을 제거하기는커녕 그것을 재설정할 뿐이다: 왜냐하면 만일 내가 그 견본을 '초록빛이 도는 모든 것'의 견본으로 사용**한다**면, 어떤 것이 그 견본을 '초록색'이라고 불릴 만큼 충분히 닮았는가에 관한 나의 판단은 불가피하게 한계선의 경우들을 허용할 것이기 때문이다.

지금까지의 논의는 '초록색'과 연합된 한 견본이 내 정신 속에, 또는 그 문제에 관해서라면 종이 위에, 단순히 있다는 것은 내가 그것을 어떻게 적용해야 할지를 알려 주지 못할 거라는 것이었다. 그러나 이것이 그런 종류의 견본에 대해서는 옳아 보일 수 있을지라도, 관찰자에게 그 적용을 알려 **주는** 다른 종류의 견본도 존재할 수 있다. 내가 염두에 둔 경우들은 당신이 어떤 것을 어떤 것**으로** 보는 경우들, 즉 비트겐슈타인이 다른 곳에서 상(相)-지각의 경우들이라고 부른 것들이다(PI pp. 165-6/193-4/『탐구』 342-4쪽). 하나의 좋은 예는 PI p. 166/194/『탐구』 344쪽의 '오리-토끼' 그림, 즉 한 마리 오리로 **또는** 한 마리 토끼로 보일 수 있는 하나의 대상인데, 여기서 나는 마치 그 그림이 만들어 낼 수 있는 다양한 종류의 시각 체험이 가지고 있는 차이를 기술하고 있는 듯하다. 또 다른 사례를 가지고 다시 말한다면, 갈겨 그린 선을 우리는 손으로 쓴 하나의 글씨**로** 볼 수 있다. 그런데 한편으로 이것은 일종의 체험으로 보인다(PI p. 169/198/『탐구』 352쪽의 예 (c)와 (d)를 보라). 다른 한편 그것을 손으로 쓴 글씨로 보는 어떤 사람은 어떤 범위에 속하는 다른 모양들을 그것과 닮은 것으로 간주할 것이다. 반면에 거기에서 단지 갈겨 그린 선만을 보는 어떤 사람은 (예컨대) '*pleasure*'란 낱말을 서로 반대 방향으로 쓴 두 글자 사이에서 어떤 유사점도 보지 못할 것이다. 이제 우리가 초록색의 한 견본을 순수한 초록색의 견본**으로서**가 아니라 초록빛이 도는 모든 것의 견본**으로** 보는 일이 — 그러니까 그 견본에서 우리는 초록빛이 도는 측면에만 주의한다. — 유사한 방식으로 일어날 수 없을까? 한편으로 이것은 일종의 체험으로 보일 것이다. 그리고 다른 한편 그것은 당신의 정책을 정해 주는 것으로 보일 것이다.

비트겐슈타인은 그와 같은 일이 일어날 수 있다는 것을 인정한다:

> 물론, **그렇게** 봄이 있는가 하면 **다르게** 봄도 존재한다. 또한 하나의 견본을 **그렇게** 보는 사람은 일반적으로 그것을 **이런** 방식으로, 그리고 그것을 달리 보는 사람은 그것을 다른 방식으로 사용하게 되는 경우들도 존재한다(PI 74).

그러나 그는 이와 같이 견본을 어떤 식으로 '봄'은 당신이 그때 그것을 가지고 하는 사용과 단지 **우연적으로만** 관련되어 있다고 주장한다. 그는 다른 사례를 가지고 그것을 주장한다: 우리는 한 잎사귀의 '내적 견본'을, 우리가 그것을 사용하는 방식 때문에, **잎사귀 형태들 일반**의 견본으로서 사용할 수 있을 거라는 생각.

> 여기에는 또한 이 잎사귀를 '잎사귀 형태 일반'으로 간주하는 사람은 이 잎사귀를 가령 이 특정한 형태의 견본으로 간주하는 사람과는 달리 이 잎사귀를 **본다**는 생각도 포함된다. 자, — 비록 사실은 그렇지 않지만 — 그건 실로 그럴 수 있을 것이다. 왜냐하면 그건 단지, 경험상, 잎사귀를 특정한 방식으로 **보는** 사람은 그다음에 그것을 이러이러하게, 또는 이러이러한 규칙에 맞

게 사용한다는 말이 될 것일 뿐이기 때문이다(PI 74).

여기서 비트겐슈타인의 요점은, 예컨대 하나의 잎사귀를 잎사귀 형태들 일반의 견본으로서 본다는 것은 아직 그것을 어떻게 적용해야 할지 아는 것이 아니다: **그것은** 단지 하나의 경험이고, 우리가 그것을 어떻게 사용해 나가느냐는 여전히 당신에게 달려 있다. 이 점은 전기의 자아와 일치하지만(TLP 5.5423), 『철학적 탐구』 제2부 10절에 나오는 이 현상들에 대한 더 자세한 탐구에서 그가 말한 것과는 일치하지 않아 보인다. 다음 소견을 생각해 보자:

> 내가 토끼-오리 머리를 토끼로 보았을 때, 나는 이러이러한 형태들과 색들을 보았다(나는 그것들을 정확하게 재현한다). — 그리고 그 외에 이러이러한 어떤 것을 더 보았다: 그와 동시에 나는 다수의 상이한 토끼 그림들을 가리킨다. — 이것은 개념들의 상이성을 가리킨다.
> '… 라고 봄'은 지각에 속하지 않는다. 그리고 그 때문에 그것은 봄 같기도 하고 또 아닌 것 같기도 하다(PI p. 168/196-7/『탐구』 349쪽).

여기서 어떤 것을 어떤 것**으로** 보는 것은 우리가 **무엇을** 보느냐의 문제라기보다는 우리가 그것을 어떻게 다루느냐 (예컨대 우리가 보는 것을 기술하기 위해 무엇을 가리키느냐)의 문제인 것처럼 보인다. 그 경우 (a) 하나의 견본을 이러이러하게 봄과 (b) 그것을 그것과 상당히 비슷하거나 비슷하지 않은 다른 대상들을 분류하기 위해 사용함 사이의 연관은 우연적인 것이 아니라 개념적이다. 하나의 내적 견본을 (가령) 입방체의 견본으로, 잎사귀 형태 일반의 견본으로, 또는 초록색을 가진 모든 것의 견본으로 보는 것은 부분적으로 (저것들이 아니라) 이것들을 그것과 상당히 비슷한 것으로서 즉 입방체들, 잎사귀 형태의 대상들 또는 초록색 사물들로 분류하는 것**이다**.

그러므로 그 책의 후반부에 나오는 상 지각에 관한 고찰들은 결국, 이 편(2편)의 서두에 쓰였듯이, 이해함을 봄에 동화시키는 경향에 대한 부분적인 옹호로 발전될 수 있어 보인다. 그렇게 발전시키는 일 대신 내가 여기서 주목하는 것은 오직, 그 일이 성공하더라도 PI 74 주변에서 쓴 것들에 나타난 비트겐슈타인의 주된 목표를 성취하는 데에는 아무 역할도 하지 못하리라는 것이다. 그 목표는 어떤 '내적인' (또는 '외적인') 견본도 개념의 적용에 있어서 모호함을 제거할 수 없다는 생각이었다. 왜냐하면, 하나의 잎사귀 형태를 잎사귀 형태 일반의 견본으로 보는 것이 어쨌든 동시에 나의 분류 정책을 인도하는 체험이라 할지라도, 그것이 각각의 모든 경우에 명확한 결론을 내릴 수 있게 하리라고 기대할 이유는 전혀 없기 때문이다. 명확한 결론은커녕, 비록 내가 '일반적인 잎사귀 형태' 를 어떤 것들과는 상당히 비슷하지만 다른 것들과는 상당히 비슷하지 않다고 간주하는 경향을 확실히 갖게 된다 하더라도, 한계 경우들은 여전히 남을 것이다.

(b) 비트겐슈타인은 또한, 우리가 실제로 모호한 표현을 사용하든지 않든지 간에, 우리는 그렇게 사용해서는 안 **된다**는 생각을 검토해 보려고 한다. 그는 이와 관련하여 중요한 점 두 가지를 말한다.

첫째는 표현을 더 정확하게 하는 것은 종종 중요하지 않을 수 있다는 것이다. 그 모든 것은 정확하게 만들고 있는 명제나 개념을 가지고 당신이 무엇을 **하기** 원하느냐에 달려 있다.

> 내가 어떤 사람에게 "대충 여기 서 있어라!"고 말한다면, — 도대체 이 설명은 완전하게 기능할 수 없는가? 다른 모든 설명 각각도 역시 제대로 안 될 수

> 있지 않은가?
>
> "그러나 그 설명은 부정확하지 않은가?" — 물론이다, 왜 우리들이 그것을 "부정확하다"고 부르지 말아야 한단 말인가? 그러나 우리 "부정확하다"라는 게 무엇을 의미하는가만은 이해하자! 왜냐하면 그건 "사용 불가능하다"는 것을 의미하지는 않기 때문이다. 그리고 우리가 무엇을 이러한 설명과 대조적으로 "정확한" 설명이라고 부르는지 좀 생각해 보자! 가령 분필 선으로 어떤 한 경계를 짓는 것? 여기서 즉시 우리 머리에는, 그 선은 어떤 폭을 가지고 있다는 생각이 떠오른다. 그러니까 색의 경계선이 더 정확할 것이다. 그러나 도대체 이러한 정확성이 여기서 아직도 기능을 가지고 있는가? 그것은 헛돌고 있지 않은가?(PI 88a–b)

"대충 여기, 서 있어라!"라는 말의 **요점**이 분필 선으로 영역 표시를 하는 것보다 색 경계선으로 할 때 더 잘 표현된다고는 할 수 없는 상황들을 상상해 보는 일은 쉽다(예컨대, 어떤 크리켓팀에서 볼러가 그런 말을 통해 자기 팀 야수에게 지시를 내리는 상황).

그것은 분명히 옳으며 거의 설명할 필요조차 없다. 그러나 다음의 두 번째 요점은 설득력이 떨어진다.

> "부정확하다"는 실제로는 하나의 비난이며, "정확하다"는 하나의 칭찬이다. 그리고 이것이 뜻하는 바는, 부정확한 것은 더 정확한 것만큼 완전하게 목적을 달성하지 못한다는 것이다. 그러므로 여기서, 우리가 무엇을 "목적"이라고 부르느냐 하는 것이 중요하다. 내가 태양과 우리 사이의 거리를 1m도 어김없이 정확하게 진술하지 못한다면, 그리고 가구공에게 책상의 폭을 0.001mm도 어김없이 정확하게 진술하지 못한다면, 이는 부정확한가?
>
> **하나의** 이상적 정확성이 규정되어 있지는 않다; 우리는 무엇을 그런 것에

> 속하는 것으로 상상해야 할지 모른다. — 무엇이 그렇게 불려야 할지를 당신 자신이 확정하는 경우가 아니라면. 그러나 당신이 그와 같은 확정을 하기는 어려울 것이다; 당신을 만족시키는 하나를 확정하기는 어려울 것이다(PI 88d-e).

이 논증은 (a) 예컨대, 우리가 정확성의 **이상**이라는 개념을 가지고 있지 않다면 하나의 측정을 부정확하다고 비난할 수 없다는 것으로 보인다. 그러나 (b) 우리는 어떤 그런 개념도 **가지고** 있지 않다. — 즉, 우리는 무엇이 더 이상 개선할 수 없을 정도의 정확성으로 간주될 수 있을지 알지 못한다.

그러나 여기에는 두 가지 뚜렷한 반응이 있다. 첫 번째 반응은 두 지적이 측정의 경우에 참이라 하더라도 (b)는 우리가 보다 직접 관여하고 있는 경우, 즉 명제들에 대해서도 참인지 분명치 않다는 것이다. 만일 우리가 한 명제의 진리 조건들에 대하여 명확한 경계선을 그을 수 없다면 우리는 그것을 부정확하다고 말할 수 있을 것이다. 즉, 그 명제를 **참**으로 만드는 **모든 그리고 유일한** 상황들로 구성된 하나의 가능 세계들의 집합이 존재하지 않는다면, 그리고 그 명제를 **거짓**으로 만드는 모든, 유일한 가능 상황들로 구성된 다른 집합들이 존재하지 않는다면. 그러므로 하나의 명제는 만일 그것이 『논고』의 이상을 따른다면 완전히 정확하다고 간주될 수 있을 것이다: 모든 가능한 상황은 그 명제를 참으로 만드는 상황이거나 그것을 거짓으로 만드는 상황이다: 한계 경우들은 존재하지 않는다. 사실 우리의 사고들이 이 이상을 따르지 않는다는 것은 참일 것이다; 그러나 이상은 여전히 존재한다.

그리고 두 번째 반응은 (a)에 의문을 제기하는 것이다. 그것은 이상한 상태로 보일 수 있겠지만, 개선할 수 없는 정확성이 도대체 무엇인지 당신이 아무것도 모를 때조차도 더 정확한 측정 방법을 덜 정확한 측정 방법들보다 항상 더 선호한다는 데에는 아무런 **부정합성**도 없어 보인다. (비교하라: 두 수 중 언제나 더 큰 수를 선호함) 물론 하나의 측정 방법이 다른 것보다 **더** 정확할 때 우리는 그것들 사이의 관계를 파악할 필요가 있을 것이다; 그러나 비트겐슈타인은 **그것**에 관한 어떤 의심도 표현하고 있지 않다.

일반적으로 정확성을 선호하는 일의 중요성은, 비트겐슈타인이 PI 88에서 고찰한 내용에서 볼 때, 그가 그것을 철학 자체의 본성과 임무에 대한 어떤 이해의 — 또는 차라리, 이제는 오해의 — 징후로서 간주한다는 것만큼은 크지 않은 것으로 보인다. 이제 그 주제에 관한 그의 고찰을 살펴보기로 하자.

2.3. 철학의 본성

『철학적 탐구』가 다루고 있는 온갖 주제 중 아마도 이것이 『논고』의 주제들과 가장 많은 공통점을 가지고 있는 주제일 것이다. 그러나 PI 88에 대한 앞으로의 논의에서 분명해지겠지만, 여기에도 불일치하는 점들은 있다. 여기서 나는 철학을 일체의 활동이지 원리가 아니라는 생각 — 이것은 전통적으로 철학자들이 그들의 일로 간주해 온 것의 무의미성을 드러내는 것을 목표로 삼고 있다. — 과 관련하여 연속성과 차이를 모두 논하려 한다.

『논고』에서 비트겐슈타인은 철학은 경험적이거나 선험적인 어떤 원리들의 체계가 아니라 모종의 활동이라고 주장했다(TLP 4.111-4.112). 철학의 임무는 과학이 도움을 줄 수도 있는 물음들에 우리가 답할 수 있도록 돕는 것이 아니었다. 그것의 임무는 오히려 과학이 말할 수 있는 것, 또는 결국 같은 것으로 귀결되지만, **생각**될 수 있는 것에 한계들을 긋는 것이었다(TLP 4.113-4.114).

사실 철학이 적어도 원리는 물론이고 활동들을 **포함**해야 한다는 주장은 『논고』 자신의 의미 이론을 바탕으로 할 때 그것의 임무를 이렇게 이해하는 것으로부터 귀결된다. 철학은 단지 그 자신을 포함한 **모든** 명제를 일반화하는 명제들을 통해 사고와 언어의 한계들을 **진술할** 수 있다. 그러나

> 어떤 명제도 자기 자신에 관해 무엇인가를 진술할 수 없다. 왜냐하면 명제 기호는 자기 자신 속에 포함될 수 없기 때문이다(이것이 "유형 이론"의 전부이다)(TLP 3.332).

예를 들어, 어떤 명제가 '**모든 명제는 그림**이다' 라고 주장했다고 생각해 보자(TLP 4.021). 만일 그 명제가 생각될 수 있는 것에 한계를 긋는 데 필요한 일반성을 가질 수 있으려면, 그것은 스스로에게 적용될 수 있어야 한다. 그러므로 그것은 무엇보다도 '**모든 명제는 그림**이라는 명제는 그 자신 하나의 그림이다' 라고 말하는 것이어야 한다. 이제 '**모든 명제는 그림이라는 명제는 그 자신 하나의 그림이다**' 라는 명제 속에 '함수 기호 **x는 그림이다**' 가 두 번 나타난다는 것을 생각해 보자. 비트겐슈타인의 말에 따르면 어떤 기호든지 x에 대한 의미 있는 대체물들에 대한 통사론적 명세서를 즉 어떤 기호들이 x를 대체할 수 있는지에 대한 명세서를 가지고 있다(기호 n+2=m과 비교하라. 여기서 n과 m은 규약상 오직 아라비아 숫자들만으로 대체될 수 있는 것을 가리킨다). 그러나 이것은 그 기호가 그 자체로는 그런 대체물들 중에 있을 수 없다는 것을 뜻한다.

> 논리적 구문론에서 기호의 의미는 어떤 역할도 해서는 안 된다; 논리적 구문론은 기호의 **의미**에 관해 이야기하지 않고서도 수립될 수 있어야 한다. 논리적 구문론은 **오직** 표현들의 기술들만을 전제할 수 있다(TLP 3.33).

> 함수는 그 자신의 독립 변수가 될 수 없다. 왜냐하면 함수 기호는 이미 그것의 독립 변수의 원형을 포함하고 있으며, 또 그것은 자기 자신을 포함할 수 없기 때문이다(TLP 3.333).

그리고 만일 '**모든 명제는 그림이라는 명제는 그 자신 하나의 그림이다**'라는 명제가 말하는 것이 있다면, 두 번 나타나는 '**x는 그림이다**'는 **상이한** 기호들임이 틀림없다. 왜냐하면 첫 번째 기호는 자신을 포함할 수 없는 반면 두 번째 기호는, 이 명제 기호 속에서 자신을 **포함하므로**, 분명히 자신을 포함할 **수 있기** 때문이다. 따라서 그것들은 **상이한** 대체 사례들을 허용하므로 상이한 기호들임이 틀림없다(이것은 TLP 2.0213을 언어에 적용한 것이다). 그렇다면 우리의 명제는 적절한 일반적 주장을 하고 있지 **않다**: 그것은 그 자신에 대하여 그것이 다른 모든 것에 대해 말하려 하는 것을 말하고 있지 않은데, 이것은 "'그가 탈 수 있다고 한 것은 말(馬)이다'는 하나의 말(言)이다'가 '그가 탈 수 있다고 한 것은 말(馬)이다'에 대해 말하는 것은 후자가 그가 탈 수 있다고 한 것에 대해 말하고 있는 것이 아닌 것과 마찬가지다. 그러므로 우리의 명제는 오발된 것이다. 그것이 어떤 주장을 할 수 있다 하더라도 그것은 의도된 것은 아닐 것이다.

그러므로 철학의 목적을 달성하기 위해 우리는 사고의 한계를 **진술하는** 데 의지해서는 안 되고 다른 철학자들에게 그들의 주장이 그 한계를 침범했다는 것을 **보여 주는** 데 의지해야 한다.

> 말해질 수 있는 것, 그러므로 자연 과학의 명제들 — 그러므로 철학과는 아무 상관 없는 어떤 것 — 이외에는 아무것도 말하지 말고, 다른 어떤 사람이 형이상학적인 어떤 것을 말하려고 할 때는 언제나, 그가 그의 명제들 속에 있는 어떤 기호들에다 아무런 의미도 부여하지 못하였음을 입증해 주는 것 — 이 것이 본래 철학의 올바른 방법일 것이다(TLP 6.53).

어떤 기호들에 '그가 의미를 주는 데 실패했다는 것'을 증명하는 이 활동은 『논고』를 읽은 철학자들이 '형이상학적인 어떤 것을 말하기' 원하는 어떤 사람에게 틀림없이 하고 있을 것이다.

이제 『철학적 탐구』에서 그는 이러한 진리들이 진술될 수 없다는 생각을 뒷받침했던 전기의 근거를 거부한다. 왜냐하면 그는 더 이상 한 기호의 의미가 단번에 놓여야 한다고 생각하지 않기 때문이다. 이제 그는 반대로 상이한 사용 방식들 사이에 연속성들이 있을 것이라고, 그래서 한 기호의 사용을 새로운 경우들에 걸쳐 **확장해 봄**으로써 우리는 그 옛 의미를 여전히 믿을 수 있는 것으로 생각한다. 이것은 예컨대 처음에 '고통'이란 낱말을 오직 살아 있는 것들에만 적용한 사람들이 뒤에 그것을 인형들에 적용하기 시작했을 때(PI 282 참고), 또는 처음에 종이 위에서 하는 볼 수 있는 계산들만 '계산'으로 간주된다고 생각했던 사람들이 뒤에 '머릿속 계산'의 활동을 인식하기 시작했을 때(PI 364, 385-6 참고) 일어날 수 있을 것이다. 마찬가지로 '명제'라는 낱말을 제한된 영역의 문장들에만 적용되는 것으로 사용한 어떤 사람은, 그가 이미 의미한 것에 대해서와 마찬가지로 충실하게, 그것을 더 넓은 영역의 문장들에 적용되는 것으로 의미하기 시작할 수 있을 것이다(나는 이 문제를 감각 기술들에 적용하는 것을 4.2.6에서 논의한다).

그러나 그는 이제 그렇게 할 이유가 없음에도 철학이라는 형이상학적인 원리들에 관하여 골머리를 썩이는 사람들에게 그런 것들이 진실로 무의미하다는 것을 보여 주는 활동이라는 것을 계속 인정하고 있다.

> 철학의 결과들은 오성이 언어의 한계로 달려가 들이받을 적에 얻은 그 어떤 뻔한 무의미와 혹들의 발견이다(PI 119).

> 철학에서 **논제들**을 수립하고자 한다면, 그것들에 관해서는 결코 토론이 이루어질 수 없을 것이다. 왜냐하면 그것들에 대해서는 모두가 동의할 것이기 때문이다(PI 128).

그가 이 활동을 추천하는 이유는 그 활동이 비판하려는 철학적인 말인 언어가 실제로 아무 기능도 가지지 않는 활동이기 때문이다. — (문법적 형식을 잘 갖추었기 때문에) 의미 있는 문장들로 보이는 것은 실제로는 아무런 쓸모도 없기 때문에 실로 무의미하다.

> 철학자들이 어떤 낱말 — "지식", "존재", "대상", "자아", "명제", "이름" — 을 사용하며 사물의 **본질**을 파악하려 애쓸 때, 우리들은 언제나 이렇게 자문해 보아야 한다. 즉: 대체 이 낱말은 자신의 고향인 언어에서 실제로 늘 그렇게 사용되는가? **우리**가 하는 일은 낱말들을 그것들의 형이상학적 사용으로부터 그것들의 일상적인 사용으로 다시 돌려보내는 것이다(PI 116).

그러므로 철학자가 해야 하는 일은 이것이다: 예컨대 모든 낱말은 이름들인가, 또는 공간은 필연적으로 3차원적인가 하는 문제로 고민하는 사람을 볼 때, 그 논제를 지지하거나 반대하지 않고 그에게 '낱말', '이름', '공간' 등의 표현들에 대한 우리의 **일상적** 사용을 **상기**시켜 주어,

그로 하여금 그의 문장이 실제로 무의미하다는 것을 볼 수 있도록 해 주는가. '철학자의 작업은 어떤 특정한 목적을 위해서 기억들을 수집하는 것이다' (PI 127).

이것으로 우리가 무엇을 할 수 있을까? 대단히 일반적인 어떤 철학적 주장들이 그저 무의미할 따름이라는 것은 분명해 **보인다**. '모든 낱말은 이름이다' 라는 예를 가지고 계속해 보자: 만일 어떤 사람이 철학적 맥락에서 그렇게 말했다면, 그가 그것으로 도대체 무엇을 뜻했는지 분명치 않다는 것은 단번에 보인다. 여기서 비트겐슈타인은 확실히 옳은데, 이는 그가 '이름' 이란 낱말을 그것의 비철학적 사용들과 매우 다른 방식으로 사용하고 있기 때문이다. 그러므로 '이름' 이란 낱말을 ('이 어린이들의 이름은 무엇인가?', '그 이름이 "S"로 시작하는 모든 사람은 앞으로 나온다' 와 같이) 오직 비철학적 맥락들에서만 사용하는 법을 배운 사람은 아우구스티누스의 일반적인 논제 앞에서 길을 잃어버릴 것이다.

그러나 왜 이에 대한 올바른 반응이 철학적 주장을 **포기**하는 것이어야 할까? 왜 우리는 그것이 무엇을 의미하는가에 대해 더 좋은 설명이 없어서 불명료한 생각만을 가지고 있다는 것을 인정하고, 포기 대신 그것에 하나의 의미를 **부여해** 봄으로써 그것의 참됨을 그 후에 검사해 볼 수는 없을까?

명백히 우리는 그것에 아무 의미나 부여할 수는 없을 것이다. 적어도 우리가 철학적 논제를 표현하고 있었다고 주장하고 싶었다면 그렇게 할 수는 없을 것이다. 만일 내가 '모든 낱말은 이름이다' 라는 말로 다른 모든 사람이 '돼지들은 난다' 라는 말로 뜻한 것을 뜻하려 했다고 말한다면, 그리고 '모든 낱말은 이름이다' 는 거짓이라고 결론짓는다면, 아무도 내가 철학과 관계있는 어떤 것을 말했다고 생각하려 들지는 않을 것이다. 그러나 이 경우와 대조적으로, 낱말을 정확하게 다듬지만 불명료한 우리의 일상적 이해를 충실히 따른다고 할 수 있는 방식들이 **존재한다.**

이런 식으로 과학적 탐구는 가까운 목적에 의존해 있는 일상적인 용법을 체계 없이 결정하는 많은 기준들 중 단 **하나**를 강조하는 어떤 정확한 의미를 낱말에 빈번하게 부여한다. 예를 들어, '한 국가의 소득' 상의 변화를 측정하기 원하는 어떤 사람은 그 모호성 때문에 일상적인 낱말인 '소득'에 만족할 수 없다. 그는 그것을 GDP와 같은 어떤 특수한 개념으로, 즉 적어도 그 첫 질문을 다룰 가치가 있어 보일 만큼 소득에 관한 어떤 측면을 설명해 줄 수 있는 측정 가능한 변수로 대체해야 한다. 물론 저 변수는 그가 애초에 소득에 관하여 관심을 가진 **모든 것**을 포괄하지 못하면서 다른 것들은 포괄할 수 있는데, 그렇다면 그는 포괄 범위를 개선해 줄 다른 변수들을, 예컨대 GNP를, 자유롭게 고안해 볼 수 있다. 우리는 우리의 경제학자가 '소득'을 그렇게 정의함으로써 ('돼지들은 난다'의 경우 발생하였듯이) 일상적인 용법에서 벗어나 그의 탐구의 요점을 흐리게 만들었다고 비판할 수는 없을 것이다. 그가 한 일은 소득 상의 변화를 묻는 요점을 (더 낫게는, 요점들 중 하나를) **분리해** 낸 것이다.

이제 왜 우리는 철학에서 그와 같이 할 수 없을까? 모든 낱말은 이름이라는 논제로 돌아가 보자. 이렇게 과감하게 진술되었지만 그것은 아무것도 뜻하지 않는다: 그러나 왜 우리는 이 맥락에서 '이름들'로 의미할 수 있는 것들을 단순히 **상술하고**, 그러고 나서 그것으로부터 귀결되는 이론을 검사해 볼 수 없을까? 사실 그것은 바로 내가 큰 의무감을 가지고 하려 했던 것이다: 1편에서 나는 그 논제가 뜻할 수 있는 비교적 정확한 세 가지 뜻 또는 그 논제의 귀결 — '모든 낱말은 같은 기능을 가진다', '모든 낱말은 지시에 의해 배운다', '모든 낱말은 바로 그것들이 가리키는 것을 의미한다.' — 을 제시하고, 비트겐슈타인 자신의 고찰들에 비추어 어느 것이 참이고 어느 것이 거짓인지 알아내고자 했다. 왜 그것은 철학적 논제들을 **수립하는** 하나의 길로 그리고 그것들을 **해결하는** 하나의 길로 간주될 수 없을까?

이와 같은 철학관에 대한 하나의 비판은 그것이 많은 철학적 논제들에 경험적 해석을 부여할 것이라는 점이다. 예컨대, '모든 낱말은 이름이다' 라는 문장은 우리가 모든 낱말들을 지시적 정의를 통해 배운다는 경험적 논제로 해석될 수 있다. 또는 '공간은 필연적으로 3차원적이다'는 논제는 오직 경험적 뒷받침을 받는 물리학 이론만이 답할 수 있는 질문으로 해석될 수 있다. 그러나 (반대자는 다음과 같이 계속할 것이다) 철학적 논제들은 경험적인 (그리고 따라서 전형적으로 우연적인) 논제들이 **아니라** 안락의자에 앉아서도 발견할 수 있는 (만일 그것들이 어떻게든 진리일 수 있다면) 선천적 진리이다(PI 109 참고).

그러나 왜 그렇게 생각해야 할까? 철학을 매우 좁게 이해할 때에만 우리는 그것이 아무 경험적인 주장을 하지 않는다고 말할 수 있을 것이다. 원리적으로뿐 아니라 시간적으로도 서로 매우 다른 네 가지 예들을 생각해 보자: 아리스토텔레스(『영혼론』), 버클리(『신시각론』), 마르크스(『자본론』), 그리고 러셀(『정신의 분석』)은 모두 경험적 주장들을 하는 철학적 고찰들에 종사했다. 그들에게 철학을 하지 않고 있다고 말하는 비트겐슈타인은 누구인가? 또는 다시 말해서, 왜 우리는 시간과 공간에 대한 근본적인 형이상학적 질문들이 사실 철학뿐만 아니라 물리학의 영역이라고 말해서는 **안** 되는가? 공간, 시간, 그리고 물질에 대한 우리의 **철학적** 이해를 위하여 수세기에 걸친 순수한 선천적 이론화보다 더 많은 것을 이룬 뉴턴의 이론, 아인슈타인의 이론이 진보가 아니라고 우리에게 말하는 비트겐슈타인은 누구인가?

시간과 관련하여 비트겐슈타인은 다음과 같이 말한다.

> 아우구스티누스(『고백록』 XI/14): "그러므로 시간이란 무엇인가? 아무도 나에게 묻지 않으면, 나는 안다; 그 물음을 설명하려 하면, 나는 알지 못한다." — 우리들은 자연 과학의 물음(가령 수소의 비중을 묻는 물음)에 대해서는 이렇게 말할 수 없을 것이다. 아무도 우리에게 묻지 않으면 알지만 우리가 그것을 설명해야 할 때는 더 이상 알지 못하는 것은 우리들이 **상기해 내야** 하는 어떤 것이다(PI 89).

> 우리는 마치 현상들을 **꿰뚫어** 보아야 할 듯한 느낌이 든다. 그러나 우리의 탐구는 **현상들**에 맞추어져 있지 않고, 현상들의 **'가능성들'**이라고 말해질 수 있을 것에 맞추어져 있다. 즉 우리는 우리가 현상들에 관해서 행하는 **진술들의 종류**를 상기해 낸다. 그런 까닭에 아우구스티누스도 우리들이 사건들의 지속에 관해서, 사건들의 과거, 현재, 또는 미래에 관해서 행하는 다양한 진술들을 상기해 내는 것이다(PI 90).

나는 이 태도를 이해할 수 없다고 고백한다. 나는 당신이 나에게 **묻든지 안 묻든지** 시간이 무엇인지 모른다; 그러나 만일 내가 경험적으로 정당화된 물리학 이론에서 그것이 하는 역할을 안다면 그것이 무엇인지 충분히 잘 앎이 **틀림없다**. 그리고 공간, 색, 마음, 언어에 대해서도 마찬가지다.

철학에 대한 비트겐슈타인의 이해와 이 상반된 이해 사이의 거리는 너무 커서 그것들이 반대된다고 생각할 수도 없을 정도이다. 진실은 여기서 우리가 완전히 다른 두 가지 활동들을 하고 있다는 것이다: 인간과 우주에 대한 매우 일반적인 질문들에 대답하려고 하면서 경험적인 발견들이 종종 이 일에 도움이 된다고 솔직하게 인정하는 것과 혼동에 빠지지 않게 하기 위해 낱말들의 일상적인 사용들에 대한 아프리오리(a priori)를 상기시키는 것. 두 활동 모두 합법적이다. 그리고 결국 어떤 것이 '철학'이라 불려야 하느냐는 것은 별로 중요한 일도 아니다. 그는 한때 이렇게 말했다.

> 예를 들어, 우리가 우리의 탐구들을 "철학"이라고 부른다면, 이 칭호는 한편으로는 적합해 보이지만, 다른 한편으로는 확실히 사람들을 오도해 온 것이다(우리가 다루고 있는 주제는 원래 "철학"이라고 일컬어진 주제의 상속자들 가운데 하나라고 말할 수 있을 것이다)(BB 28; 『청색책-갈색책』 58쪽).

그러나 특수한 철학적 질문들에, 또는 적어도 그것들을 인위적으로 형식화하는 일에 대한 답을 발견하고자 하는 주제는 또 다른 상속자이다. 그리고 그것이 바로 오늘날 서구의 전통 속에 있는 대부분의 철학자들이 추구하고 있는 주제이다. **그들에게** 비트겐슈타인의 재개된 연구가 정당화되는 것은 그가 말하는 것 대부분이 그들의 문제들에 대해서도 빛을 비춘다는 사실 때문이다.

2.4. PI 134-7: '명제의 일반 형식'

『논고』의 저자를 사로잡은 언어의 그림은 그 책의 4.5에 다음과 같이 나타났다: '명제의 일반 형식은 이것이다: 사정이 이러이러하다'. 자, '사정이 이러이러하다'는 이 표현은 '일상 언어로부터 취하고 그 밖의 어떤 곳에서도 취하지 않은' 것이다(PI 134). 그리고 비트겐슈타인은 이제 PI 116의 방법을 다음과 같이 물음으로써 적용한다: 일상 언어 속에서 그것은 어떻게 사용되는가?

자, '사정이 이러이러하다'가 임의의 명제를 대신할 수 있는 일종의 일반성을 가지고 있다는 것은 사실이다. 우리는 언제나 이렇게 말할 수 있다: '그는 p라고 말했다; 즉 그는 사정이 이러이러하다고 말했다.' 그리고 여기서 세미콜론 뒤에 나오는 말은 p가 무엇이든지 간에 단지 앞에서 말한 것을 반복할 뿐이다(PI 134b). 그러나 '사정이 이러이러하다'가 이런 종류의 일반성을 가지고 있다는 사실은『논고』4.5에서 그 말의 사용이 우리에게 명제란 무엇인가에 관해 어떤 것을 **말해 준다**는 것을 뜻하지 **않는다**. 다시 말해서, 만일 어떤 외계인이 지구를 방문하여 언어에서 어떤 것들이 명제들인지 보이라고 요구할 때, '사정이 이러이러하다'는 형식을 가진 것들이라고 말하는 것은 그들에게 아무것도 말해 주지 않을 것이다.

그것이 그들에게 아무것도 말해 주지 않는 이유는, 당신이 어떤 것들이 '사정이 이러이러하다'의 형식을 가졌는지 말할 수 있기 **전에**, 언어에서 어떤 것들이 명제들인지, 또는 더 잘 표현해서, 어떤 것들에 대해 당신이 '명제'라고 부를 준비가 되어 있는지, 당신이 **이미** 알고 있을 것을 요구하기 때문이다. 그것은 마치 어떤 사람이 '121'에서 임의의 아라비아 숫자가 '2' 대신 의미 있게 대체될 수 있다고 말함으로써 아라비아 숫자가 무엇인지 설명하려고 하는 것과도 같다. 그것은 참이지만, 그것은 임의의 것이 아라비아 숫자**인지 아닌지**를 말하는 어떤 수단을 상술하지는 않는다. 오히려 그것이 말하는 것이라고는 오직 아라비아 숫자들이 주어져 있을 때 — '2'는 거기에 속하는데 — 우리가 그것들로 하는 '놀이'가 이 대체를 허가해 준다는 것이다.

같은 점이 다음의 관련된 생각에도 적용된다: 즉 그것이 실재에 관해 주장한다는 명제의 본질은 그것이 — 말하자면, 외침, 재채기, 또는 모자와 반대로 — **참 또는 거짓**일 수 있는 것들의 종류에 속한다고 말함으로써 설명된다. 다시금 비트겐슈타인은 이것이 우리에게 어떤 것을 말하는 것처럼 보일 뿐이라고 주장한다. 왜냐하면, 참이란 명제가 실재에 대하여 갖는 특별한 관계가 아니기 때문이다. 오히려 'p는 참이다'는 그것이 무엇이건 간에 'p'가 말하는 것을 말하는 하나의 방식일 뿐이고, 'p는 거짓이다'는 '~p'가 말하는 것을 말하는 하나의 방식이다(PI 136). 우리는 조각 그림의 조각들이 서로에게 걸맞은 것처럼 처음 일단의 낱말들을 결합하고 나서 참과 거짓이 어떻게든 그 결합에 '걸맞은가' 물음으로써는 무엇이 그 집합에 속하는지 결정할 수 없다; 오히려 '우리는 우리가 명제라고 부르는 것에 대해 "참" 또는 "거짓"을 서술할 뿐이다'(같은 곳).

그러므로 '참 또는 거짓임'과 '사정이 이러이러함의 형식을 가짐' 모두가 실로 명제성의 필요충분조건이지만, 그것들은 바로 그것 때문에 명제라고 불릴 수 있게 하는 모든 명제들에 공통적인 어떤 특징을 나타내지 않고, 우리가 명제들 자체를 알아보기 전에 알아볼 수 있는 어떤 특징을 나타내지도 않는다.

이것으로부터 두 가지가 나온다. 첫째, '명제'는 가족 유사성 개념일 것이다. 어쨌든 명제성에 대한 **이** 필요충분조건들이 있다는 것은 달리 아무것도 보여 주지 않는다. 그것이 바로 비트겐슈타인이 다음과 같이 말하는 이유이다.

> 그러나 도대체 우리는 명제가 무엇인가에 대한 개념, 즉 "명제"라는 것으로 우리가 이해하고 있는 바에 대한 개념을 가지고 있지 않은가? — 물론 가지고 있다; 우리가 또한 "놀이"라는 것으로 우리가 이해하는 바에 대한 개념을 가지고 있는 한에서는(PI 135).

이로부터 귀결되는 둘째 요점은, 『논고』 뒤에 있던 통찰은 실제로 그것이 아니라 단지 우리 문법에서의 한 이행이었다는 것이다. 명제와 같은 것이 존재한다는 것은, 다시 말해서 어떻게든 실재에 대한 **주장을 펴는** 일을 하는, 즉 단숨에 실재에 이르러 **'이것-은-이렇다'** 고 말할 수 있는 것들이 존재한다는 것은, 심오하면서도 신비스러워 보였다(PI 95). 그러나 명제들이 그 일을 한다고 말하는 것은 단지 표현 바꿔 보기에 불과할 뿐 실재 속의 깊은 연관을 기술하는 것이 아니다. 그것은 아무도 이해하지 못할 마술적인 힘이 발화되거나 쓰인 것들을 우리가 어떻게든 조사해 보았다는 것이 아니다. 오히려 우리가 '명제들' 이라고 **부르는** 것에 대해 우리는 그것들이 '실재에 대한 주장을 한다', '실재에 이른다' 등의 일을 한다고 **말할** 수 있음을 느끼는 것이다. 유아론자에 대한 후기 비트겐슈타인의 비판은 『논고』 4.5에 대해서도 매우 정당하게 향할 수 있다: '당신은 그 새로운 파악을 새로운 대상을 보는 것으로서 해석한다' (PI 401).

3편 의미와 이해

비트겐슈타인은 『철학적 탐구』의 핵심을 이루는 이해와 의미에 관한 확대된 논의를 위해 PI 136-7에서 언급된 '걸맞음' 의 개념을 축으로 삼는다. 혹자는 한 낱말의 사용은 그것의 의미에 '걸맞다' 고 말할 수 있을 것이다. 그리고 만일 당신이 한 낱말의 의미가 (PI 43에서 제시된) 그 사용 자체가 **아니**라 차라리 사용을 **인도하는** 어떤 것이라고 생각한다면 이렇게 말할 수 **있을** 것이다. 그리고 만일 당신이 어떤 것을 **갑자기** 이해할 때 무엇이 일어나는지 숙고해 본다면, 그것은 확실히 매우 자연스러운 생각이다. 왜냐하면, 당신은 그것을 일거(一擧)에 파악하는 것으로 보이기 때문이다. '우리가 이렇게 파악하는 것은 시간 속에 뻗쳐 있는 '사용'과는 아무튼 다른 어떤 것이다!' (PI 138). 비트겐슈타인은 어떤 것을 일거에 파악함이라는 이 생각을 이하 50여 개의 소견을 통해 고찰할 것이다.

3.1. 입방체

그러나 당신이 어떤 것을 일거에 파악할 때 당신에게 무엇이 **일어나는**가? 비트겐슈타인은 우선 그것이 정신적 그림이라는 제안을 살펴본다 (PI 139c). 그가 이것에 관해 말하는 것을 논의하기 전에, '정신적 그림들' 또는 '내적 이미지들'에 관한 그의 많은 논의에 포함된 뚜렷한 하나의 흥미로운 특징을 주목할 필요가 있다: 그것들의 기능을 고찰할 때마다 그는 그가 내적인 그림들을 숙고하든 외적인 그림들을 숙고하든 아무 차이가 없다고 생각한다.

> 우리의 목적을 위해 우리는 상상하기의 모든 과정을 어떤 한 대상을 바라보기라는 과정에 의해서나 그림 그리기에 의해서, 소묘하기나 본뜨기에 의해서 완전히 잘 대체할 수 있을 것이다. 그리고 혼잣말하기라는 과정은 모두 소리 내어 말하기에 의해서, 또는 글쓰기에 의해서 대체할 수 있을 것이다(BB 4/『청색책-갈색책』 20쪽; PI 141b 참고).

이렇듯 PI 139에서 입방체의 내적인 이미지에 관해 그가 말하는 것은 적어도 종이 위에 그린 입방체 소묘에도 잘 적용된다. 그 전략은 실로 '내적인' 이미지들이나 활동들의 그림을 진지하게 취하는 방법이다. 왜냐하면, 그런 내적인 대상들, 상태들, 사건들 그리고 과정들은 그것들의 외적인 대응물들을 모델로 한 것이기 때문이다. 이 모델들의 요점과 궁극적인 몰락은 둘 다 우리가 '본질적으로 3인칭적인 상황을 정신적 내부라는 모종의 것으로 옮겨 놓고 있다'는 것이다(Moran 2003: 2).

3.1.1. 그림과 그것의 투영

'심상' 제안에 대한 비트겐슈타인의 실제 논의는 '입방체'란 낱말의 예를 중심으로 이뤄진다. 내가 '입방체'란 낱말을 갑자기 이해하게 될 때 나에게 갑자기 떠오르는 것은 한 입방체의 내적인 그림이라고 할 수 있을까? PI 139에서 그는 우리가 이 그림을 '입방체'란 낱말의 의미라고 부를 수 있다는 것을, 따라서 내가 처음으로 '입방체'란 낱말을 이해할 때 그 의미가 내 마음 앞에 **떠올랐다**는 것을 부정하지 않는다. 그가 부정하는 것은, 조각그림에서 단 하나의 조각만이 다른 조각에 걸맞은 식으로, 오직 하나의 사용 방식만이 그 그림에 **걸맞다**는 것이다.

왜일까? 그것은 만일 '입방체'란 낱말의 한 사용이 그 그림에 걸맞다고 말해질 수 있으려면 그것은 그때 내 마음에 떠올랐겠지만, 그렇다면 다른 사용들도 그럴 수 있기 때문이다.

> 아마 당신은 이렇게 말할 것이다: "그건 단순하다; — 이 그림이 내 머리에 떠오르고, 내가 예컨대 삼각 프리즘을 가리키며, 이것은 입방체이다라고 말한다면, 이 사용은 그 그림에 걸맞지 않다" — 그러나 그것이 걸맞지 않다고? 나는 그 그림이 이제 아무튼 어떤 한 **투영 방법**에 따라 걸맞게 되는 것이 아주 쉽게 상상될 수 있도록 그 예를 의도적으로 골랐다(PI 139).

'투영 방법'으로 여기서 비트겐슈타인은 이와 같은 어떤 것을 의미한

다: 우리가 그려진 입방체 표면의 어떤 점들과 물리적 대상 표면의 점들을 연결하는 상상적인 '투사선'을 그리는 방법을 가졌다고 생각해 보라(여기서 우리는 실제로 종이 위의 그림을, 또는 심지어 3차원적인 모델을 생각해야 한다). 만일 그 방법의 적용으로 그려진 입방체의 점들이 물리적 대상의 점들과 일대일로 대응될 수 있다면, 우리는 '입방체'란 낱말을 후자에 적용할 수 있을 것이다. 이제 그의 요점은 그림 자체 속에 있는 어떤 것도 그와 같은 선을 그리는 어떤 특정한 **방식**과도 '걸맞지' 않다는 것이다. 예컨대, 만일 내가 언제나 그려진 입방체의 꼭짓점들로부터 물리적 대상의 꼭짓점들까지 선들을 그린다면, 명백히 나는 '입방체'란 낱말을 그 자체로 여덟 개의 꼭짓점을 가진 대상들에 적용할 뿐일 것이고, 따라서 나는 그 낱말을 입방체들에 적용한 것일 테지만,[13] 삼각 프리즘들에는 적용한 것이 아닐 것이다. 그러나 만일 내가 이와 같이 하는 대신 그려진 입방체의 각 **면**으로부터 물리적 대상의 **꼭짓점들**까지 선을 그리는 방법을 사용한다면 어떨까? 그 경우 삼각 프리즘은 여섯 꼭짓점을 가지고 있고 입방체도 여섯 면을 가지고 있기 때문에, 그 삼각 프리즘은 내가 '입방체'와 결합한 그림과 '**걸맞게**' 될 것이다.

그 생각을 수정하는 방식으로 이 비판을 명백히 우회한다고 볼 수 있는 길이 있다. 이것은 '입방체'와 결합된 내적 그림이 입방체 자체뿐 아니라 적절한 투영 방법까지 묘사한다고 생각하는 것이다. 그러므로 '입방체'와 결합된 내적인 그림이, 한 입방체의 꼭짓점들로부터 다른 입방체의 꼭짓점들에 이르는 '투사선들'과 함께, 두 개의 그려진 입방체로 구성되어 있다고 생각해 보자. 이것은 내가 '입방체'를 삼각 프리즘들

13 물론 나는 또한 그것을 **모든** 직육면체, 평행육면체, 등등에 ('잘못') 적용할 수 있을 것이나, 이것은 현재의 문제에서는 전혀 중요하지 않다.

에 적용하는 것을 배제하지 않을까?

'그러나 대체 이것이 나에게 본질적으로 더 도움이 되는가? 이제 나는 이 도식의 상이한 적용들을 또한 생각할 수 있지 않은가?' 대답은 할 수 있다는 것이다. 이 더 복잡한 그림의 어떤 것도 당신이 **그것을** 어떻게 그 '입방체'란 낱말의 이런저런 적용에로 투사해야 할지 말해 주지 않는다(PI 141). 예컨대, 내가 그려진 투사선들을 (그려진 입방체들 중 하나를 물리적 대상과 연관 지어 주는) 상상의 선들과 어떻게 비교해야 하는지 말해 주는 것이 그림 속에 있는가? 만일 상상한 투사선 각각이 그려진 투사선과 **같은** 원천(즉 한 입방체의 어떤 꼭짓점)을 갖는 것으로 뜻해진다면, 나는 물론 내가 '입방체'를 삼각 프리즘에 적용하는 것을 배제하는 비교 방법을 가질 것이다. 그러나 만일 상상한 투사선 각각이 가령 그려진 투사선들의 네 동일 평면상의 원천들로부터 등거리에 있는 하나의 원천(즉 그 입방체의 한 면의 중심)을 갖는 것으로 뜻해진다면, 나의 비교 방법은 그런 적용을 배제하지 **못할** 것이다. 그러므로 이와 같은 수정은 우리를 전혀 인도하지 못한다: 결국 '입방체'란 낱말에 대한 나의 사용은 내 마음 앞에 떠오르는 그림에 걸맞다거나 걸맞지 않다고 말해질 수 없다.

이 입장은 『논고』의 입장을 닮았다는 것을, 더 정확히 말해서 여기서 비트겐슈타인이 그림들에 관해 말하는 것은 『논고』에서 그가 그림들**이라**고 생각한 **문장들** 또는 **명제 기호들**에 대해 말한 것과 비슷하다는 것을 지적할 필요가 있다. 우리의 내적인 눈(또는 외적인 눈)앞에 명제 기호 또는 그림 기호가 단순히 떠오르는 일은 그 그림의 이해를 의미하는 것이 아니다. 우리가 방금 보여 준 이유들 때문에 그림은 그것 자신의 투영 방법을 포함할 수 없기 때문이다. 그러나 이런저런 방식으로 그림을 이해하기 위해 우리는 또한 특별한 종류의 심리적 활동을 수행해야 한다는 것 또한 『논고』의 관점이다. 즉 우리는 **그것의 뜻을 생각**해야 한다. 이렇게 하는 것이 바로 그가 '투영'이라고 부른 것이다(TLP 3.11). 그렇게 하는 것은 하나의 사고를 갖는 것이다. 즉 실제로 그 그림으로 저것이 아니라 이것을 **뜻하는** 것이다. '적용된, 생각된 명제 기호가 사고이다' (TLP 3.5).[14] 이렇게 우리는 명제 **기호**를 명제 **상징**으로, 즉 그것의 적용 방법과 결합된 기호로 변환했다(TLP 3.32).

우리는 3.3에서 그림을 어떤 방식으로 이해한다는 것은 그것에 동반되는 심리적 과정이라는 『논고』의 생각을 살펴볼 것이다. 그리고 4.2.3에서 우리는 이 과정을 수행하기 위해서 자아 또는 영혼이 있어야 한다는, 더 깊이 놓인 『논고』의 생각을 고찰할 것이다.

3.1.2. '극히 일반적인 자연 사실들'

지금 우리가 골머리를 앓고 있는 것들 때문에 골머리를 앓아 본 적이 없는 사람들은, '우리는 어떤 사람의 말의 뜻을 일거에 파악할 수 있다'거나, '한 낱말의 의미는 우리의 마음 앞에 떠오를 수 있다'는 등의 말이 매우 자연스럽다고 늘 생각해 왔을 것이다. 비트겐슈타인은 이런 자연스러운 표현 경향들을 금지하려고 할까? — 또는 만일 그런 것들을 금지하기를 원치 않는다면, 적어도 그것들이 고작 '해가 진다'처럼 **문자적으로** 참일 뿐이라고 주장하려고 할까?

두 질문에 대한 답은 아니라는 것이다. 투영에 관한 앞의 논의에 대한 답변에서 그는 상대방에게 이렇게 말한다: '그렇다, 그러나 나의 머리에는 그러니까 도대체 **적용이 떠오를** 수 없는가? — 그야 물론 떠오를 수 있다: 다만 우리는 이 표현의 적용에 관해 더 분명히 알아야 한다.'

---

14 더 이상의 논의를 위해서는 Hacker 1999, Stern 1995: 67-9를 보라.

같은 소견의 뒤쪽에서 그는 다음과 같이 계속한다:

> 그림과 적용이 충돌할 수 있는가? 자, 그림이 우리에게 다른 사용을 기대하도록 하는 한에서 그 둘은 충돌할 수 있다; 왜냐하면 일반적으로 사람들은 **이러한** 그림을 가지고서는 **이러한** 적용을 하기 때문이다(PI 141).

그러나 만일 충돌이 있을 수 있다면, 걸맞음 또한 있을 수 있다; 그러므로 PI 139가 줄 수 있는 인상과는 반대로, 비트겐슈타인은 그 연상된 낱말에 대한 우리의 사용이 '걸맞음'의 어떤 뜻으로도 우리 마음속의 (또는 종이 위의) 그림과 걸맞다거나 걸맞지 않다고 말할 수 없음을 주장하고 있지 **않다**. 그가 비판하고 있는 것은 그 걸맞음을 무엇이라고 볼 것인가에 대한 어떤 오해이다; 일상적인 화자는 걸맞음에 대한 그 잘못된 의미를 마음에 품고 있지 않다는 점에서 이 비판에서 벗어나 있다. 우선 걸맞음의 잘못된 뜻이 무엇인지 고찰해 보고 그러고 나서 걸맞음의 올바른 뜻이 무엇인지 고찰해 보도록 하자.

잘못된 생각은 그 그림이 어떻게 해서든 우리에게 하나의 사용을 **강요한다**는 것이다(PI 140). 그리하여 하나의 사용이, 그 그림에 대한 통상적인 반응이라는 (즉, 그것을 사용하는 전형적인 방식이라는) 점에 의해서가 아니라 우리가 그것에 통상적으로 반응하는 방식과 **독립적으로**, 그 그림에 걸맞다는 것이다. 그리하여, 예컨대 '입방체'란 낱말과 관련하여 만일 화성인에게 같은 그림이 떠오를 수 있다면, 그로써 그에게도 그 낱말에 대한 같은 적용이 수립되리라는 것이다(PI p. 46 n. 2 (b)/ 54 n. (b)/ 『탐구』 108쪽 n. (b) 참고). PI 139가 비판하는 것은 걸맞음에 관한 이런 파악이다; 그리고 그것이 보여 준 것은 '입방체'란 낱말의 적용이 저 과한 뜻에서 연상된 그림에 걸맞지 않다는 것이다. 왜냐하면 '우리는 우리가 원래 생각했던 과정과 다른 과정도 "입방체 그림의 적용"이라고 부를 준비가 되어 있기' 때문이다(PI 140).

그러나 하나의 사용이 하나의 그림에 걸맞다고 이야기될 수 있는 이차적이고 덜 과한 뜻이 있다. 그는 이것을 PI 141에서 이미 인용된 말에서 묘사하고 있다. 하나의 그림에 걸맞은 사용은 우리가 그 그림에 대한 사람들의 실제 적용에 기초하여 기대하는 사용이다. 그들은 그것을 아마도 다른 방식으로 사용할 수 있었을 것이고 전혀 일관성 없는 방식으로도 사용할 수 있었을 것이다. 그러나 사실 당신이 '이것과 닮은 어떤 것을 가져오라' 고 말하면서 동시에 그에게 입방체의 그림을 보인다면, 그는 당신에게 하나의 **입방체**를 가져올 것이다. 이것이 바로 우리가 이 통상적인 경우에서 빗나가는 사람은 (예컨대, 삼각 프리즘을 가져오는 사람은) '입방체' 란 낱말을 그 그림에 걸맞지 **않은** 방식으로 사용하고 있다고 참되게 말할 수 있는 이유이다.

비트겐슈타인은 하나의 사물이 다른 하나의 사물에 '걸맞을' 수 있는 이 뜻을 이미 설명했다.

> 우리가 "누가 또는 무엇이 …?"라는 물음으로 문장에서의 주어를 규정하는 법을 배우는 경우는 도대체 어떠한가? — 여기서는 분명 주어가 그러한 물음에 '**걸맞음**' 이 존재한다; 그렇지 않다면 어떻게 우리가 그 물음에 의해서 주어가 무엇인가를 경험하겠는가? 우리가 그것을 경험하는 방식은 우리가 'K' 까지 알파벳을 암송함으로써 알파벳에서 'K' 다음에 어떤 문자가 오는지를 경험하는 것과 비슷하다. 그런데 어떤 점에서 'L' 은 그 문자열에 걸맞을까?(PI 137)

'L' 은 우리의 **알파벳에서 그다음에** 온다는, 즉 우리는 관습적으로 'K'

바로 다음에 'L' 이 나오도록 알파벳 문자들을 배열한다는 뜻에서 그 문자열들에 걸맞다. 당신이 '입방체' 라고 말할 때, 그 사용이 '당신에게 떠오르는' 의미에 걸맞다고 말해질 수 있다는 것과 같은 뜻에서.

이제 이런 식의 탐구를 촉발한 문제로 돌아가 보자. 그것은 의미가 사용이라는 생각에 대한 하나의 비판이었다. 아니, 의미는 사용이 아니지만, 사용에 앞서는, 당신의 사용이 그것에 **걸맞은** 어떤 것이라고 말해졌다. 그리고 이 이유는 **의미**가 '일거에' 떠오를 수 있기 때문이라고 생각되었다. 그러나 어떻게 시간 속에 뻗쳐 있는 '사용' 이 그처럼 일거에 떠오를 수 있는가?

비트겐슈타인은 우리에게 이것에 대해 두 가지를 가르친 것으로 보인다. 첫째, 그는 의미가 마음에 떠오르는 하나의 그림일 **수 있다**는 데 동의하지만, 이것은 오직 그 그림의 **적용** 또한 '마음에 떠오를' 때에만 그러하다. 그리고 그것은 당신이 그 그림이 전형적으로 사용되는 것처럼 사용할 준비가 되어 있을 때에만 그러할 것이다. 그러므로 시간 속에 뻗쳐 있는 적용은 결국 마음에 떠오를 **수 있다**. 실로 이해**는** 한순간에 일어나는 어떤 것**이다**(PI 151). '그러나 시간 속에 뻗쳐 있는 사용이 어떻게 그처럼 단번에 나타날 수 있는가?' 나는 잠시 후에 그 문제로 돌아올 것이다.

그가 우리에게 가르친 두 번째 것은 이것이다: 그림**은** 사용이 어떤 뜻에서 걸맞거나 걸맞지 않을 수 있는 어떤 것인데, 이는 오직 그것이 실제로 가지고 있는 사용을 가지고 있기 **때문**, 즉 사람들에게 (예컨대) 입방체의 그림이 보여지고 그림 속의 물건을 가져오라는 요구를 받는다면 그들이 그것을 가져올 것이기 **때문**이다. 그러므로 첫 번째 요점과 독립적으로 우리는 설명의 질서에서 사용이 의미보다 앞에 있다고 주장할 수 있다. 하나의 사용은 하나의 그림이 이미 가지고 있는 의미 때문에 그 그림에 걸맞지 않을 수 있다; 차라리, 하나의 그림은 우리가 그것에 전형적으로 **부여하는** 사용 **때문에** 그것이 갖는 의미를 가진다.

이 편(3편)을 의미와 이해 문제에 관한 비트겐슈타인의 전반적인 접근법을 이해하는 데 중요한 두 가지 요점을 간단하게 강조함으로써 끝맺고자 한다. 첫 번째 요점은 한 개념의 존재가 어느 정도로 우연적인 규칙성에 의존하는지를 PI 139-41의 논의가 설명해 준다는 것이다. 특히 '걸맞음' 이 표현하는 관계는 하나의 그림에 대한 어떤 전형적인 반응이 **존재**하지 않게 된다면 아무것도 이해하지 못할 것이다. 만일 내가 이것을 닮은 어떤 것을 가져오라는 요구에 어느 날은 삼각 프리즘을 가져오고 어느 날은 입방체를 가져오는 식으로 응한다면, 만일 그때 **당신** 또한 상이한 방식들로 반응하고 **나**와도 다르게 반응한다면, 만일 오랜 기간과 수많은 인구통계학적 단면을 통해서도 어떤 형식 하나 나타나지 않는다면, 그 경우 우리는 어떤 사용 형식이 그 그림에 '걸맞다' 는 말에 더 이상 의미를 부여하지 않을 것이다. 그 사용 형식이 (예컨대) 날씨에 '걸맞다' 는 말에 더 이상 의미를 부여하지 않을 것이듯.

PI 142(또한 p. 48/56n과 p. 195/230을 보라)의 설명에서 지적된 바와 같이, 이것은 우리의 개념이 또는 우리가 개념들을 표현하는 낱말을 갖는 것이 '극히 일반적인 자연 사실들' (p. 48/56n)에 의존한다는 것을 보여 주는, 매우 광범하게 걸쳐 있고 비트겐슈타인에게도 매우 중요한 하나의 사례이다. 비트겐슈타인의 저서 속에 나타나는 다른 사례들은 다음과 같다: 확실한 기억과 불확실한 기억 간의 구분 및 그것이 기억의 현실적 신뢰성에 관한 사실들에 의존한다는 것(OC 632), 우리의 산술 언어는 물리적 대상들의 안정성에 관한 일반적 사실들에 의존한다는 것(RFM 1-37), 그리고 앞으로 보겠지만, 3인칭적 감각의 부여는 그것을 표현하는 수단들에서 나타나는 어떤 규칙성에 의존한다는 것

(4.2.5).

그리고 두 번째 요점은, 만일 이러한 매우 일반적인 사실들이 존재한다면, 비트겐슈타인이 어떤 경우에 대한 심상의 발생이 실제로 (그 경우에 대한) 이해의 즉각적인 시작**일** 수 있다고 말하는 데 미치지 못하는 어떤 지점에서 멈추고 싶어 한다고 생각하지 않는다는 것이다. '그러나 어떻게 시간 속에 걸쳐 있는 적용이 당신에게 단번에 일어날 수 있는가?' 대답은 어떤 것이 '적용의 떠오름'이라는 것은, 즉 어떤 정신적 사건이 적용의 떠오름으로 **간주**된다는 것은, 긴 시간에 걸친 매우 일반적인 사실들에 **의존하는** 어떤 것이지만 그 사건 자체는 시간에 걸쳐 있을 필요가 **없다**는 것이다. 비교하라: 캔버스 상의 물감칠은 그려진 미소**일** 수 있지만, 그것이 미소가 되는 것은 **다른 곳에서** 캔버스 위에 무엇이 그려지느냐에 의존한다(다른 그림에서, 바로 그 칠은 미소가 **아닐** 수 있을 것이다). 그러나 그렇다고 해서 그 칠 자체가 모든 캔버스에 광범위하게 퍼져 있다는 결과가 뒤따르지는 않는다.

3.2. 성향

이제 비트겐슈타인은 새로운 사례들로 나아간다. 우리가 한 학생에게 0, 1, 2, 3, … 과 같은 표기법으로 된 수열의 첫 부분을 보여 주고 따라 쓰게 함으로써 아라비아 수 체계의 사용을 가르치려 하고 있다고 생각해 보자. 우리가 그 수열을 그렇게 적으면 그는 우리를 따라 그것들을 적고, 그가 잘못을 범하면 우리가 바로잡아 준다. 그가 정상적인 인간이라면, 결국 그 체계를 터득할 것이다. 즉 그는 **한계 지어지지 않은** 긴 수열 토막들을 써 내려가는 우리의 능력을 습득할 것이다.

어떻게 우리는 그가 그것을 습득했다고 말하는가? 자, 그가 하는 것을 봄으로써: 일러 줌 없이도 그가 충분히 여러 번 그 수열을 정확히 계속해 나간다면, 그리고 만일 그가 오류들을 알아보고 또한 그것들을 바로잡을 줄 알게 된다면, 그 경우 우리는 상당한 확신을 가지고 그가 그 체계를 습득했다고 말할 것이다.

그러나 그가 체계를 습득한 것은 그가 가령 어떤 특별한 경우에 100번째 자리까지 그 수열을 정확히 계속해 나갔다는 데 **있을** 수는 없어 보인다. 왜냐하면 그가 그것을 습득한 것은 100번째 자리를 **넘어** 확장되기 때문이다. 비트겐슈타인은 그 생각에 대한 매우 분명한 표현을 두 가지 제공하고 있다.

> 그때 당신은 아마 말할 것이다. 즉 체계를 자기 것으로 만듦(또는 이해함)은 우리들이 이 수까지 또는 저 수까지 수열을 계속하는 데 있을 수 없다고; 그것은 단지 이해의 적용이라고. 이해 자체는 어떤 하나의 상태이며, 그로부터 올바른 사용이 흘러나오는 것이라고(PI 146).

> 그러니까 당신은 이렇게 생각하고 있다. 즉 당신은 특정한 수들에 실제로 적용한 기억을 완전히 도외시하고도 수열 법칙의 적용을 안다고. 그리고 아마 당신은 이렇게 말할 것이다: "자명하다! 왜냐하면 수열은 실로 무한하고, 내가 전개시킬 수 있는 수열의 토막은 유한하기 때문이다"(PI 147).

분명 이 예의 중요성은 그것이 당신이 어떤 것을 **뜻하는** 방식과 당신이 그것을 **사용하는** 방식을 구별하려는, 더 상세히 말하자면, 한 수열에 대한 우리의 이해와 그것의 실제 전개를 구별하려는, 또 다른 유혹을 보여준다는 데 있다. 왜냐하면, 전자는 무한한 (또는 한계 지어지지 않은) 반면 후자는 유한하기 때문이다. 그러므로 그 수열을 이해한다는 것은 그것으로부터 '우리의 모든 행위들이 마치 저수지로부터 흘러나오듯이 나오는' 어떤 류의 정신적 상태에 있음의 문제임이 틀림없다(BB 146/『청색책-갈색책』 241-2쪽).

이제 우리가 그것으로부터 물을 흘러나오게 하고 있든지 않든지 하나의 저수지가 존재한다. 그리고 PI 148에서 비트겐슈타인은 규칙이 실행되고 있지 않거나 심지어 생각되고 있지 않을 때조차, 우리에게 '규칙의 적용을 앎'이 현존하는지 묻는다. 그리고 하나의 명백한 대답은 이런 앎이나 이해는 ABC나 구구단 등에 대한 우리의 앎과 비슷하다는 것이리라. 그런 상태는 언제나 현존**한다**. 왜냐하면, 그 상태는 일종의 **성향**이라고 생각되기 때문에.

3.2.1. A-성향들과 B-성향들

이 가능성을 비트겐슈타인이 PI 149에서 어떻게 다루는지 논의함에 있어서, 우리는 '성향'이 의미할 수 있는 것 두 가지를 구별해야 한다. 우리가 하나의 (가령, 가열된 유리그릇이라는) 대상이 찬물 속에 담궈지면 깨지는 성향이 있다고 말할 때, 우리는 단지 이 점만을 뜻할 수 있다: 찬물 속에 **담궈지**면 그것은 깨**질** 것이다. 하나의 가열된 유리그릇은 **전혀** 찬물 속에 있어 보지 않고서도 그 성향을 가질 수 있을 것이다. 그러나 그것은 어느 시점에 찬물 속에 **있다** 하더라도, 심지어 그것이 찬물 속에 있지 않은 다른 시간에서도, 그 성향을 가질 것이다. 그러므로 이런 뜻에서 어떤 것이 어떤 성향을 가진다는 것은 **단지** 그것이 어떤 가설적 상황들에서 그것에 발생할 일에 관한 어떤 조건을 만족시킨다는 것뿐이다. 이런 종류의 특징을 **A-성향**이라고 부르자.

자, 우리가 A-성향들에 관해 말한 것에도 불구하고, 두 대상은 오직 **다음과 같은 점에**서만 다를 수 있을 것이다: 예컨대, 정확히 같은 온도와 분자 구조를 가지고 있고, 그것들을 모두 찬물 속에 넣는다면 그중 하나만 깨질 거라는 점 **외에는** 실제로 모든 점에서 구별할 수 없는, 두 유리 그릇이 존재할 수 있을 것이다. 그와 같은 일이 일어난다면 매우 놀라울 것이다. 왜냐하면, A-성향을 갖는 대상은 통상적으로, 그 자체 가설적 상황들에서 그것이 보여 줄 습성에 관한 하나의 조건에 불과한 것이 **아니라** 그 대상의 현실적 특징이 되는, 어떤 속성에 의해 그 성향을 갖기 때문이다. 예컨대, 소금 조각들은 용해되는 A-성향들을 갖지만 (즉, 당신이 이 소금을 물속에 넣으면 그것은 용해 상태가 될 것이다), 그것들은 그 용해를 설명해 주는 근저의 화학적 구조에 의해 그런 것이다. A-성향들을 가진 어떤 것 근저에 있는 이와 같은 현실적 특징은 종종 A-성향의 기초라고 불린다: 여기서 나는 그것을 **B-성향**이라고 부를 것이다.

3.2.2. 첫 비판: PI 149

이제 수열을 이해함, 구구단을 앎 등이 그가 '성향들'이라 부르는 것이라는 생각을 비트겐슈타인이 어떻게 논의하는지 보자. 그는 이렇게 쓰고 있다:

> ABC를 안다는 것이 마음의 상태라고 말할 때, 우리들은 이러한 앎의 **표명들**을 설명할 때 우리가 매개로 삼는 심리 기관(가령 우리의 뇌)의 상태를 생각한다. 우리들은 그러한 상태를 성향이라고 부른다(PI 149).

그는 여기서 질문의 자극에 대한 반응으로 ABC를 발화하는 우리의 경향을 **설명해 주는** 상태를 나타내기 위해 '성향'이란 말을 사용하고 있다; 즉, 그는 그것을 내가 B-성향이라고 부르는 것을 나타내기 위해 사용하고 있다. 그 가정된 상태는 소금이 물에서 나타낼 가설적 변화가 아니라 소금의 분자 구조에 대응된다. 그리고 (검토해 볼) 제안은 학생이 ABC를 아는 것이 그의 행위로 나타남을 설명해 주는 마음 및 뇌의 상태와 우리를 동일시하자는 것이다.

비트겐슈타인은 그 생각을 다음과 같이 비판한다:

> 그러나 여기서 마음의 상태에 관해 이야기하는 것은, 그 상태에 관해 두 개의 기준이 존재한다고 해야 할 터인 한, 즉 그 기관의 구성에 관하여 그 기관의 작용들을 도외시한 인식이 존재한다고 해야 할 터인 한, 이론의 여지가 없지 않다(PI 149).

난점은 '그것이 무엇이건 간에 학생이 ABC를 정확히 따라 말하는 것을 설명해 주는 것' (또는 '그것이 무엇이건 간에 어떤 경우이건 그가 그 수열을 계속할 수 있다는 것을 설명해 주는 것')으로서가 아니라면 우리가 문제의 상태를 상술할 수 없어 보인다는 것이다. 그러나 왜 **그것이** '저수지' 관념의 이러한 현실화에 하나의 난점이 될까? 비트겐슈타인은 말하고 있지 않지만, 여기에 하나의 제안이 있다.

우리가 적절한 행동과 관련된 하나의 A-성향 밑에 놓여 있을 수 있는 모든 B-성향들의 완전한 목록을 만들었다고 생각해 보자. — 이 경우, 그 학생이 ABC를 따라 말하라는 요구를 받고 그것을 올바르게 따라 말할 때, 오직 그때에만 그는 A-성향을 갖는다. 이것들은 그의 두뇌나 마음의 속성들 즉, 그에게 사정이 **실제로** 어떠한가에 대한 기록들일 것이다. 빨강의 잔상을 즐김이라는 속성은 거기에 속하는 한 항목이 될 수 있을 것이고, 어떤 수준 R에서 활성화되는 신경 N을 가짐이라는 속성도 또 다른 항목이 될 수 있을 것이다. 그러므로 나는 그 제안을 만일 ABC를 앎이 그 사람의 어떤 상태라면 그것은 그 목록에 있는 속성들의 어떤 (아마도 매우 복합적인) 조합과 같다는 것으로 간주하고 있다: 관심의 대상인 그 A-성향을 가장 잘 설명해 주는 조합이라면 어떤 조합이라도 좋다.

비트겐슈타인의 비판은 ABC를 앎이 그렇게 동일시될 수는 없다는 것이다. 왜냐하면, 어떤 사람이 그런 앎을 가지고 있는지를 가릴 수 있는 우리의 **유일한** 기준은 정상적인 경우들에서 **행동적** 표현이지 그것을 설명해 줄 수 있는 상태가 **아니**기 때문이다. 우리가 처음에 검사한 사람 중 뇌-상태 N_1을 가지고 있는 모든 사람들이, 그리고 오직 그들만이 ABC를 원하는 대로 따라 말할 수 있었다는 것을 우리가 발견했다고 생각해 보자. 이제 만일 우리가 이해를 뇌-상태와 동일시한다면 무슨 일이 일어나는지 살펴보자(어떤 다른 B-성향의 '마음 상태'에 대해서도 정확히 같은 점들이 적용된다). 우리가 이제 다음과 같은 그룹의 사람들을 발견하였다고 생각해 보자. 즉 그들은 명령을 받고서 ABC를 따라 말하는 A-성향 밑에 뇌-상태 N_1이 있지 **않다:** 이 두 번째 그룹의 사람들은 N_1에 있을 때 빈번히 오류를 범한다. 차라리 이 그룹의 사람들에게는 뇌-상태 N_2가 (ABC를 따라 말하는 A-성향의) 밑에 놓여 있다고 하자. 나는 우리 모두가 이 두 번째 그룹에서 뽑은 사람 중 ABC를 **아는** 사람들은 뇌-상태 N_2에 있는 사람들이지 뇌-상태 N_1에 있는 사람들이 아니라는 데 동의하리라고 생각한다. 그러나 두 번째 그룹에서 N_1에 있는 사람들은 첫 번째 그룹 중 ABC를 아는 사람들과 같은 상태에 있다. 그러므로 ABC를 앎은 우리가 그런 어떤 B-성향의 상태에 있음의 문제일 수 없다.

우리는 그 요점을 익숙한 대조를 통해 설명할 수 있을 것이다. 우리는 정상적인 조건들의 범위에서 정상적인 관찰자들에게 빨강이나 파랑의 인상들을 산출하는 A-성향적 표면들을 나타내기 위해 '빨강'과 '파랑' 이란 낱말들을 사용한다. 만일 현실에서 빨강의 인상을 (예컨대, 토마토의 표면을) 산출하는 표면들이 대신 파랑의 인상을 산출했다면, 바로 그런 표면들은 빨강이 **아니라 파랑**이었을 것이다(그것이 바로 실제 사람들이 이 상황을 기술하는 방식이다). 대조적으로 우리는 화학적으로는 어떠하든지 간에 현실에서는 하늘에서 비로 내리고, 깨끗하고, 마실 수 있는 등의 것을 나타내는 데 '물' 이란 낱말을 사용한다. 그 화학식은 H_2O이다. 그러나 여기에 '빨강' 과 '파랑' 과의 대조가 있는데, 만일 바로 그 물질 즉 H_2O가 불투명하고 독성을 가졌다면, 그래도 그것은 **여전히 물이었을 것이다**. 그러므로 물의 경우에 우리는 '그것이 무엇을 하는가[하늘에서 떨어지고, 호수를 채우고 등등]와 별도로, [수소와 산소로 된] 그 장치의 구성에 관한 앎' 을 가진다. 따라서 물로 구성됨은 어떤 것의 상태이지만, 빨강임은 어떤 것의 상태가 아니며, 같은 이유로, 우리가 ABC를 앎도, 낱말을 이해함도, 어떤 수열을 계속할 줄 앎도 역시 어떤 것의 상태가 아니다.

물론 '이해함', 'ABC를 앎' 등에 대한 우리의 사용은 다를 수 있었다: 그런 낱말들은 그것들이 실제로 '빨강' 을 닮았다는 바로 그 점에서 '물' 을 닮을 수 있었다. 그 경우 그것들은 상태를 나타내는 개념들이었을 것이다.

여기에 어떤 종류의 차이가 있을지 보기 위하여, 우리는 사람들에게 적용하는 심리학적 개념들을 기계들에 적용하는 비유들과 비교해 보기만 하면 된다. 아주 직설적이어서 매우 시사적인 하나의 사례는 '읽기' 개념인데, 비트겐슈타인은 이 개념으로 언어적 이해가 개입된 어떤 것을 의미하는 것이 아니라 베껴 쓰기와 그것을 소리 내어 읽기로 전환하기, 또한 악보 읽기와 인쇄된 글씨를 친필로 베끼기와 같은 과정들을 의미한다(PI 156a). 보다 일반적으로 말해서 우리는 '읽기' 를 하나의 형식을 가진 원본으로부터 다른 형식을 가진 사본을 도출하는 것과 관련된 활동이라고 부를 수 있을 것이다(PI 162).

(a) 그런 어떤 활동을 배우고 있는 어린아이가 읽기 시작했다고 말할 수 있는 근거들과 (b) 제작 중인 어떤 기계가, 가령 자동 피아노가, 읽기 시작했다고 말할 수 있는 근거들 간의 차이를 고찰해 보자. 이 사례는 그 차이를 매우 분명하게 만든다.

> 우리가 사람들이나 또는 다른 존재들을 독서 기계로 이용하게 될 경우를 고찰하라. 그들은 이러한 목적을 위해서 훈련받는다. 그들을 훈련시키는 사람은 그들 중 몇몇에 대해서는 그들이 이미 읽을 수 있다고 말하고, 다른 사람들에 대해서는 그들은 아직 읽을 수 없노라고 말한다. 아직까지 그 훈련에 참가하지 않은 학생의 경우를 상상하라. 우리들이 그에게 씌어진 한 낱말을 보여 주면, 때때로 그는 어떤 소리를 내며, 이따금 그 소리들이 대충 맞는 일이 '우연히' 일어난다. 그와 같은 경우에 어떤 제3자가 이 학생의 소리를 듣고서, "그는 읽고 있다"고 말한다. 그러나 선생은 "아니, 그는 읽고 있지 않다; 그건 단지 우연일 뿐이다"라고 말한다. — 그러나 이제 이 학생에게 또 다른 낱말들이 제시될 때 이 학생이 그 낱말들에 대해 계속해서 올바르게 반응한다고 가정하자. 조금 후에 선생은 말한다: "이제 그는 읽을 수 있다!" — 그러나 저 첫 번째 낱말은 어떠했는가? 선생은 "나는 오류를 범했었다, 그는 그것을 **읽었다**"고 말해야 하는가? — 아니면 "그는 나중에야 비로소 정말로 읽기 시작했다"고 말해야 하는가? — 언제 그는 읽기를 시작했는가?(PI 157)

그 물음에 답이 없다는 것이 **사람들에게** 적용되는 것으로서의 그 개념의 표징이다. 그것을 결정하는 데 적절한 유일의 사실은 그 학생이 무엇을 했느냐에 관한 사실들이다. 그리고 만일 **그것들이** 그것을 결정하지 않는다면, 결정되기 **위해** 남아 있는 것은 아무것도 없다('그러나 확실히 그가 읽고 **있었다**거나 읽고 **있지 않았다**는 것은 **논리**의 문제이다!' 나는 이 비판을 4.2.7에서 논의할 것이다).

그것은 **기계적인** 독서 장치, 예컨대 자동 피아노에서 사정이 어떠한가의 문제가 아니다. 이것은 악보가 새겨진 금속판을 넣어 주면 자동으로 곡을 연주하는 장치이다. 어떤 사람이 그것을 제작하는 과정 중에 우리가 그것에 그런 금속판들을 계속 넣어 준다고 생각해 보자. 때때로 그것은 금속판 위에 있게 된 하나의 음표 소리를 내지만, 이것은 단지 우연일 뿐이다. 이 소리를 들은 제삼자가 '이제 그것은 음악을 읽고 있다' 고 말한다. 그러나 우리는 '아니, 그것은 읽고 있지 않다. 그건 단지 우연이었다' 고 말한다. — 그러나 그 기계가 그 속으로 넣어 주는 더 많은 악보들에 계속해서 올바르게 반응한다고 생각해 보자. 얼마 후 우리는 '이제 그것은 읽을 줄 안다!' 고 말한다. — 그러나 저 첫 번째 음표에 대해서는 어떤가?

이 경우, 저 학생의 경우와 대조적으로, 그것은 그 음표를 읽고 있었느냐는 질문에 대한 답이 **존재**한다. 왜냐하면, 자동 피아노의 경우, 그 답은 그것이 하는 것**뿐** 아니라 우리가 그것을 통해 그것이 '읽기' 를 하고 있는지 그렇지 않은지를 판정하는 내적인 구성이기**도** 하기 때문이다. 만일 우리가 그것에 저 첫 번째 음표를 넣었을 때 회로가 바르게 연결되어 있었다면, 그때조차도 그것은 읽고 있었다. 하지만 그것들이 바르게 연결되어 있지 않았다면 그것은 읽고 있지 않았다.

우리가 **자동 피아노**가 읽을 수 있다는 것에 관해 말할 때 우리는 자동 피아노의 행위 외의 다른 방식으로도, 즉 '그것이 행하는 것과 아주 다른 것인 그 장치의 구성에 관한 지식' 을 통해서도, 이 상태가 식별된다는 것을 허용하고 있다. 그러나 우리가 그것을 사람에 관해 말할 때는 그 가능성을 허용**하지 않는다**.

> 그러나 살아 있는 독서 기계의 경우, "읽는다"는 이러이러하게 글자에 반응함을 뜻했다. 이 개념은 그러므로 정신적이거나 다른 어떤 메커니즘의 개념으로부터 전적으로 독립적이었다(PI 157).

그것은 읽을 수 있음이 실제로 전혀 일종의 정신적 **상태**가 아닌 이유를 말해 준다. 그리고 'ABC를 앎'과 '수열을 이해함'의 개념들도 역시 상태들을 나타내지 않는다. 우리는 앎 또는 이해를 어떤 B-성향을 가지고도 식별할 수 없다.

3.2.3. 두 번째 비판: PI 158

PI 158에서 비트겐슈타인은 읽기 능력을 B-성향으로 식별하는 것에 회의적인 또 다른 이유를 보여 주는 것 같다. 거기에서 그가 말하는 것은 분명히 수열을 이해함과 ABC를 앎의 경우들에도 마찬가지로 적용될 수 있다. 그는 단지 이렇게 썼다: '학생이 읽기 시작했을 때의 변화는 그의 **행동**의 변화였다; 그리고 여기서 '그의 새로운 상태에서의 최초의 낱말'에 관해서 이야기하는 것은 아무 뜻도 가지고 있지 않다.' 이제 그는 그렇게 말하는 상대방에게 다음과 같이 대답한다:

> 그러나 이것은 단지 뇌와 신경 체계 내의 과정들에 대한 우리의 지식이 너무 빈약하기 때문은 아닌가? 만일 우리가 그 과정들을 더 정확히 안다면 우리는 그 훈련에 의해 어떤 결합들이 만들어졌는지를 보게 될 것이고, 그러면 만약 우리가 그의 뇌 속을 들여다보고 있다 할 때, 우리는 이렇게 말할 수 있을 것이다: "그는 지금 이 낱말을 **읽었다**. 지금 읽기 결합이 **만들어졌다**." — 그리

> 고 그건 아마도 그럴 것임에 틀림없다. — 왜냐하면 그렇지 않다면 어떻게 우리가 그러한 결합이 존재한다고 그렇게 확신할 수 있었겠는가? 그것은 아마 선천적으로 그러할 것이다. — 또는 그것은 단지 개연적인가? 그리고 그것은 얼마나 개연적인가? 이 문제에 관해 당신이 도대체 무엇을 알고 있는지 자문해 보라. — 그러나 그것이 선천적이라면, 이는 그것이 우리에게 매우 지당한 묘사 형식임을 뜻한다(PI 158).

비트겐슈타인은 여기서 읽기가 (마찬가지로 이해도) 어떤 사람의 뇌의 상태일 수 있다는 생각에 대한 새로운 비판을 제기하고 있다. 그 비판은 이것으로 보인다: 그런 어떤 상태가 비트겐슈타인의 뜻에 따라 읽고 있는 어떤 사람에게 특징적인 행동 밑에 놓여 있다고 선천적으로 가정해 줄 아무런 이유도 없다. 앞의 섹션들에서 사용한 용어로 말하자면: 우리의 관심을 끄는 행동적인 A-성향들 밑에 **어떤** 신경적인 B-성향들이, 예컨대 쓰인 텍스트를 우리가 관습적으로 그것과 연합시키는 패턴의 소리로 바꿔 주는 성향이 놓여 있다고 가정할 아무런 이유도 없다.

나는 3.2.1에서 만일 우리가 어떤 B-성향들도 그 밑에 쓰여 있지 않은 A-성향들을 발견하게 된다면 매우 놀라울 것이라고 말했다.[15] 그러나 비트겐슈타인은 그것을 심리학의 영역에서 실제로 가능한 것으로 간주했다. 즉 그는 그 표현들을 통해 그 학생이 읽을 수 있다거나 수열을 통달했다는 것을 보여 주는 행동적 성향들이 그의 뇌-상태들을 통해서는 **결코** 설명될 수 **없을** 것이라고 생각했다. 심리 철학에 관한 그의 만년의 저술들에서 인용한 일련의 유명한 말들은 그가 무엇을 선호했는지를 보여 준다. 여기에 그것으로부터 추출한 두 인용문이 있다.

15 이 '깊은 개념적 편견'에 관한 에번스의 고찰을 참고하라. — Evans 1980: 276-7.

두뇌 속의 어떠한 과정도 연산 작용 또는 사유와는 상관이 없다는 것, 그래서 두뇌 과정들로부터 사유 과정들을 읽어 내는 것은 불가능하다는 것 — 나에게는 이보다 더 자연스러워 보이는 가정은 없다. 내가 뜻하는 바는 다음과 같다: 내가 글을 읽거나 쓴다면, 말해지거나 씌어진 나의 사고와 병렬적인 충격들의 한 체계가 — 나는 이렇게 가정한다. — 나의 두뇌로부터 출발한다. 그러나 왜 그 **체계**가 중추 방향으로 더 계속되어야 할까? 왜, 말하자면, 이러한 질서가 혼돈으로부터 나와서는 안 되는가?(Z 608)

나는 이 사람을 수년 전에 본 적이 있다; 이제 나는 그를 다시 보고, 그를 인지하며, 그의 이름을 기억해 낸다. 그런데 이제 이러한 기억해 냄에 대한 원인이 나의 신경계 속에 존재해야 하는가? 왜 그 어떤 것인가가, 그것이 무엇이건 간에, **그 어떤 형식으론가** 거기에 저장되어 있어야 하는가? **왜** 그가 어떤 흔적을 남겼**어야** 하는가? 왜 아무런 생리학적 규칙성에도 대응하지 않는 심리학적 규칙성이 존재해서는 안 되는가? 만일 그것이 우리의 인과성 개념들을 파기한다면, 그렇다면 그것들이 파기될 때가 온 것이다(Z 610; Z 609, 611-3 참고).

이 말들은 그런 상관관계를 옹호하는 추정을 전혀 비판하고 있지 않다. 반면에 그것들이 분명하게 만들고 있는 것은 어떤 특정한 '심리학적 규칙성'이 하나의 생리학적 규칙성에 대응하는지는 실제로 경험적 문제라는 것이다.

이해와 상태의 동일시에 대한 **이** 비판과 PI 149에서의 비판이 다르다는 데 주목하라. PI 149의 비판은, 내가 여기서 해석하고 있기에는, 이해가 마음 또는 뇌의 어떤 상태나 B-성향이 아니라는 것, **결코** 어떤 상태가 아니라는 것이다. 왜냐하면, 우리의 A-성향들이 주어져 있을 때,

우리가 이해하는지는 필연적으로 우리의 B-성향들과는 확실히 무관하기 때문이다. 이것은 우리의 실제 B-성향들이 우리의 A-성향들을 **설명했음** 때조차 참일 것이다. 이는 표면 반사율에 관한 실제 사실들이 한 대상의 색을 설명할 수 있는 것과 똑같다. 반면 여기의 비판은 뇌 속의 어떤 B-성향들도 우리의 A-성향들을 설명하기 **위해 존재**할 수 없으리라는 것이다. 그러므로 어떤 뇌-상태라도, 첫 비판과는 아주 무관하게, '이해의 상태' 의 **후보**조차 될 수 없다.

이 두 번째 비판의 효과성 또는 그 반대의 것은 여기서 더 언급할 수 없는 뇌에 관한 경험적 연구의 성공과 전망에 크게 의존한다. 나는 첫 번째 비판이 이 두 번째 비판을 불필요하게 만들 정도로 매우 효과적으로 보인다는 것만 말할 것이다.

3.3. 이해와 인도

3.3.1. 하나의 딜레마

PI 151에서 비트겐슈타인은 또 하나의 사례를 도입한다. A는 어떤 수열을 써넣고 B는 그 수열의 원칙, 즉 선행하는 수들이 주어졌을 때 그 수열의 임의의 단계를 위한 규칙을 파악하려 하고 있다. 예컨대 만일 A가 '1, 2, 3, …' 이라 쓰면, 그 열의 원칙은 각 요소가 선행하는 수에 1을 더함으로써 얻어진다는 것이다. 또는 A가 '1, 4, 8, 16, …' 이라 쓰면 그 열의 원칙은 각 자연수 n에 대하여 그 열의 n번째 요소가 n의 제곱이라는 것이다. 비트겐슈타인이 관심을 갖는 것은 B가 한 수열의 원칙을 갑자기 파악할 때 무엇이 일어나는가 하는 물음이다. 그가 제시하는 예는 '1, 5, 11, 19, 29, …' 로 시작한다. 그가 관심을 갖는 이유는 명백하다: 이 예는, PI 139와 PI 141에서 든 예들과 같이, 이해에 관한 하나의 삽화가 그것 자체 속에 그 수열의 향후 전개를 모두 포함하고 있고 그로써 우리의 사용을 **인도하는** 것으로 보이는 경우이다.

비트겐슈타인은 우선 많은 사람들이 수열 배후의 원리를 갑자기 이해할 때 일어나는 그런 종류의 일을 B가 체험한다고 상상한다. 예컨대 B는 단순히 올바른 것이 떠오를 때까지 어떤 공식들을 떠올려 볼 수 있을 것이다. 또는 '온갖 종류의 모호한 생각들이 그의 머리를 지나가는' 동안 긴장의 느낌을 체험할 수도 있을 것이다. 그때 그는 그 차이들이 어떤 수열로 이루어져 있는지 자기 자신에게 물어보고는, 그것이 '4, 6, 8, 10' 임을 보고는 '이제 계속해 나갈 수 있겠다' 라고 말한다. 또는 아마도 그는 단지 '가볍고 재빠르게 숨을 들이마심' 과 같은 어떤 느낌을 갖고서 그 수열을 계속해 나간다.

그런데 'B가 이해하기 시작했다' 고 말할 때, 우리는 이런 유형의 체험 중 어떤 것을 가리키는가? 그것은 이것들 가운데 어느 하나는 아닌 것으로 보인다. 예컨대 그것은 B에게 그 공식이 떠오르는 것일 수 없다. 즉, 기호 'an=n2+n-1' 이 그의 마음속이나 종이 위에 시각적으로 떠오르는 것일 수 없다. 왜냐하면, 그 공식이 그에게 떠오름에도 그가 그것을 이해하지 못하는 것을 우리는 충분히 상상할 수 있기 때문이다(PI 152). 이와 같은 논증 형식은 PI 34(1.2)와 PI 139(3.1.1)로부터 익숙해졌겠지만, 그 설득력은 명백하다. 그것은 B가 이해할 때 일어날 수 있는 다른 온갖 체험들에 일반적으로 적용될 수 있다는 사실 또한 명백하다. 그러므로 B가 이해하기 시작한 것은 어떤 유형의 체험도 **아닌** 것으로 보인다.

> 우리는 더 조야하고 그런 까닭에 우리 눈에 잘 띄는 저 동반 과정들의 배후에 숨겨져 있는 것으로 보이는, 이해의 심리적 과정을 파악하려 시도한다. 그러

> 나 이는 성공하지 못한다. 또는 더 옳게 말하자면, 그것은 전혀 현실적인 시도가 되지 않는다. 왜냐하면 설사 내가 이해의 저 모든 경우에 일어나는 어떤 것을 발견했다고 가정하더라도, — 왜 **그것이** 이해라야 한단 말인가?(PI 153)

그러나 만일 이해가 명시적인 과정이 아니라면, 그것은 감추어진 과정일 수도 없다. 왜냐하면 '내가 이해했기 **때문에** "이제 나는 이해한다"고 말했다면, 이해의 과정이 도대체 어떻게 숨겨져 있을 수 있단 말인가?! 그리고 내가 그것은 숨겨져 있다고 말한다면, — 내가 찾아야 할 것을 나는 도대체 어떻게 안단 말인가? 나는 혼란에 빠져 있다(같은 곳, PI 147a 참고).

따라서 비트겐슈타인은 하나의 견딜 수 없는 딜레마에 도달했다. 한편으로 이해에는 어떤 특별한 체험도 없는 것으로 보인다. 그런 어떤 체험이라도 똑같이 이해에 동반될 수 있기 때문이다. 그러나 다른 한편으로, 만일 이해의 시작이 체험과 같이 나의 의식에 부딪혀 주지 **않는다**면, B가 이제 이해**한다**고 말하는 것을 정당화해 주는 것은 무엇일까? 확실히 우리는, 우리가 이해**한** 경우, 종종 그와 같이 말함에 있어서 충분히 정당화**된다**.

바로 다음 편에서 그는 이 긴장을 해결한다. '이제 나는 이해한다' 는 진술은 **어떤** 유형의 과정도 기술하지 않는다. 그러므로 그런 어떤 유형의 과정에 대한 의식도 어떤 사람이 '이제 나는 이해한다!' 고 한 말을 정당화하는 데 충분하지 않았을 것이다. 대신, 그 공식이 나에게 떠올랐을 경우, 내가 계속할 수 있다고 말할 때 나를 정당화해 주는 것은 바로 **'특별한 상황들'** 이 존재한다는 것이다(PI 154).

이제 이것이 뜻하는 것은 정확히 무엇인가? 이 점을 분명히 하기 위해 비트겐슈타인은 3.2.2에서 소개된 뜻에서의 **읽기**에 관한 확장된 논의를 시작하는데, 이제 우리는 이 문제로 돌아왔다.

3.3.2. 읽기, 도출, 인도

PI 156-78의 읽기 논의는 사실 세 가지 목적에 봉사한다. 그중 하나는 상대적으로 **단순한** 심리학적 동사('이해하다'와 대조적으로 쓰인 '읽다')와 관련하여, 그런 낱말들이 어떻게, 의식적이건 그렇지 않건 간에, **어떤** 유형의 과정도 나타낼 수 없는지 설명하는 것이다. 두 번째는 그럼에도 불구하고 우리가 그런 표현을 스스로에게 부여함에 있어서 어떻게 **정당화**될 수 있는지, 그리고 특히 발화의 **상황들**이 그 정당화를 어떻게 수행할 수 있는지 설명하는 것이다.

그러나 세 번째 목적은 단순히 읽기의 단순성뿐만 아니라 읽기의 본성과도 관련되어 있다. 우리가 하나의 텍스트를 소리 내어 읽고 있을 때, 우리는 단순히 그 텍스트를 봄과 동시에 그 낱말들이 발화할 뿐 아니라 우리의 소리가 그 인쇄된 글자들로부터 **도출된다고 또는 인도된다고** 생각하는 것이 자연스럽다. 이 도출 개념은 또한 더 복잡한 이해 개념의 한 구성 요소이다. 이해가 '우리의 행위들이 그것으로부터 유래하는' 일종의 '저수지'라고 생각한 사람은 이해의 상태라는 것이 존재할 뿐만 아니라, 그 상태로부터 예컨대 한 낱말의 적용을 **도출하는** 어떤 작용도 존재한다고, 또는 그 상태가 그 낱말의 적용을 **인도**하는 하나의 체험이 존재한다고 생각할 것이다. 그러므로 '도출'과 '인도'가 그 자체 어떤 유형의 과정을 나타내지 않는다는 것을 논증함으로써, 비트겐슈타인은 '읽기'에 대해서도 같은 점을 확립할 것이다; 또한 그는 거기에서 더 나아가 저 이해 자체라는 오해를 기초부터 무너뜨릴 것이다.

PI 162에서 그는 '읽기'를 다음과 같이 정의하자고 제안한다: 어떤 사람이 본보기로부터 복제품을 **도출해 냈을** 때 그가 읽고 있다. 이제 이 도출의 과정은 무엇인가? 우리는 그것에 관련된 것이 매우 분명해 보이는 경우의 예들을 확실히 제시할 수 있다. 예컨대, 우리가 어떤 사람에게 인쇄된 텍스트를 필기된 글로 옮겨 쓰는 규칙을 가르쳤다고 생각해 보자. 이 목적을 위해 우리는 그에게 각 열마다 왼쪽의 인쇄체 문자가 오른쪽의 필기체 문자와 짝을 이루는 두 줄로 된 일람표를 줄 수 있을 것이다. '그리고 그는 그의 필기체를 인쇄체로부터 도출하고 있다는 것을 그 일람표를 참조하는 일을 통해 보여 준다' (PI 162).

그러나 그 일람표를 한 가지 방식 이상으로 해석하는 일이 가능하다. 하나의 인쇄체 문자를 우측의 필기체와 짝짓는 대신, 그 학생이 하나의 인쇄체 문자를 우측에서 그보다 한 줄 아래의 필기체 문자와 짝짓는 일도 일어날 수 있을 것이다. 그렇게 하여 그는 A를 b와, C를 d와, … Z를 a와 (즉, PI 86에 그려진 두 번째 도식에 따라) 짝짓는다. 우리가 처음에 의도한 방식에 따른 것은 아닐지라도, 확실히 그는 그의 글씨를 인쇄된 낱말들로부터 **도출**된 것으로 여전히 간주할 것이다. 또 다르게는 그의 방법이 그가 어느 날 (예컨대) B 대신 c를 쓰면, 다음날은 B 대신 d를 쓰는 등의 규칙에 따라 진화하는 일도 일어날 수 있을 것이다. 또 다르게는 아마도 그가 같은 글자에 이르게 될 때마다 그와 같이 진화시키는 일이, 그러니까 한 텍스트에서 하나의 B가 d로 번역되었으면 그다음의 B는 e로 번역되는 일도 일어날 수 있을 것이다.

이와 같은 일련의 사례의 요점은, 그 속의 어떤 점에서도 첫 번째 경우에 분명히 이뤄지고 있었던 **도출**에 본질적인 어떤 것도 상실되지 않는 것으로 보인다는 것이다. 게다가 우리가 그런 사례들을 더 많이 구성해 보면 볼수록 그 결과는 임의적인 것들을 더 닮는다는 것이 분명하다. 그리고 궁극적으로는 임의적인 결과들을 얻을 정도로 그 사례를 확장하는 것까지 우리는 상상할 수 있다; 그러나 임의적인 결과들과 도출을 포함하는 결과들을 구별짓는 어떤 분명한 경계선도 존재하지 않는다(PI 163).

비트겐슈타인은 이것으로부터 도출은 가족 유사성 개념이라는 결론을 맺는다. 그러므로 읽기 역시 그러한 것이다.

> 왜냐하면 (162는) [첫 경우는] 도출의 특별한 경우였지만, 도출의 본질은 이 경우의 외면적인 것 밑에 숨겨져 있지 않았고, 오히려 이 '외면적인 것'이, 도출의 한 가족을 이루는 경우들로부터 나온 경우였기 때문이다.
>
> 그렇게 해서 우리는 또한 "읽기"라는 낱말을 어떤 가족을 이루는 경우들에 대해 적용한다. 그리고 어떤 사람이 읽는다고 하는 것에 대해 우리는 다양한 상황들 속에서 다양한 기준들을 적용한다(PI 164).

자, 그 모든 것은 참일 테지만, 그 예가 보여 준 것은 그것이 아니다. 그 예는 첫째가 분명 도출의 사례이지만 마지막의 것은 분명 도출의 사례가 아닌, 일련의 사례들을 암시했다. 그것의 요점은 각각의 단계가 도출의 사례로 간주될 권리를 선행하는 사례만큼 가지고 있는 것으로 보인다는 것이었다. 그러나 이것은 '도출한다'는 개념의 **가족 유사성** 성격에 의존하는 것이 아니라 그것의 **모호성**에 의존한다: 왜냐하면 거기에서 우리에게 말해 주는 모든 것은 **분명** 우리가 그것들을 도출이라고 부를 수 있게 해 주는 '도출들'의 단 하나의 특징이기 때문이다. — 그것이 말하는 모든 것은, 만일 그렇다면 그 특징은 한계선의 경우들을 허용한다는 것이다.

그러나 그가 '도출'이라고 불리는 것이 하나의 가족을 이룬다는 것을 보여 **주었다** 하더라도, 그것 자체는 그런 유형의 어떤 과정도 존재하지 않는다는 것을 보여 주기에는 충분치 않을 것이다(그것은 그가 설명하고자 했던 이해에 관한 주장들 중 하나였다). 그것은 **다양한** 방식으로 상이한 많은 과정들이 모두 이 하나의 유형에 속할 수 있다는 것만 보여 줄 것이다(1.2의 '색깔에 주의를 기울임'에 관한 PI 33의 논의 참고).

사실 그 예는 이중적으로 무관하게 보일 수 있다. 왜냐하면 비트겐슈타인이 분명히 설명하려 하고 있는 이해에 관한 다른 주장은, **내가** 어떤 열을 이해했다고 말할 때, 나는 어떤 특별한 종류의 체험 때문이 아니라 그것을 말하는 특별한 상황들 때문에 정당화된다는 것이기 때문이다. 그러나 그 사례들의 열은, 그것들이 모두 **3인칭** 관점에서 기술되기 때문에, 그 점 역시 설명해 주지 못한다. 그 사례들은 우리가 어떤 다른 사람이 그 텍스트로부터 필기체 글씨를 도출했다고 말하는 것이 정당화되는 상황들과 관련되어 있다. 그러므로 우리가 그 학생에 관하여 그가 그 텍스트로부터 그것을 도출했다고 말할 때, 그 말을 하는 특별한 상황들 때문에 **우리가** 정당화된다는 것이 참이라 하더라도, **그가** 그 자신에 대하여 그렇게 말할 때도 마찬가지로 정당화되는가에 대해서는 아무것도 따라 나오지 않는다. 왜냐하면, 비트겐슈타인이 다른 곳에서 강조하고 있듯이(4.2.5), 3인칭 주장을 정당화하는 것은 상응하는 1인칭 주장을 정당화하는 것과 매우 다를 것이기 때문이다. 그러나 비트겐슈타인은 뒤에서 읽기에 관한 1인칭 관점을 매우 짤막하게만 논의한다. 그러므로 이제 그 문제로 돌아가 보자.

우리는, 가령 'A B O V E'와 같은, 일련의 문자를 진짜로 읽는 경우와 (영어를 말할 줄 알지만 읽지는 못하는 사람이 할 수 있듯이) 문자들을 바라보면서 그 열을 발화하는 경우 사이의 차이를 알고 있는가? 마치 우리는 그것을 알고 있는 듯이 보인다. 특히 우리는 우리가 발화하는 것과 우리가 상응하는 문자들을 보는 일이 동시에 발생했다는 것을 알

뿐 아니라, 후자가 어떻게 해서든 전자를 **인도한다**는 것(PI 170b)을 또는, 비트겐슈타인도 말했듯이, 인과 관계의 느낌(PI 169a)이나 영향의 느낌(PI 169c)을 알고 있다고 생각하도록 유혹을 받고 있다.

> 우리는 말하자면, 우리가 어떤 느낌에 의해 낱말의 모습과 우리가 말하는 소리 사이에서 하나의 결합 메커니즘을 지각한다고 상상한다. 왜냐하면 내가 영향의 체험, 인과 관계의 체험, 인도 받음의 체험에 관해 이야기한다면, 이는 실로 내가 말하자면 문자를 바라봄과 말함을 결합시키는 지렛대의 움직임을 느낀다는 것을 뜻해야 할 것이기 때문이다(PI 170).

그러나 우리는 그런 어떤 느낌을 가지고 **있는가**?

우리가 인과 관계의 어떤 느낌을 가지고 있다는 생각을 비판하여 비트겐슈타인은 이렇게 썼다:

> 인과 관계는 아무튼 우리가 실험들을 통해서, 예컨대 과정들의 규칙적인 병발(倂發)을 관찰함에 의해서 확립하는 것이다. 대체 나는 어떻게 해서 그러한 실험들에 의해서 확립되는 것을 내가 **느낀다**고 말할 수 있을까?(PI 169)

보충하지 않더라도 이 논증은 극히 설득력 없어 보인다. 우리가 어떤 것을 한 종류의 절차(하나의 실험)를 통해 확립할 수 있다는 사실은 그것이 다른 종류의 절차(그것을 '느낌')를 통해 간파될 수 있다는 것을 배제하지 않는다. 우리는 어떤 사람이 배탈이 났다는 것을 어떤 실험들을 해 봄으로써 확립할 수 있다. 그러나 그는 그것을 다른 방식으로 즉, 그것을 느낌으로써도 말할 수 있다. 그러므로 **당연히** 우리는 실험에 의해 확립될 수도 있는 어떤 것을 당신이 느낀다고 말할 수 있다. 어디에 난점이 있는가?[16]

그 논증을 더 설득력 있어 보이게 만드는 하나의 길은 사건들의 **규칙적인** 병발(倂發)에 관한 문제를 강조하는 것일 것이다. 그것이 무엇인가에 관한 규칙성 설명(그리고 다른 많은 설명)에서, 인과 관계의 성립은 시간과 공간에 걸치는 귀결들을 갖는다. 그렇지만 우리는 **그** 범위에 걸치는 어떤 것을 **느낄** 수 없고 단지 **지금 여기**에서 우리에게 사정이 어떠한가만을 느낄 수 있을 뿐이다. 느낌의 내용과는 달리 인과 관계가 시간과 공간에 걸쳐 있기 때문에, 우리는 인과 관계의 성립을 '느낄' 수 없다. 물론 우리는 시간적으로나 공간적으로 멀리 떨어진 **어떤** 사물들과 사건들을, 예컨대 별들과 일몰 등을 볼 수 있다. 그러나 그것은 관련된 두 유형의 사건 사이의 인과 관계로, 우리가 생각하고 있는 (과거와 미래의) 상관성 전체를 보는 것과 같은 것이 아니다.

하지만 만일 그 논증이 이것을 뜻한다면, 만일 그 논증이 체험의 내용과 원인을 혼동하는 잘못을 비판하기 위한 것일 뿐이라면, 그것은 설득력이 없다. 그리고 실제로 바로 그런 확장된 규칙성에 속한다고 볼 수 있는 일종의 체험이 **존재**한다. 내가 염두에 두고 있는 것은 이것이다(그 예는 RFM IV-39에 나타난다): 만일 'Bismarck'라는 낱말의 토큰을 봄으로써 우리가 그것이 여덟 문자를 가지고 있다는 것을 본다면, 우리가 또한 보는 것은 그 **유형**의 낱말이 여덟 문자를 가지고 있다는 것이다. 즉 그 토큰을 가지고 있는 각각의 것이, 과거, 현재, 미래, 그리고 어느 곳에 있더라도, 여덟 문자를 가지고 있다는 것이다. 어떻게 이것이

16 비트겐슈타인은 '규칙적인 병발의 관찰이 인과 관계를 확립하는 유일한 방법이 아니'라는 데 즉시 동의한다. 그는 '경험주의의 한계'에서 러셀이 전개한 논의를 염두에 두고 있었을지도 모른다. PO 370의 '원인과 결과: 직관적 앎'에 대한 리즈의 노트를 보라.

'규칙성의 체험' 으로 간주되지 않겠는가? 그렇다면 마찬가지로 우리가 하나의 새로운 낱말을 소리 내어 읽을 때, 어떻게 그것이 이 유형의 소리가 그 유형의 인쇄된 모습들에 동반된다는 체험에 속할 수 없겠는가?

여전히, 비트겐슈타인은 우리가 인도된다고 말할 때 우리를 정당화해 주는 것이 인도의 존재를 그것의 부재로부터 구별해 주는 유형의 체험이라는 생각을 비판하는 또 다른 그리고 더 좋은 논증을 가지고 있다. 그의 많은 훌륭한 논증들처럼 그것은 현상학적 내성(內省)을 포함하고 있는 것으로 보인다. 그것은 그런 경우들에 실제로 일어나는 것을 당신이 관찰해 보면 당신은 실제로 '인도의 체험' 이 될 수 있을 **어떤 체험도 존재하지 않는다**는 것을 알게 되리라는 것이다.

> 종이 위에 임의의 낙서를 해 보라. — 그리고 이제 그 옆에 그것을 본떠 소묘하라, 그것이 당신을 인도하게 맡기라. — 나는 이렇게 말했으면 한다: "확실하다! 이제 나는 인도받았다. 그러나 그때에 무슨 특징적인 것이 일어났는가? — 무엇이 일어났는가를 내가 말한다면, 나에게 그것은 더 이상 특징적으로 보이지 않는다."
>
> 자, 그러나 다음과 같은 점에 주의하라: 내가 나 자신을 인도에 맡기는 **동안에** 모든 것은 아주 단순하다. 나는 **특별한** 것을 아무것도 인지하지 않는다. 그러나 그 후에 내가 그 당시 무엇이 일어났는가를 자문하면, 그것은 기술할 수 없는 어떤 것이었던 듯이 보인다. **그 후에는** 어떠한 기술도 나에게는 충분하지가 않다. 말하자면 나는 내가 단순히 바라보았고, 이러이러한 얼굴을 했으며, 선을 그었다고 믿을 수가 없다. — 그러나 그럼 나는 다른 어떤 것을 **기억해 내는가**? 아니다… (PI 175).

나는 우리가 이것을 그런 어떤 '인도의 체험' 도 존재하지 않는다는 경험적 결론을 뒷받침할 내성의 사례로 간주할 수 있다고 생각한다. 그렇게 간주될 때 그것은 나에게 자아에 대한 어떤 특별한 체험을 비판하는 흄의 논증과 같이 결정적으로 보인다(『인성론』 I. iv. 6).

상당히 직설적인 이 생각에 더하여 비트겐슈타인은 하나의 미묘한 생각을 더 염두에 두고 있었다는 사실에 주목할 가치가 있다. 그는 말한다.

> 내가 추후에 그 체험을 생각할 때, 나는 그것에서 본질적인 것은 — 현상들의 그 어떤 단순한 동시성과는 대조되는 — '영향의 체험', 결합의 체험이라는 느낌을 가진다. 그러나 동시에 나는 어떠한 체험된 현상도 "영향의 체험"이라고 불렀으면 하지 않는다(여기에는 의지가 **현상**이 아니라고 하는 관념이 놓여 있다)(PI 176).

이 논증은 단순히, 마치 우리가 예컨대 포도주를 맛보아 신맛의 체험을 발견하는 데 실패할 수 있는 것처럼, 그가 '때문에의 체험'을 위해 그 자신 속을 들여다보았는 데 실패하였다는 보고가 아니다. 그것은 차라리 어떤 것도 그 체험일 수 없다는 주장이다.

하지만 왜 안되나? 『철학적 탐구』에서 그는 말하지 않는다. 하나의 이유는 '그 때문에를 체험한다'는 것이 하나의 규칙성을 체험한다는 것이기 때문일 수 있을 것이다. 그리고 그는, 이미 비판되었다는 이유에서, 어떤 것도 하나의 규칙성의 체험일 수 없다고 생각하였을지 모른다. 또 하나의 가능한 생각은 그가 한때 체험과 언어적 기술(記述)의 내용은 모두 우연적임이 틀림없다고 생각했었다는 것이다. '우리가 보는 모든 것은 또한 다를 수 있을 것이다. 도대체 우리가 기술할 수 있는 모든 것은 또한 다를 수 있을 것이다'(TLP 5.634). 자, 전통적인 인과 개념은 **필연적** 연관을 포함한다: 만일 하나의 사건 A가 다른 사건 B의 충분한 원인이라면 A는 B 없이 일어날 **수 없었**을 것이다. 이 두 생각을 나란히 놓음으로써 우리는 '때문에를 체험한다'는 것은, 『논고』가 제거한 바로 그런 류의 체험인, 하나의 필연적 연관을 체험한다는 것이라는 결론에 이른다.

이것**이** 비트겐슈타인이 염두에 둔 것이건 아니건 간에, 이런 식의 생각은 이전의 생각이 직면한 것과 같은 비판에 마찬가지로 직면한다: 당신이 'Bismarck'란 낱말이 여덟 문자를 가지고 있다는 것을 볼 때, 당신은 사정이 어떤 방식**이라**는 것뿐만 아니라 사정이 **그래야만 한다**는 것까지도 보고 있으며, 따라서 규칙성 외에 필연적 연관까지도 체험하고 있는 것 아닌가? 그리고 이것은 인과성과 필연적 연관 사이의 의심스러운 결합에 관해서는 아무것도 말한 것이 아니다. 하지만 어떤 경우에도 저 직설적인 내성적 논증은 내가 보기에 PI 176이 목표한 요점 즉, 어떤 '인도의 체험'도 존재하지 않는다는 것을 이미 확립한 것으로 보인다. 그러므로 나는 그 문제를 거기에 남겨 놓을 것이다.

그러나 만일 그런 어떤 체험도 존재하지 않는다면, 우리의 오류의 원천은 무엇이었을까? 왜 우리는 그런 체험이 존재해야 한다고 생각했을까? 이 지점에서 비트겐슈타인의 대답은 상당히 칸트적으로 들린다. 그것은 마치 우리가 인도의 개념을 그것이 유래하지도 않은 감각적 입력의 흐름 탓으로 돌리는 듯하다.

> "나는 때문에를 체험한다"고 나는 말했으면 한다. 그러나 내가 이러한 체험을 기억하기 때문은 아니다; 오히려 내가 그러한 경우에 체험하는 것을 숙고할 적에 그것을 '때문에'라는 개념(또는 '영향', 또는 '원인', 또는 '결합'이란 개념)의 매체를 통해 직관하기 때문이다(PI 177).

하지만 어떤 것을 '개념의 매체를 통해' 본다는 것은 실제로 무엇을 뜻할까?

여기서 비트겐슈타인은 말하고 있지 않지만, 나는 그가 뜻한 것이 결코 칸트적인 것이 아니라고 생각한다. 대신, '개념의 매체를 통해 그것을 봄'이 뜻하는 것은 이것이다: PI 175b에서 '영향' 및 기타 낱말들과 혼용한, '인도'가 가족 유사성 개념이라는 것을 생각하지 못함. 우리가 만일 '인도'의 개념을 모든 경우에 적용하게 하는 어떤 하나의 것이 있어야 한다고 생각한다면, 비록 대부분의 시간 동안 그것을 기억하고 있지 않다고 하더라도, 우리는 당연히 하나의 전형적인 인도의 경험을 가정해야만 한다. 비트겐슈타인의 논의는 저 선입견의 결박을 푸는 것을 목표로 한다: 이리하여 방금 인용된 직접적인 논증 외에도 그는 인도로 간주되는 일련의 다양한 활동들을 제시한다(PI 172). 요지는 우리가 인도를 유일한 종류의 정신적 체험이라고 더 이상 간주하지 않아야 할 뿐 아니라, 사실 우리 자신도 모르게, 우리를 그 견해로 유혹한 개념적 편견에 빠져서도 안 된다는 것이리라.

그러나 그때 그것이 당신이 체험하는 어떤 것도 기술하지 않는다면, 무엇이 우리가 읽고 있다거나, 우리가 인쇄된 텍스트로부터 필기 글씨를 도출했다거나, 또는 우리가 그 수열 배후의 원리를 이해했다는 등의 주장을 정당화**하는** 것일까? 비트겐슈타인은 그 점을 설명하기 위해, 충분히 그렇게 할 수 있었음에도 인도의 예를 사용하지 않는다. 대신 그는 PI 151이 도입한 예로 되돌아간다. A가 일련의 수를 적어 내려가는데 B는 그 수열의 원리를, 즉 그 수열에서 선행하는 수들이 모두 주어져 있을 때 임의의 단계를 도출하기 위한 규칙을 간파하려 하고 있었던 것을 상기하라. 예컨대 만일 A가 '1, 2, 3, …'을 써 내려가면, 그 수열의 원리는 각 요소를 선행하는 요소에 1을 더함으로써 얻는다는 것이다. B가

'이제 나는 이해한다' 고 말하는 것을 정당화하는 것은 무엇인가? 여기에 대답이 있다.

> 이 점은 분명하다. 즉 우리는 B가 공식을 생각했기 [/B의 머릿속에 공식이 떠올랐기][17] 때문에 그가 "이제 나는 계속해 나갈 줄 안다"란 말을 할 권리를 가진다고 말하지는 않을 것이다. — 만일 공식을 생각함 [/공식이 머리에 떠오름] — 발화함, 기입함 — 과 수열의 실제 전개 사이에 하나의 연관이 존재한다는 것을 체험이 보여 주지 않는다면 말이다. 그리고 그러한 연관은 실로 명백히 존재한다(PI 179).

'체험이 보여 주는' 것은 어떤 **필연적** 연관이 아니라 단지 통계적 결합일 뿐이다. B 또는 그와 비슷한 어떤 사람이 '그 공식을 생각함' 의 체험을 가지고 있을 때,[18] 대부분의 시간 동안 그가 그 수열을 정확히 계속해 나

---

17 옮긴이 주: 이 인용문의 대괄호로 묶은 두 곳은 저자가 사용한 영역본에 대응하는 독일어 원문을 직역한 것이다. 이것이 필요한 이유는 저자가 인용문 다음의 주석에서 다루고 있는 내용이 영역본의 특성에서 비롯된 것이기 때문이다. 비트겐슈타인의 독일어본을 직역한 이영철 교수의 한국어본에서는 다음의 주석과 같은 설명이 불필요하다.

18 '공식을 생각함' 을 하나의 **체험**이라고 부르는 것은 잘못이 아닌가? 비트겐슈타인은 이미 '색깔에 주의를 집중함', '형태에 주의를 집중함' 의 체험은 존재하지 않는다는 것을 보여 주었다(1.2를 보라). 유사하게 그는 '공식을 생각함' 의 체험이 존재하지 않는다고 주장할 수 있지 않을까? — 그리고 실로 그는 우리가 한 **사람**을 생각할 때 무엇이 일어나는지에 관해 비슷한 관점을 제시한 것으로 보인다(PI 691).

나는 그가 이 소견에서 '공식을 생각함' 으로 분명 어떤 유형의 체험을 나타낼 생각이었다고 본다. 그렇지 않다면 명백히 그런 체험에 관해 말하고 있는 PI 179의 네 번째 문장은 매우 부적절하게 되기 때문이다. 그리고 나는 그가 어떤 불일치도 기피하고 있다고 생각한다. 왜냐하면, 그가 **이** 소견에서 '공식을 생각함' 에 관해 말할 때 그는 단지 예컨대 B가 그 공식을 나타내는 **기호**의 **심상**을 (또는 그 문제에 관하여 그 기호의 '외적인' 체험을) 가지고 있다는 것만을 뜻하기 때문이다. 이것은 그가 인용문에서 '발화함, 기입함' 과 같은 낱말들을 삽입해 넣은 이유를 설명해 줄 것이다.

가는 것은, 그리고 B가 어떻게 계속해 나가야 할지 안다고 말할 때 그가 정당화된다고 우리가 옳게 말할 수 있는 것은, **우리의** 체험 때문이다.

자, 주장을 정당화해 주는 것이 무엇인지 말하는 것은 그것이 기술하는 것이 무엇인지 말하는 것과는 다르다. 그리고 비트겐슈타인은 그의 말을 그렇게 해석하는 것을 즉시 가로막는다. 특히 그때 그는 '이제 나는 이해한다' 가 '이제 나는 경험상 수열의 전개로 인도한다고 알고 있는 체험을 가지고 있다' 와 다름없는 말이라는 것을 부정한다. 왜냐하면 우리가 '인도함' 과 관련하여 이미 보았듯이, B는 그의 마음속에 전혀 떠오르는 것이 없더라도 '이제 나는 계속해 나갈 줄 안다' 고 말할 때 정당화될 수 있기 때문이다(PI 179c). 그리고 그 경우 B의 말을 정신 상태나 어떤 다른 것에 대한 기술이라고 부르는 것은 매우 오도적일 것이다. '오히려 여기서 그것은 하나의 "신호"라고 불릴 수 있을 것이다; 그리고 우리는 그것이 올바로 적용되었는지를 그가 계속해서 무엇을 하느냐에 따라 판단한다' (PI 180).

B 자신의 관점에서 볼 때, '이제 나는 계속해 나갈 줄 안다' 는 말이나 '이제 나는 이해한다' 는 말 모두 어떤 뜻에서도 그가 전형적으로 그렇게 말하는 상황들에서 통상적으로 그 수열을 계속할 수 있다는 그의 의식(앎)**에서 유래한** 것도 아니며 그것에 의해 지지되지도 않는다. 왜냐하면 우리는 다음과 같이 주장하지는 않기 때문이다: '나는 그 공식이 과거에 나에게 떠올랐을 때 항상 그 수열을 계속해 나갈 수 있었으므로, 지금도 역시 그럴 것이다.' B에게 그 공식이 떠오름과 같은 체험은, 만일 그런 것이 있다면, 그 수열을 계속해 나갈 수 있다는 그의 확신의 **원인**이지 **근거**가 아니다(PI 325).

우리는 그 요점을 다음의 비유로 설명할 수 있을 것이다. 종소리가 나면, 그리고 오직 그때에만, 밥이 나오는 것을 반복적으로 체험한 개는 곧 종소리를 들을 때마다 침을 흘리는 습관을 갖게 될 것이다. 우리는 그 침 흘림이 '정당화되었다' 고 말할 수 있을 것이지만, 그것은 종소리와 밥 사이를 관련짓는 경험적 규칙성을 **기술**하기 때문이나 심지어 그 **개**가 그런 규칙성을 알지만 말할 수 없다는 것 — 그 개는 아마도 밥을 기대함을 뜻하는 다른 어떤 기호도 보여 주지 않을 것이다. — 때문이 아니라, 단지 규칙성이 **존재**하기 때문이다. 마찬가지로 B나 다른 비슷한 사람들이 '이제 나는 그 수열을 이해한다' 고 말할 때, 그들이 실제로 그 수열을 계속할 줄 안다는 것은 극히 일반적인 자연 사실이다. 그리고 B를 정당화하는 것은 — B가 그것을 믿든지 안 믿든지 간에 — 이 규칙성의 존재이다.

그러나 그렇다면 B는 그가 그 수열을 계속해 나갈 수 있다고 말할 어떤 근거도 제시할 수 없을 것이다. 따라서 그가 이해한다고 말할 때 그는 정말로 **정당화될까**? 나는 비트겐슈타인이 그 질문을 일상 언어가 철학적 휴가를 떠난 경우 중 하나로 간주하리라고 생각한다(PI 38). '정당화된' 이라는 낱말의 일상적인 뜻에서, 즉 일상적인 사용에서, B는 정당화**된다**. '좋은 근거란 **그렇게** 보이는 것이다' (PI 486). 나는 3.4.3에서 이 문제로 돌아올 것이다.

느낌은 다음과 같이 끈질기게 주장할 수 있다: 우리가 그 수열을 처음 이해하게 될 때의 느낌은 그 수열의 성공적인 전개에 **전형적으로** 선행하게 **되는**, 즉 경험적 사실의 문제에 속하는 어떤 것이 아니다. 대신 그 전체 수열은 우리의 순간적인 이해 속에 뭔가 다른 방식으로 그리고 더 즉각적인 방식으로 간직되어 있는 것으로 보인다. 우리가 가령 하나의 수열을 계속하라는 명령을 내리는 일을 숙고할 때 같은 느낌이 일어난다: 그것은 마치 전체 수열이 그 명령 속에 어떻게든 간직되어 있는 것처럼, 또는 그 배후에 무엇이 놓여 있든지 간에, 그것이 다른 것들이 아니라 바로 그 어떤 행동 방식들과, 단순히 **전형적으로** 결합되어 있는 것보다 더 긴밀한 방식으로 간직되어 있는 것처럼 보인다. 그 때문에 결국 우리는 어떤 사람에게 하나의 개별적인 수열을 계속해 보라고 명령할 수 있고, 그때 그가 그것을 수행**하든** 수행하지 **못하든 간에, 바로 그 수열을** 뜻할 수 있다.

'우리는 — 말하자면 — 어떤 사람이 미래를 안다는 것에 대해서가 아니라, 그가 도대체 (옳게 또는 그르게) 예언할 수 있다는 것에 대해 놀란다. 마치 단순한 예언이, 옳건 그르건 상관없이, 이미 미래의 어떤 그림자를 선취(先取)하기나 하는 듯이 …' (PI 461). 그 책에서 가장 유명하면서도 논란 많은 부분으로 안내하는 것이 바로 이 '그림자를 선취함'의 문제를 명확하게 하려는 시도이다.

3.4. 역설

3.4.1. 일탈의 가능성

(3.2의 서두에 소개된) PI 143의 예로 돌아가 그 학생이 자연수의 수열을 통달했다고 생각하자. 이제 수열 '0, n, 2n, …'에 대하여 '+n'이라 쓰기로 하자. 따라서 수열 '0, 2, 4, 6, …'은 '+2'라고 간단히 쓰고, '0, 3, 6, 9, …'은 '+3'이라 간단히 쓴다. 그리고 그 학생은 +2의 수열을 완벽하게 잘 이해하고 있는 것으로 보인다고 생각하자. 왜냐하면, 그는 그 수열의 처음 부분들을 적어 내려갈 수 있는지를 확인하는 시험들을 모두 통과했기 때문이다. 마지막으로 이 시험들에서 그는 1000을 넘어서 수열 +2를 (또는 어떤 다른 수열을) 확장하라는 요구를 (의도적이진 않았지만) 받아 본 적이 없다고 생각해 보자.

이제 우리는 그에게 1000에 대한 +2를 계속해 보라고 한다. 그러자 그는 '1000, 1002, 1004, 1006'이라고 쓰는 대신 '1000, 1004, 1008, 1012'와 같이 쓴다. 그때 우리는 그가 그 수열을 잘못 썼다고 말할 것이다. 게다가 그가 쓴 것은 우리가 그 명령을 내렸을 **때** 우리가 뜻한 것과 반대되는 어떤 것이었다. 그런데 이제 그것이 사실일 수 있으려면, 우리가 그것을 뜻했을 **때** 1000을 넘은 +2의 **모든** 항(項)이, 그러니까 1002, 1004, 1006뿐만 아니라 1866, 1868, 1870과, 그 밖에 그 명령을 내릴 때 우리에게 결코 떠오르지 않은 무수히 많은 다른 항도 일어나고 있었다고 말해야 할 것처럼 보인다.

그러나 그에게 그것을 보여 줄 수 있을 만한 것은 그 명령 속에 — 그리고 그 시간에 우리의 마음속에 — 전혀 없었을 것이다. 만일 우리가 '너는 둘을 더했어야 한단 말이야: 봐라, 네가 수열을 어떻게 시작했는지!'라고 말한다면, 그는 '그래요, 이게 옳지 않은가요? 저는 제가 그렇게 해야 한다고 생각했는데요!'라고 대답할 것이다. 만일 우리가 '너는 매 단계마다 같은 것을 해야 한단 말이야!'라고 말한다면, 그는 '그래요, 나는 같은 것을 하지 않았나요?'라고 대답할 것이다. 만일 우리가 그에게 각 단계에서 쓰여야 할 수와 관련시킨 일람표를 보여 준다면, 그는 그것을 그 자신의 방식을 합리화할 수 있는 어떤 일탈된 방식으로(예컨대 PI 86, PI 163의 방식들로) 읽을 수 있을 것이다. 그리고 만일 우리가 그 일람표에 화살표들을 덧붙임으로써 보충한다면, 그는 **그것들을** 역시 같은 일을 하도록 해석할 수 있을 것이다. '여기서 명령은 마치 더듬거리기 시작하는 것처럼 보인다. 기호는 마치 불확실한 수단들로써 [그] 속에 이해를 불러일으키려 노력하는 것처럼 보인다'(PI 433).

문제는 여기서 매우 일반적으로 표현될 수 있다. 그가 일찍이 전개해 본 적이 없는 수열 +2의 — 또는 임의의 어떤 다른 열의 — **어떤** 단계라도, 그가 일탈을 범하고 있는 열 진행의 훈련과 정확히 같은 훈련을 받은 완벽하게 이성적인 사람이 어떤 일탈을 범하는 출발점이 될 수 있을 것이다. 그러므로 수열 +3을 '0, 3, 9, …' 로 시작하고, 57을 넘어서서는 '66, 75, 84' 라고 쓰는, 그러니까 **우리가** +9라고 부를 수열을 덧붙이는 학생이 있을 수 있을 것이다.

그리고 이 문제를 수열의 문제로 제한할 이유는 전혀 없다. 이성적인 사람이 **임의의** 낱말을 **어떻게든** 새롭게 적용하는 데서도 유사한 일탈이 발생할 수 있을 것이다: 예컨대 우리가 '입방체' 란 낱말을 사용할 때 받아 온 훈련을 받고서 지금까지 그것을 우리가 기대하는 것과 정확히 같은 방식으로 적용해 왔지만, 이제 그것을 새롭게 보게 되는 입방체들에 대해서가 아니라 새롭게 보게 되는 삼각 프리즘들에 대해 적용하는 이성적인 사람이 있을 수 있다.

마지막으로, 일탈이 **신기한** 적용으로 시작할 이유는 없다: 어떤 사람은 지금까지는 그가 관찰한 녹색 대상들에 대하여, 그리고 앞으로는 그가 이미 보아 온 그리고 분류한 대상들을 포함하여 그가 관찰할 파란 대상들에 대하여, '녹색' 이란 낱말을 사용할 수도 있다(그것들이 처음부터 파란색이었다면, 그는 그것들이 '녹색으로 변했다' 고 말할 것이다; 그것들이 **우리가** 두 분류 시기라 부를 수 있는 것 사이에서 녹색에서 파란색으로 변했다면, 우리는 그것들이 '녹색으로 남았다' 고 말할 것이다). 간단히 말해서, **임의의** 낱말에 대한 **임의의** 적용에 대하여, 그것이 아무리 명백하게 보일지라도, 우리가 훈련받은 것과 똑같은 훈련을 받은 사람은 우리와 함께 이 적용에 이의를 제기할 것이다; 그리고 우리가 받은 이전의 공통적인 훈련이나 그 낱말에 대한 이전의 일치된 사용에서, 또는 우리가 둘 다 알고 있는 (그것에 대하여 그의 '일탈된' 적용이 신뢰할 수 없음을 그가 인정할) 다른 어떤 것에서도, 우리가 가리킬 수 있는 것은 아무것도 존재할 필요가 없다.

이것은 그 규칙 또는 명령이 그것의 미래 적용들을 어떤 특별한 방식으로, 즉 PI 179에 묘사된 '단순히' 통계적인 연관이 미치지 못하는 방식으로, 포함한다고 생각하는 것이 결국 잘못이었음을 뜻한다. 왜냐하면, 만일 그 생각이 옳다면 우리는 임의의 일탈자에게 그가 오류를 범했음을 확신시킬 수 있을 어떤 것을 그 속에서 가리킬 수 있어야만 하기 때문이다. 그러나 그렇게 할 수 있는 것은 그 속에 아무것도 없다: 그 명령을 내리는 시간에 일어나고 있었던 것이 주어진다 하더라도, 우리는 그것을 다 알고 있으면서도 일탈을 고집하는 이성적인 학생을 상상할 수 있을 것이다.

마찬가지로 하나의 기호도 그것의 심적 동반물도 그것이 **우리**에게 암시하는 것으로 보이는 특별한 의미를 그 자체 속에 갖고 있지 않다. 오히려 그것을 **저것**이 아닌 **이것**의 기호로 만들어 주는 것은 우리가 그것에 대해 통상적으로 반응하는 방식이다. 그것이 바로 내가 **이** 경우 그것에 대해 다른 방식이 아니라 바로 이 방식으로 반응하는 것을 정당화해 주는 것이다.

> 이렇게 물어보자: 규칙의 표현 — 이를테면, 도로 표지판 — 은 나의 행위들과 무슨 관계가 있는가? 어떤 결합이 거기에 있는가? — 자, 가령 이런 결합. 즉: 나는 이러이러한 기호에는 특정한 방식으로 반응하도록 훈련받았으며, 이제 나는 그렇게 반응하고 있다.
>
> 그러나 이로써 당신은 단지 인과적 연관을 제시하였을 뿐이다; 어떻게 해서 이제 우리가 도로 표지판을 따르게 되었는지를 설명하였을 뿐, 이러한 기호-따르기가 실제로 무엇에 있는지는 설명하지 않았다. 아니다; 나는 또한 오직 항구적인 관례, 관습이 존재하는 한에서만 어떤 사람이 도로 표지판을 따른다는 점도 암시하였다(PI 198).

이렇듯 비트겐슈타인은 이 예들을 통해 의미와 이해가 어떤 특정한 형식의 용법을 그것들 자체 속에 어떻게든 담고 있는 정신적 상태들이나 사건들이라는 깊고 중대한 오해를 뿌리 뽑는다. 그러나 어떤 사람들은 이 예들을 통해 비트겐슈타인이 훨씬 더 근본적인 어떤 것, 즉 이해와 의미는 그 자체로 환상이라는 것을 가리키려 했다고 보았다. 나는 이제 이런 식의 독해를 검토해 보겠다.

3.4.2. 뜻함의 사실들

앞에서 묘사된 이성적인 일탈자가, 우리가 +2라는 명령을 내렸을 때 발생한 것 중 아무것도 잃지 않았을 가능성 때문에, 우리는 다음과 같이 물을 수 있다: 그렇다면 **그 명령을 내린 사람**은 어떻게 다른 어떤 것이 아닌 +2라는 열을 뜻할 수 있었는가? 실로 그가 — 또는 당신이나 내가 — 어떤 열을 전개할 때, 또는 그 문제에 대하여 좌우간 어떤 규칙을 따를 때, 어떤 뜻에서 우리는 처음부터 그것을 뜻했노라고 **확실**하게 인정받을 수 있을까? 차라리 우리는 한 규칙의 표현을 — 가령, 수열 공식을 — 빈 화폭에 처음 그은 선과 비교해야 하지 않을까? 즉, 그것들의 사용을 위한 어떤 규칙이, 또는 실로 이전의 어떤 사용이 —낱말들에 대해서든 다른 어떤 것들에 대해서든 — 잘못된 모습의 사용으로부터 올바른 모습의 사용을 **어떻게든** 구별해 준다고 생각하는 것은 환상이다. 우리는 여전히 그 모습을 이런 방식으로 계속할 것인지 저런 방식으로 계속할 것인지 매 단계마다 선택해야 할 것이다.

비트겐슈타인은 확실히 규칙이 하나의 적용을 이런 방식으로 어떻게든 규정할 **수 있다**는 것을 부정하고 있는 것으로 보인다. 이해를 일종의 통찰로 생각하는 것과 일종의 결단으로 생각하는 것 간의 대조에 관하여 그는 다음과 같이 쓰고 있다:

> "그러니까 당신이 말하는 것은 결국, '+n'이란 명령에 올바로 따르기 위해서는 매 단계마다 새로운 통찰 — 직관 — 이 필요하다는 게 된다." — 올바로 따르기 위해서다! 특정한 한 지점에서 어느 것이 올바른 행보인지는 도대체 어떻게 결정되는가? — "올바른 행보란 **뜻해진** 바대로의 명령과 일치하는 행보이다." …… 모든 지점에서 직관이 필요하다고 말하는 것보다는, 모든 지점에서 새로운 결단이 필요하다고 말하는 것이 거의 더 옳을 것이다(PI 186).

그리고 약간 뒤에서 그는 이 '결단' 이야기를 촉발한 그 문제의 일반적 형식을 다음과 같이 분명하게 정식화한다:

> 그러나 하나의 규칙이 내가 **이** 자리에서 무엇을 해야 하는지를 어떻게 나에게 가르칠 수 있는가? 내가 무엇을 하든 그것은 좌우간 그 어떤 해석에 의해 그 규칙과 합일될 수 있다(PI 198).

이것이 바로 그 악명 높은 크립키의 비트겐슈타인 독해를 지배하고 있는 유명한 '규칙 따르기' 역설이다.

그 역설에 대한 크립키의 설명은 비트겐슈타인이 실제로 뜻한 것에 관한 주장이 아니라, 비트겐슈타인의 논의가 크립키에게 촉발시킨 생각들이다(Kripke 1982: 5). 그러나 (그것의 본래 관심과는 별도로) 그것을 크립키의 논의로부터 비트겐슈타인 자신의 논의를 분명히 구별하기 위해 살펴보는 일은 여전히 가치 있는 일이다.

크립키(pp. 9, 21)에 따르면, 내가 방금 (일탈된 용법에 관하여) 언급한 생각들은 (크립키가 아니라) 비트겐슈타인의 사례와 관련하여 내가 제시할 하나의 질문을 제기한다. +2라는 수열을 1000 이상의 수에 대해 계속 전개해 보라는 명령을 내리는 시간에, 어떤 사실이 내게 존재하여, 그 명령을 받는 사람이 예컨대 1866 다음에는 1868을, 10002 다음에는 10004를 (또는 그 명령을 내릴 때 명시적으로 언급하지 않았던 어떤 다른 짝을) 써야 한다고 뜻할 수 있도록 한 것일까? 매우 통찰력 있는 논의 과정에서 크립키는 그 답이 될 만한 후보 사실들을 검토해 보고 모두 부정한다: 나의 말하기 훈련에 관한 사실들(pp. 15-6), 이런저런 방식으로 반응하는 나의 성향에 관한 사실들(pp. 22-37), 서로 경합하는 해석들 중 더 단순한 것에 관한 사실들(pp. 38-9), 내성 가능한 나의 정신적 상태에 관한 사실들(pp. 41-50), 그리고 나의 마음에 관한 **독자적인** 사실들(pp. 51-4). 그는 그런 어떤 사실도 존재하지 **않는다**고 결론짓는다. 그러므로 규칙은 무엇을 해야 할지 내게 말해 줄 수 없고, 규칙에 의해 어떤 것을 뜻함과 같은 것 따위는 존재하지 않는다. 그것이 바로 다음의 유명한 구절에 대한 크립키의 해석이다.

> 우리의 역설은, 하나의 규칙이 어떠한 행위 방식도 확정할 수 없으리라는 것이었다. 왜냐하면 어떤 행위 방식도 그 규칙과 일치하게 만들어질 수 있기 때문에. 이에 대한 대답은, 어떤 행위 방식도 그 규칙과 일치하게 만들어질 수 있다면, 그것은 또한 모순되게도 만들어질 수 있다는 것, 따라서 여기에는 일치도 모순도 존재하지 않으리라는 것이었다(PI 201).

크립키는 이것이 비트겐슈타인의 결론이라고 간주하고 다음과 같이 놀랍고 극적인 결론을 이끌어 낸다. '어떤 낱말로 어떤 것을 뜻함이라는 것 따위는 존재할 수 없다. 우리가 하는 각각의 새로운 적용은 어둠 속에서의 도약이다; 현재 우리의 어떤 의도라도 우리가 선택할 수 있는 임의의 것과 일치되도록 해석될 수 있을 것이다. 따라서 일치도 모순도 존재할 수 없을 것이다' (p. 55).

그러므로 우리가 예컨대 '당신이 학생에게 그 수열을 써내려가 보라고 명령했을 때, 당신은 수열 +2를 뜻했다' 고 말하는 경우, 우리는 어떤 **사실들**을 말하지 않는다. 그러나 크립키에 따르면, 그것은 우리가 그런 말을 완전히 배제해야 한다는 것을 뜻하는 것이 아니다. 오히려 우리가 유의해야 할 것은 그와 같은 문장이 어떤 사실도 기술하지 않을지라도 여전히 **주장 가능성** 조건들을 가질 수 있다는 것이다. 이것들은 어떤 조건들 아래서 그것의 주장을 파기 가능하지만 허용해 주는 규칙들이다. 그런 조건들은 본질적으로 비교에 기반을 둔다: 예컨대 존스가 "+" 기호를 적용한 경우들에서 만일 그 기호에 대한 **그의** 사용이 **당신의** '+' 또는 '덧셈' 의 사용과 일치한다면, 당신이 '존은 그의 "+" 기호로 덧셈을 뜻한다' 고 주장하는 일이 (파기 가능하게) 허용된다(pp. 89-90). 뜻함에 관한 말은 그러므로 본질적으로 상식을 뒤엎는 방식으로 비교에 기초한다. 당신과 존스가 모두 그것에 같은 의미를 부여했기 때문에 당신들 둘이 '+' 를 같은 방식으로 사용하는 것이 아니다; 거꾸로, **만일** 당신들이 모두 그것을 대략 같은 방식으로 사용한다**면** 당신들은 '+' 에 같은 의미를 부여한 것이라고 말할 수 있다. 크립키가 비트겐슈타인의 사적 언어 논의의 핵심이라고 보는 것은 이와 같이 본질적으로 비교에 기반을 둔 의미-부여의 차원에서이다(pp. 87-113).

비트겐슈타인에 대한 이런 해석을 평가하기 전에, 이러한 해석은 내가 2.2.3 (a) (ii)에서 언급했던 모호함의 난점들에 대한 비트겐슈타인의 답변에 관하여 우리에게 더 깊이 있는 설명을 제공한다는 점을 언급할 필요가 있다. 이 난점을 상기하라: 모호한 술어들에 대한 우리의 사용을 지배하는 규칙들은 그런 어떤 술어가 그 열의 첫 번째 대상에는 분명 적용되지만, 마지막 대상에는 적용되지 않는 식으로 대상들의 유한

한 열을 구성하는 일도 가능하게 할 수 있지만, 동시에 우리가 그 술어를 그 열에서 하나의 대상 다음에 놓여 있는 것 — 그것이 무엇이건 — 에 적용할 때, 오직 그때에만 그 술어를 하나의 대상에 적용하는 것이라고 주장한다. 이것은 그 규칙들이 일관되지 않음을 보여 줄 것이다; 그리고 내가 거기서 비트겐슈타인에게 부여한 실용적 태도는 규칙들의 사용이 실제로 우리를 모순에 빠지게 하지 않는 한 그 개념은 쓸모없게 되지 않는다는 것이었다.

크립키의 해석은 다른 대답의 가능성을 보여 준다. 왜냐하면, 만일 '술어 사용을 위한' 규칙들이 실제로 어떤 한 가지 사용의 모습을 결정하지 않는다면, 우리가 진정한 연쇄식 계열을 실제로 발견하고 그 규칙들을 연속하여 적용함으로써 모순에 이르지 않는 한, 모순은 규칙들에 **내재하지도 않**기 때문이다. 그러므로 모호한 술어를 지배하는 규칙들은 어떤 다른 표현을 지배하는 규칙들만큼이나 — 그만큼 무력하기 때문에 — 무해할 것이다.

크립키로 돌아가서, 나는 비트겐슈타인이 크립키가 보여 준 식으로 논증하고 있지 않은 것이 매우 확실하다고 생각한다. 이것을 매우 분명하게 알려 주는 것은 PI 136a에 나오는 말이다: 사람들이 말하듯이, '"p"는 참이다'가 'p'를 말하는 다른 방식일 뿐이라면, '"p"는 하나의 **사실**을 표현한다' 또는 'p는 하나의 **사실**이다' 역시 그렇다. 그러나 그렇다면, '그는 +2를 뜻했다'의 적절성은 '그가 +2를 뜻했다는 것은 하나의 사실이다'의 적절성과 함께 인정될 수 있거나 인정될 수 없다; 따라서 한 번 우리가 전자를 말할 자격을 갖는다면, — 그것이 크립키 자신의 '주장 가능성 조건들'을 따를 때뿐이라 하더라도 — 후자를 부정할 여지도 더 이상 남아 있지 않게 된다. 요컨대 비트겐슈타인 자신의 진리 이론은, 실제로 사실들을 진술하는 주장문들과 단지 사실들을 진술하는 것으로 보일 뿐인 문장들 사이에, 크립키가 긋기 원하는 종류의 구분선에 대하여 어떤 것이라도 부정할 수 있도록 한다.[19]

거기에 더하여 크립키의 독해에 따르면 우리가 한 낱말을 '이해할' 때 우리에게 떠오르는 것과 그때 우리가 그것으로 계속해 나갈 수 있는 것 — 그것이 무엇이건 — 사이에는 **전혀** 모순이 **없다**는 것을 유의하라. 그러나 비트겐슈타인은 바로 이것을 부정한다. 우리가 낱말을 이해할 때 우리 마음속에 떠오르는 것은 그림이라는 생각에 대한 그의 논의를 상기하라. 그는 다음과 같이 쓴다: '그림과 적용이 충돌할 수 있는가? … 할 수 있다' (PI 141c). 또는 달리 말해서:

> "그렇지만 내가 그 명령을 한 그 당시에도 나는 그가 1000 다음에는 1002를 써야 한다는 것을 이미 알고 있었다!" — 확실히 그렇다; 그리고 당신은 그 당시 당신은 그것을 **뜻했다**고까지도 말할 수 있다. … (PI 187)

그러므로 분명히 비트겐슈타인은, 크립키와는 달리, 당신이 규칙을 언급할 때 다른 것이 아닌 어떤 하나의 것을 뜻하거나 의도한다는 것을 부정하지 **않는다**; 또한 그는 명령을 받은 사람의 행위 — 예컨대 낱말의 적용 또는 수열의 전개 — 가 뜻해진 것과 일치할 수 있다는 것이나, 그것이 뜻해진 것과 **모순될** 수 있다는 것도 부정하지도 않는다. 그리고 우리가 보여 주었듯이, 당신이 다른 것이 아니라 바로 이것을 뜻했다는 우리의 말 — 또는 당신의 말 — 을 정당화해 주는 것은 그 표현의 관습적인 **사용**이다.

---

19 PI 136a에 대한 크립키 자신의, 다소 혼동스러운 논의는 p. 86에 있다; 나는 그것을 Ahmed 2007: 142-6에서 논했다.

3.4.3. '동물적인 어떤 것'

이 사유 노선은 PI 201의 두 번째 단락을 통해 도입될 수 있는 하나의 반박에 직면하는데, 거기에서 비트겐슈타인은 **어떤 것**을 뜻함의 가능성에 관한 크립키적 회의론에 대한 대답을 주고 있다:

> 여기에 어떤 오해가 있다는 것은, 우리가 이러한 사고 과정에서 해석에 해석을 가한다. — 마치 각각의 한 해석이 우리가 이 해석 뒤에 또다시 놓여 있는 한 해석을 생각하기 전까지의 최소한 한순간은 우리를 진정시킨다는 듯이 — 는 점에서 이미 드러난다. 이것이 보여 주는 것은 요컨대, 하나의 **해석**이 **아닌**, 오히려 우리가 "규칙을 따른다"고 부르는 것과 "규칙에 어긋나게 행위한다"라고 부르는 것 속에서 그때그때 표현되는 적용의 규칙 파악이 존재한다는 것이다.

그가 '해석에 해석을 가한다'를 통해 말하는 것은 우리가 그 규칙을 취할 수 있는 방식들에 대한 상이한 기술들이다: 그러므로, 예컨대, '+2'에 대한 하나의 해석은 '그다음 수를 얻기 위해 그 열의 각각의 수에 2를 더하라'가 될 것이다. 그것에 대한 다른 해석은 '1000보다 적은 각각의 수에는 그다음 수를 얻기 위해 2를 더하라. 1000보다 크거나 같은 각각의 수에는 그다음 수를 얻기 위해 4를 더하라'가 될 것이다. 물론 우리는 무한정으로 많은 다른 것들을 생각할 수 있을 것이다('해석'의 이런 사용을 PI 34에 나오는 사용과 혼동하지 마라).

그러나 우리가 이 모든 해석에 대해 생각할 수 있다는 사실은 우리가 그 규칙을 다른 것이 아닌 어떤 하나의 방식으로 절대 이해할 수 없다는 것이나 그것이 우리가 무엇을 해야 할지를 결코 말해 주지 않는다는 것을 보여 주지 **않는다**. 그 규칙은 우리가 무엇을 해야 할지를 말해 준다.

왜냐하면 우리가 그 규칙에 대해 실제로 반응하는 방식이 존재하기 때문이다. 일반적으로 우리는 그다음 수를 얻기 위해 각각의 수에 2를 더함으로써 그 규칙에 **실제로** 반응**한다**; 우리는 다르게 반응하는 사람에게 '그것을 거스르고 있다'는 등의 말을 실제로 한다; **그리고** 바로 그 규칙이 우리에게 다른 어떤 것이 아니라 바로 그것을 하라고 말하는 **이유이다**.

'우리가 실제의 경우들에서 "규칙을 따른다"와 "규칙에 어긋나게 행동한다"고 부르는 것'으로 비트겐슈타인이 무엇을 뜻하며 무엇을 뜻하지 않는지 분명히 아는 것은 중요한 일이다. 그는 당신이 어떤 경우에 하나의 규칙으로 뜻한 것이 무엇인지가 **당신이** '그 규칙을 따른다'고 부르는 것 또는 원하는 청자가 그렇게 부르는 것에 의해 완전히 결정된다고 말하고 있지 **않다**. **이** 경우 전자에서는 '부부부'(하나의 무의미한 표현, PI p. 16n/18n/『탐구』 49쪽 7참고)를 가지고 '+2'를 뜻하는 일이 가능할 것이다; 후자에서는 하나의 규칙에 **어긋나게** 행동하는 일이 완전히 불가능할 것이다.

그가 말하고 있는 것은 차라리 하나의 규칙에 대한 우리의 파악을 보여 주는 것이 **일반적으로** '규칙을 따른다'와 '규칙에 어긋나게 행동한다'고 불리는 것이라는 것이다. 그러니까 **나 자신**에 의해 서로 **다른** 시간에 그렇게 불리거나 **다른** 사람들을 통해 같은 시간에 그렇게 불리는 것일 수 있지만 어떤 경우에라도 일상적인 상황들에서 그렇게 불리는 것이어야 한다. 나의 '+2' 발화를 통해 내가 '그는 예컨대 1866 다음에 1868을 써야 한다'는 것을 뜻했다고, 하지만 나의 내적이거나 외적인 행동 속의 어떤 것도, 그리고 그의 내적이거나 외적인 행동 속의 어떤 것도 이것을 결정하지 못한다고 생각해 보자(나는 그 수들을 결코 언급하지 않았으며, 또한 나는 그것들을 결코 생각하지 않았고, 그도 또한 마찬가지였다). 그렇다면 내가 그에게 '1866' 다음에 '1868'을 쓰라고 뜻했다는 사실을 나타내 보여 주는 것은 **다른** 사람들이 그 수열을 그 방식으로 전개**했다**는 사실이다. 이것은 그들이 무엇을 '규칙을 따른다'고 부르는가의 한 사례이다; 가령 '1866' 바로 뒤에 '1870'을 쓰는 것이 그들이 '규칙에 어긋나게 행동한다'고 부르는 것의 한 사례이듯이; 그들은 일상적인 상황들에서, 예컨대 수업에서, 그렇게 행동한다.

당신은 즉각 내가 '+2'를 말했을 때 나는 나에게 떠오르지 않았지만 다른 사람들에게는 떠오른 수열의 어떤 부분들만 뜻한 것이 아니라고 반박할 것이다. 나는 또한 나에게나 다른 임의의 사람에게 결코 떠오르지 않**았**던 열의 부분들도 뜻했다. 예컨대, 내가 '+2'를 말했을 때 나는 그가 10002 다음에 10004를 써야 한다고 뜻했다. 심지어 아무도 그런 수들을 써 본 적이 없거나 생각해 본 적이 없다고 할지라도 나는 여전히 내가 실제로 뜻한 바에 의해 그것을 뜻했음이 틀림없을 것이다; 그리고 나는 그 상황에서조차 그가 10002 다음에 10004를 써야 한다고 뜻했음이 틀림없을 것이다. 그렇다면 어떻게 '우리가 실제의 경우들에 "규칙을 따른다"와 "규칙에 어긋나게 행동한다"고 부르는 것'이 내가 '+2'로써 바로 그것을 뜻했음을 **표출할** 수 있을까?

그 대답은 당신이 스스로 명백히 언급한 또는 누군가 언급한 적이 있는 예들을 넘어 가리키는 어떤 것을 **표출**할 수 있다는 것이다. 우리는 이것을 '등등'이나 생략 기호의 사용을 통해 할 수 있다(PI 208g, NB 49). 예들을 통한 가르침은 그런 종류의 표출일 수 있을 것이다. 예컨대, 내가 '놀이'라는 낱말을 어떤 사람에게 설명하려 한다면 나는 몇 개의 놀이들을 기술하고 나서, '이것 **그리고 비슷한 것들**은 놀이라고 불린다'(PI 69)라는 말을 덧붙일 수 있을 것이다. 여기서 '그리고 비슷한 것들'이라는 표현은 다른 낱말들의 설명에서 '등등'이나 '…'에 의해 수

행되었을 기능을 수행하고 있다. 다시 말해서 나는 '같은'이라는 낱말을 예를 통해 어떤 사람에게 설명할 수 있을 것이다.

> 그러니까 이러한 교육에서 나는 그에게 같은 색깔들, 같은 길이들, 같은 도형들을 보여 주고, 그로 하여금 그것들을 발견하고, 만들어 내게 하는 등의 일을 시킬 것이다. 가령 나는 어떤 명령에 대해 어떤 장식렬을 '한결같이' 계속하도록 그를 지도할 것이다. — 그리고 계속 전진하도록 지도하기도 할 것이다. 그러니까 가령 · ·· ··· 에 대해서는 ···· ····· ······ 와 같이 계속해 나가도록 말이다(PI 208).

이 소견은 예를 통해 '의미의 표출들'을 두 가지 더 기술한다: 우리는 그 학생에게 '같은 F'의 사례들을 보여 줌으로써 우리가 '같은'으로 뜻한 것을 표출한다; 그러고 나서 **그는** 그가 이해한 것을 **다른** 사례들을 줌으로써 표출한다. 따라서 이런 방식과 유사한 방식에서 우리의 뜻함은 '우리가 실제의 경우들에 "규칙을 따른다"와 "규칙에 어긋나게 행동한다"고 부르는 것으로 표출'될 수 있다.

그러나 당신이 뜻한 것의 이 '표출'은 여전히 **어떤 것**을 놓쳐서는 안 되는가? 이 지점에 이르기까지 아무도 +2의 열에서 '1866' 다음에 어떤 수가 오는지 관심을 기울인 적이 없었다고 생각해 보자. 그러나 당신이 '+2'라는 명령을 주었을 때 당신은 분명 그 학생이 '1866' 다음에 '1868'을 써야 한다고 뜻했다. 비트겐슈타인은 그것이 바로 실제의 경우들에 관해서 우리의 판단이 '표출하는' 것이라고 말한다; 이것은 나에게 또는 어떤 유능한 학생에게, 당신이 **저 특별한 예**를 언급했다는 것에 의해서가 아니라, 당신이 **다른** 예들을 언급했다는 것에 의해, 그러니까 가령 '996' 다음에 '998'을 쓰거나, '210' 다음에 '212'를 쓰거나,

등등을 하였다는 것에 의해 표출된다. 하지만 이런 불평이 있다: 어떻게 당신은 당신이 다른 예들을 말함으로써 당신이 **바로 그것**을 뜻했다는 것을 표출할 수 있었는가? 이를 대화 상대방은 다음과 같이 표현하고 있다: '그러나 당신은 당신 자신이 이해하고 있는 것을 그에게 실제로 설명하는가? 당신은 그로 하여금 본질적인 것은 **추측**하도록 하지 않는가? 당신은 그에게 예들을 준다. — 그러나 그는 그것들의 경향을, 그러니까 당신의 의도를 추측해야 한다' (PI 210).

이 반박에 대한 대답은 무엇보다도 그것을 확장해 보라는 것이다. 왜냐하면, 만일 그것이 적용된다면 그것은 우리가 마음속에 가지고 있다고 생각되는 수열(부분)이 우리가 실제로 언급하거나 써 보거나 (비록 자기 자신에게만이라도) 다른 방식으로 드러나게 한 부분을 넘어가는 경우들에만 적용되는 것은 아니기 때문이다.[20] 예컨대, 당신이 어떻게 해서든 +2의 수열 전체를 읽기 쉬운 방식으로 썼기 때문에 그것을 읽은 어떤 사람도 당신이 '1866' 다음에 '1868'을 썼다는 것을 조금도 의심할 수 없었다고 생각해 보자. 그 경우에도 당신의 학생은 여전히 전과 똑같은 정도로 추측하기가 필요할 것이다. 왜냐하면 그는 당신의 글씨로부터 그의 글씨로의 '투영 방법'을 똑같은 정도로 추측할 필요가 있기 때문이다: 어떤 변형을 당신이 쓴 것과 같은 것을 쓴 것으로 간주해야 할까? — 그것은 당신이 쓴 숫자들인가, 아니면 당신이 첫 번째에 0을 더하고, 두 번째에 2를 더하고, 세 번째에 4를 더하고 … 등을 함으로써 얻는 것인가?

그것은 잘못됐다; 잘못된 점은 '뜻함의 표출'이 내포하고 있는 것을 터무니없이 심각하게 파악했다는 것이다. 반대자가 주장하고 있는 것

20 예컨대 그것은 우리가 ABC를 안다는 것에 적용될 것이다(PI 149).

은 내가 어떤 것을 뜻한다는 것을 표출하기 위해서 나는 **모든 가능한 대안들**을 제거해야 한다는 것이다. 왜냐하면, 그렇게 하지 않을 때 내 말을 듣는 사람은 제거되지 않은 것들 중에서 추측해야 하는 상황에 빠져들게 되기 때문이다. 그러나 비트겐슈타인에 따르면 이 추측은 실제로 우리가 빠져들게 되는 **추측함**이 아니다. PI 210에서 방금 인용된 소견은 다음과 같이 이어진다:

> 내가 나 자신에게 줄 수 있는 모든 설명을 나는 또한 그에게도 준다. — "그는 내가 뜻하는 바를 추측한다"는, 나의 설명에 대한 여러 가지 해석들이 그의 마음에 떠오르며, 그가 그중 하나를 알아맞힌다는 뜻일 것이다. 그러므로 그는 이 경우에 물을 수 있을 것이다; 그리고 나는 그에게 대답할 수 있을 것이며, 대답할 것이다.

여기서 '해석'은 아마도 PI 201에서 말하는, '규칙의 한 표현을 다른 한 표현으로 대체하는 것'일 것이다. 그러므로 당신이 무엇을 뜻했는지를 어떤 사람이 추측한다고 말하는 것은 당신이 뜻했을 수 있는 규칙들에 대한 다양한 대안적 기술들이 그에게 실제로 떠오른다는 것을 뜻할 수 있다. 심지어 무한정 많은 수열들이 당신이 그에게 보여 준 예들과 양립 가능하다 할지라도(언제나 그럴 것이기 때문에), 그것들 중 많은 것들이 그에게 떠올라 그가 그중에서 선택하는 것이 **아니라면**, 그는 추측하고 있는 것이 **아니다**. 그러므로 실제로 어떤 해석도 그에게 떠오르지 않았다면, 대신에 그가 단순히 당신이 바란 대로 그 열을 계속한 것이라면, 그는 추측을 한 것이 **아니다**.

이제 이런 뜻의 '추측'은, '추측'이란 낱말의 일상적 사용에 속하는 내용을 거의 확실히 보존하고 있는 반면, PI 210에 나오는 상대방의 더

'철학적인' 용법은 일상의 경우들에서 그 학생이 예를 통해 배울 때 추측하고 있지 **않다**는 직관을 포기한 것으로 보인다. 이 경우 우리의 언어는 비트겐슈타인이 말하는 휴가를 떠난 것이다(PI 38). 우리는 마치 우리가 다른 사람의 뜻함을 단지 **추측**할 수 있을 뿐이라는 흥미로운 발견을 하였다는 듯이 느낀다. 그러나 그것은 '추측'이란 낱말의 일상적 사용이 아니다.

그러나 비록 '추측'이란 낱말의 직관적 확장에는 충실하지 않을지라도, PI 210에 나오는 상대방이 그 낱말을 사용하는 방식은 그것의 직관적 **내포**에 들어 있는 어떤 것을 적법하게 강조하고 있다. 이것은 만일 우리가 **이성적인 과정을 통해** 결론에 도달하지 않는다면 우리는 추측하고 있다는 관념이다. 그리고 많은 학습 상황들을 그런 종류에 속하는 것으로 기술하는 것은 합리적**이다**. 예컨대, 그 학생이 아무도 1866을 넘어서 그것을 전개해 보지 않은 상황에서 +2의 열을 계속하라는 명령을 받는다고 다시 생각해 보자. 그렇다면 이제 그가 '1866' 다음에 예컨대 '1870'이 아니라 '1868'이라 쓰는 것을 무엇이 설명해 줄 수 있을까? 그는 어떤 근거도 가리킬 수 없을 것이다. 아니 좀 더 정확히 말해서, 만일 그가 그의 가르침과 그 명령 자체를 근거로 가리킨다면, 그는 그가 그 가르침을 왜 '1870'을 쓰는 근거로서가 아니라 '1868'을 쓰는 근거로서 간주하는지 말할 수 없을 것이다.

이제 그 학생이 그 같은 경우들에 '추측'을 하고 있다거나 하고 있지 않다고 주장함으로써 얻어지는 것은 아무것도 없다. 중요한 것은 비트겐슈타인이 동의하고 있는 것, 즉 우리는 결국 근거들이 동나는 데까지 이르게 되었다는 것이다. 그리고 그는 — 매우 옳게도 — 근거의 실천적 의미를 평가절하하려 한다.

> "장식렬 계속하기에서 당신이 그를 어떻게 가르치든지 간에, — 그는 자기 스스로 어떻게 계속해 나가야 하는지를 어떻게 **알** 수 있는가?" — 자, **나는 그걸** 어떻게 아는가? — 이것이 "나는 근거들을 가지고 있는가?"를 뜻한다면, 그 대답은 다음과 같다. 즉, 근거들은 나에게서 곧 동이 난다. 그리고 그 경우 나는 근거들 없이 행위하게 될 것이다(PI 211).

> 내가 두려워하는 어떤 사람이 나에게 수열을 계속하라는 명령을 한다면, 나는 신속히, 확신을 가지고 행위할 것이며, 근거들의 결여는 나를 방해하지 않을 것이다(PI 212).

이제 이 점에 대해, 당신이 예컨대 '1866' 다음에 '1868'을 써야 한다는 것을 뜻했다고 생각할 어떤 근거도 그 학생은 갖고 있지 않다는 식으로 과잉반응하는 일도 분명히 가능하다. 그 과잉반응이 우리에게 저 연쇄가 아닌 이 연쇄를 옹호해 주는 최소한의 근거도 없다는 바로 그 이유 때문에 우리는 어떤 명령에 어떤 연쇄로 답하더라도 늘 그것을 의심하거나 **주저할** 수밖에 없다고 생각하는 것이리라. 그러나 그것은 잘못이다: B가 아니라 A를 할, 그리고 그 역에 대한 근거의 결여는 그 자체 둘 중 하나를 하지 **않기** 위한 근거가 될 수 없다. '정당화 없이 한 낱말을 사용한다는 [또는 한 패턴을 계속한다는] 것이 그 낱말을 부당하게 사용한다는 것을 뜻하지는 않는다' (PI 289). 적어도 대부분의 시간 동안, 우리는 **실제로** 의심을 하고 있지도 않다. 왜냐하면 '우리가 어떤 의심을 **상상**할 수 있기 때문에 우리가 의심하고 있다는 것'은 잘못이기 때문이다(PI 84).[21]

그러나 저 상대적으로 만족해하는 실천적 입장의 배후에는 인간의 본성에 관한 더 불편한 진리가 놓여 있다. 왜냐하면, 만일 PI 210-12의 저 취지가 옳다면 다른 어떤 사람에 대한 나의 이해는 이성적이라기보다는 동물적인 또는 본능적인 반응이라고 하는 것이 더 올바른 기술로 보이기 때문이다. 우리 앞에 놓인 사실은 그 학생 및 다른 한국어 화자들이 +2라는 명령에 대하여 1866 다음에 1868을 쓰는 식으로 진행하고 다른 진행은 틀렸다고 간주하는 **경향이 있다**는 것이다.

> 내가 논거들을 다 소진했다면, 이제 나는 단단한 암석에 도달한 것이며, 나의 삽은 뒤로 굽힌다. 그 경우 나는 이렇게 말하는 경향이 있다: "나는 그저 그렇게 행위하고 있다"(PI 217).

> 내가 규칙을 따를 때, 나는 선택하지 않는다. 나는 규칙을 **맹목적으로** 따른다(PI 219).

이 입장의 특히 당혹스러운 점은 그것이 합리성의 전형으로 간주되어 온 것, 즉 수학적 수열의 연쇄에 본능의 요소를 도입하는 것으로 보인다는 것이다. 그것은 우리가 그와 같은 연쇄에 의지해 있다는 신뢰감을 일시적으로 문제 삼으려는 것이 아니라, 수학적 수열의 진행이 어떤 종류의 이성적 **이해**로부터 발생하는 것이 아닌 맹목적 행동의 문제라는 것을 알려 주려는 것이다.

> 그렇지만 이는 내가 그것을 정당화된다 안 된다를 넘어서 어떤 것으로서, 그러니까 말하자면 동물적인 어떤 것으로서 파악하고자 한다는 것을 뜻한다

21 그는 다른 형태의 회의주의, 예컨대 다른 사람들의 마음(PI 284, 288-9, 303), 귀납(PI 472), 그리고 외부 세계(OC 369-71) 등에 대한 회의주의와 대조적인 태도를 취하고 있다.

(OC 359).

자연주의는 우리를 **이성**을 통해 특별한 종류의 통찰을 부여받은 존재가 아니라 단지 다른 동물들 가운데 하나의 동물로 보는 철학이다; 그것은 형이상학적 함축들뿐 아니라 윤리적이고 정치적인 함축들도 갖는 중요하고 일반적인 진리다. 『철학적 탐구』에서 비트겐슈타인이 이룬 가장 위대한 업적은 바로 그것이 얼마나 깊이 이를 수 있는지 보여 준 것이었다.

4편 사밀성

『철학적 탐구』에서 규칙-따르기, 의미와 이해에 관한 논의를 잇는 것은 역시 섬세하고 탐구적인 감각들과 감각 언어에 관한 논의이다.

그 주제에 대한 관심은 부분적으로 감각 상태들과 과정들 — 치통, 잔상, 운동 감각 등 — 이 전통적 철학에 오랫동안 다양한 문제들을 제공했다는 사실 때문에 촉발되었다. 그것들은 물리적 상태들 및 과정들과 동일하거나, 그것이 아니라면 그것들로 환원될 수 있는가? 어떻게 어떤 사람은 다른 사람이 좌우간 감각들을 가지고 있다는 것을 아는가? 그리고 그가 그것을 안다고 할지라도, 어떻게 그는 다른 어떤 사람의 감각들이 그 자신의 감각들과 **비슷하다**는 것을 아는가? 그 문제에 관하여, 그가 그 **자신의** 감각들에 대한 판단에서는 특별히 확실하다는 것을 설명해 주는 것은 무엇인가? 하나의 감각을 '가지고 있다'는 것은 무엇인가? 비트겐슈타인은 이 모든 질문들을 직접 끌어들이지 않는다. 그러나 그는 그것들이 우리에게 표현하는 것으로 보이는 문제들이 진정한 문제들인지 의심할 이유들을 제공한다.

그것에 대한 관심은 또 부분적으로 많은 철학자들이 감각들을 언어의 기초에 위치시켰다는 사실 때문에 촉발되었다. 예컨대, 우리는 로크가 낱말들을 일차적으로 우리의 사적인 '관념들'을 가리키는 것으로 간주했음을 보았다. 이 맥락에서 '관념'에 대한 하나의 설득력 있는 해석은 '감각적 심상'이다. 사실 우리는 로크의 그 생각이 바로 PI 1에 나오는 '물건 사오기'의 예에 대한 비트겐슈타인의 결론을 반대하는 배후로서 (아직 대답 되지 않은 채) 놓여 있는 것임을 보았다 (1.1). 왜냐하면, 이 예에 대한 고찰을 내적 상태들이 수행하는 역할의 고찰로 확장한다면, 그것들의 사용에서 피상적 고찰이 보여 줄 수 있는 것보다 더 중대한 **통일성**을 볼 것이라는 근거에서, 우리는 그 예가 '다섯', '빨강', 그리고 '사과'란 낱말의 사용 가운데 놓여 있는 매우 큰 어떤 다양성을 수립하지 못했다고 주장할 수도 있었기 때문이다. 또한, 비트겐슈타인 자신의 시대에 논리 실증주의자들은 우리가 의미 있는 진술들을 우리의 직접적인 감각 상태들에 관한 진술들로 분석할 수 있다고 (Carnap 2003: s61) 또는 분석해야 한다고(Ayer 1971: 2장) 생각했다.

이런 철학자들이 생각한 역할을 감각 상태들이 수행하기 위해서는, 그것을 가진 사람들이 감각의 **3인칭** 속성들이 통상적으로 의존하는 외부적이거나 신체적인 기준들 없이도 그것들에 관해 말하는 것이 가능해야만 한다; 실로 그것들이 그런 기준들을 **가지고** 있든지 없든지 간에 이것은 가능해야만 한다. 그런 모든 기준이 없는 감각들을 가리키는 언어는 그 문헌에서 **사적 언어**라고 알려져 있다; 우리는 우선 비트겐슈타인이 그것의 가능성을 부정하기 위해 제시한 두 논증을 살펴볼 것이다.

결론적으로, 사적인 감각 상태들은 의미와 이해에 관한 비트겐슈타인 자신의 고찰들 중 어떤 것에 대한 반례인 듯이 보인다. 우리는 이미 한 입방체의 그림이 당신에게 떠오르는 시간에 '입방체'에 대한 **어떤** 의도되지 않은 해석을 배제할 어떤 것도 당신의 의식 속에서 일어날 필요가 없다는 것, 그러므로 그런 어떤 것의 발생은 당신에게 특별한 사용을 **강요**하지 않는다는 것을 보았다(PI 140). 오히려 입방체들의 그림들은 관습적으로 이러한 사용들을 가지며 저러한 다른 사용들을 갖지 않는다는 사실이 바로 우리가 이 사건의 발생에 대해 하나의 적용이 당신의 마음 앞에 떠올랐다고 부를 수 있도록 정당화해 주는 것이다(PI 141c; PI 179, 198 참고).

하지만 하나의 내적인 감각 상태의 경우를 고찰해 보자. 어떤 경우에 내가 이것과 같은 유형의 감각들을 가리키기 위해 'S'라는 낱말을 사용하기로 한다고 생각해 보자. — 여기서 나는 어떤 특정한 감각에, 말하자면 내가 방금 주목한 특정한 빨강 색조에 대한 나의 체험에 초점을 맞춘다. 그렇게 함으로써 나는 'S'란 낱말과 바로 그 색조 사이의 연관을 (적어도 원칙적으로) 수립할 수 있게 되고, 그 때문에 내가 나 자신에게 'S?'라고 말할 때 그것의 심상이 내게 떠오르는 것으로 보인다. 이제 우리가 '사적인 지시적 정의'라고 부를 수 있을 어떤 의식적 사건이 나에게 '하나의 사용을 강요' **하였**을 수 있지 않을까? 어쩌면 이것이 바로 우리가 실제로 사용하는 색채어들이 의미를 얻는 방식일지 모른다. '그가 "빨강"이란 말을 들을 때, 그는 자기가 어떤 색깔을 골라야 하는지 어떻게 알까? — 매우 간단하다; 그는 그 낱말을 들을 때 자기에게 떠오르는 심상이 지닌 색깔을 택해야 한다' (PI 239).

그러므로 사적인 지시적 정의는, 그때 당신이 주의를 집중하고 있는 심상을 (이런저런 방식으로) 사용하는 일에 있어서의 어떤 다른 규칙성들과는 아주 무관하게, 한 낱말의 적용을 당신의 마음 앞에 놓아두는 것으로 보인다. 우리가 고찰할 첫 번째 논증은 그런 사적인 지시적 정의의 가능성을 비판하는 데 향해 있다.

4.1. 사적 언어

4.1.1. 예비 과정

비트겐슈타인은 그의 표석을 다음 소견에서 처음으로 언급하고 있다.

> 사람은 자기 자신을 격려하고, 꾸짖고, 벌주고, 자기 자신에게 명령하고, 복종하고, 물음을 제기하고 그것에 대해 대답할 수 있다. 그러므로 우리들은 또한 오직 독백적으로만 말하는 사람들을 생각할 수 있을 것이다. ……
>
> 그러나 어떤 사람이 자기의 내적인 체험들 — 자기의 느낌, 기분 등 — 을 자신만의 사용을 위해 기입 또는 발화하는 언어도 상상할 수 있을까? — 대체 우리는 그런 일을 우리의 일상적인 언어에서는 할 수 없는가? — 그러나 내 뜻은 그게 아니다. 이 언어의 낱말들은 오직 말하는 사람만이 알 수 있는 것과 관련되어 있어야 한다. 즉 자기의 직접적인, 사적인 감각들과. 따라서 다른 사람은 이 언어를 이해할 수 없다(PI 243).

이 소견은 언어들이 가질 수 있는 특징과 '사밀성'이라는 명칭을 정당화할 특징이라는 매우 다른 두 가지를 실제로 혼동한 것으로 보인다; 이들 중 오직 하나만이 우리의 관심사이다. 특히 끝에서 두 번째 문장은 이 언어의 낱말들이 (a) 오직 말하는 사람**만이 알 수 있는 것과 관련되어 있어야 한다**고 말한다. 그리고 마지막 문장은 그 낱말들이 (b) 화자**에 의해서만 이해될 수 있어야 한다**고 말한다. 그리고 이것뿐만 아니라 저 특징 (b)도 또한 특징 (a)의 한 귀결이다. 특징 (a)를 가진 언어를 (a) **인**

식적으로 특권적이라고 부르고; 특징 (b)를 가진 언어를 (b) **개인어**라고 부르기로 하자.

에드워드 크레이그(Edward Craig)는 언어가 개인어적이지 않으면서도 인식적으로 특권적일 수 있다(그러므로 비트겐슈타인의 저 마지막 문장의 '따라서'는 불필요하다)는 것을 매우 설득력 있게 보여 주었다(Craig 1997). 다른 어떤 사람이 인식적으로 특권적인 언어를 이해하기 위해서는 그가 그 낱말들의 의미에 관한 **참된 믿음**을 갖는 것만으로 충분하다는 것을, 그러니까 지식은 필요하지 않다는 것을 숙고해 보라. 보비는 사과를 나타내기 위해 '사과'를 사용하지만, 그와 똑같은 목소리를 가지고 있는 그의 형제 조니는 국어의 이형(異形)을 말하는데, 거기에서는 '사과'가 토마토를 나타낸다. 그들 중 한 명이 내게 전화를 걸어 그의 이름을 말하지 않고 나에게 '다섯 개의 빨간 사과'를 그에게 갖다 달라고 말한다. 그러고서 그는 전화를 끊는다. 나는 내가 전화로 들은 '사과'라는 상징이 사과를 가리키는지 토마토를 가리키는지 모른다; 여전히 나는 그것이 사과를 가리킨다고 추측하는데, 공교롭게도 내가 옳았다. 그 경우 나는 나의 상대방이 무엇을 뜻했는지 **알지** 못했던 내가 그 지시를 이해했다고 말하는 것이 옳을 것이다. 그 경우 나에게 지시한 사람이 나와 성공적으로 의사소통했다고 말하는 것 또한 옳을 것이다.

그렇다면 일반적으로 우리는 어떤 사람의 말을 그것이 무엇을 뜻하는지 **알지** 못하고서도 이해할 수 있다; 그러므로 인식적으로 특권적인 언어가 왜 반드시 개인어여야 하는지는 납득하기 어려운 일이다. 그것은 손쉽게 생각해 볼 수 있는 이 경우에도 그렇다: 만일 예컨대 '빨강'이란 당신의 낱말이 내가 '파랑'이라고 부르는 것을 가리키는지를 내가 알지 못할 뿐만 아니라 알 수 없다면 (다음에 나오는 로크의 유명한 환상을 참고하라: *Essay* II.xxxii.15), 우리 사이의 의사소통을 위해서는 내가 옳다고 **추측**하는 것만으로도 충분할 것이다. 그러므로 손쉽게 생각해 볼 수 있는 이 경우에 두 기준은 갈라서게 되며, 좌우간 인식적 특권은 개인어를 수반하지 않는다.

이제 비트겐슈타인은 뒤에서 그의 표적에 대하여 세 번째 특징을 부여한다: 그는 그가 고찰하는 것이 어떤 상태나 사건의 발생에 관해 다른 사람들이 판단을 위해 참조해야 할 아무런 자연적인 외부적 (즉, 행동적 또는 신체적) 표시도 가지고 있지 않은, 그런 상태나 사건을 가리키는 낱말들로 구성된 언어라고 한다. 그것이 바로 내가 조사해 보려고 하는 첫 번째 논증 바로 앞에서 그가 진술한 것이다(PI 256). 예를 들어 **저림**은, 그것에 (예컨대 한 자리에 오랫동안 앉아 있음이라는) 특징적인 원인이 있기 때문에, 사적 언어에 속하는 낱말의 지시체로 인정될 수 없을 것이다; 매스꺼움은 (예컨대 구토라는) 특징적인 결과가 있다면 인정될 수 없을 것이다; 그리고 **치통**은 (예컨대 썩은 이라는) 특징적인 원인들**과** (예컨대 턱을 감싸 쥐는) 특징적인 결과를 가지고 있기 때문에 역시 인정될 수 없을 것이다.

만일 다른 한편으로 당신이 로크주의자와 같이[22] 사람들의 저림, 매스꺼움 등등을 이러한 외부적 표시들을 통해 판단할 수 없다고 생각한다면, 당신은 이러한 제3의 성격 규정에 기반하여, 비트겐슈타인이 고찰하려는 언어의 낱말들 가운데 저림, 매스꺼움 그리고 치통을 가리키는 낱말들을 허용**할** 것이다. 또한 당신은 아마도 국어나 국어의 일부를 저림, 매스꺼움 그리고 치통에 관한 낱말들을 실제로 포함하고 있는 이

22 로크 자신은 이 점에서 이상적인 로크주의자가 되지 못한다. *Essay* II.xxxii.15에서 그는, 예컨대 우리가 금잔화를 볼 때, 다른 사람들이 내가 느끼는 것과 같은 시각적 감각을 느낀다고 생각할 많은 이유가 있다고 말한다: '그러나 그것은 내가 현재 할 일이 아니므로 그것으로 독자들을 괴롭히지는 않을 것이다.'

러한 제3의 뜻에서의 사적 언어라고 주장할 수도 있을 것이다. 따라서 이 제3의 종류의 언어를 부정하는 논증도 국어에 관한 로크식 해석을 부정하는 논증이 될 것이다.

그러므로 세 가지 상이한 종류의 언어가 비트겐슈타인의 표적이라고 간주될 수 있을 것이다: (a) 낱말들이 오직 화자들만 알고 있는 것을 가리키는 언어, (b) 낱말들이 오직 화자들에 의해서만 이해될 수 있는 언어, (c) 소유자 외의 다른 사람이 그 발생을 판단할 수 있게 해 줄 외부적 표현이 없는 감각 상태나 과정을 가리키는 낱말들을 지닌 언어. 나는 (c)유형의 언어가 비트겐슈타인이 말한 것에 대하여 가장 흥미로운 해석을 제공할 수 있다는 점 때문에 그가 (c)유형의 언어를 부정하는 논증을 펴고 있다고 간주할 것이다.

4.1.2. 달력 속의 'S'

우리는 PI 258에서 첫 번째 논증의 요지를 볼 수 있는데, 그 내용은 다음과 같다:

> 이런 경우를 생각해 보자. 내가 어떤 한 감각의 반복에 관해서 일기를 쓰고자 한다. 이를 위해 나는 그 감각을 "S[23]"라는 기호와 연합하고, 내가 그 감각을 가지는 날마다 달력에 이 기호를 써 놓는다. ― 나는 우선 그 기호의 정의는 진술될 수 없다는 점을 말하고 싶다. ― 그러나 나는 어쨌든 나 자신에게 그 정의를 일종의 지시적 정의로 줄 수 있다. ― 어떻게? 나는 그 감각을 가리킬 수 있는가? ― 일상적인 뜻에서는 가리킬 수 없다. 그러나 나는 그 기호를 말

---

23 옮긴이 주: 비트겐슈타인의 독일어 원전과 이영철 교수의 번역본에는 '감각'을 뜻하는 독일어 'Empfindung'의 이니셜인 "E"로 되어 있다. 저자는 그에 대응하는 영단어 'Sensation'의 이니셜인 "S"를 택했다.

하거나 쓰며, 그와 동시에 그 감각에 나의 주의를 집중한다. — 그러니까 말하자면 내부에서 그 감각을 가리킨다. — 그러나 무엇 때문에 이런 의식(儀式)을 하는가? 그건 단지 하나의 의식처럼 보인다! 하지만 정의는 한 기호의 의미를 확정하는 데 기여한다. — 자, 그 일이 바로 주의 집중에 의해서 일어난다; 왜냐하면 그렇게 해서 그 기호와 그 감각과의 결합이 나의 마음에 각인되기 때문이다. — 그렇지만 "그 결합이 나의 마음에 각인된다"는 말은 단지, 이 과정이 내가 미래에 그 결합을 **올바로** 기억해 내도록 작용한다는 뜻일 뿐이다. 그러나 우리의 경우에 나는 실은 올바름의 기준을 가지고 있지 않다. 여기서는, 나에게 옳게 보이는 것은 무엇이건 옳다고 말해도 될 것이다. 그리고 이것이 뜻하는 바는 단지, 여기서는 '올바름'에 관해서는 이야기가 될 수 없다는 것이다.

이 소견의 상세한 해석은 상당한 논란의 여지가 있지만, 그 목적과 취지를 상당히 명확하게 하는 일은 가능하다.

인용된 부분만으로는 분명치 않지만 앞부분들을 통해 보면, 여기서 비트겐슈타인이 내가 **사적** 언어라고 부르는 낱말들을 지시적 정의를 통해 확립할 수 있다는 생각을 공격하고 있음이 분명하다. 즉 'S'는 아무런 자연적인 외적 표현이 없는 감각을 가리키는 것으로 생각되었다.[24] 그러므로 저 부분의 목적은 우리가 사적인 지시적 정의를 통해 사적 언

24 예를 들어 PI 256에서 그는 다음과 같이 쓰고 있다: '그러나 만일 내가 감각의 자연적 표명들은 지니지 않고, 단지 감각만을 소유한다면 어떻게 될까? 그리고 이제 나는 단순히 이름들을 감각들과 **연합**시키고, 이 이름들을 어떤 기술(記述)에서 사용한다.' 그리고 PI 257에서 그는 이렇게 쓴다: '"만일 사람들이 자신의 고통을 표명하지 않는다면(신음하지 않는다면, 얼굴을 찌푸리지 않는다면 등등) 어찌 될까? 그러면 우리들은 어린아이에게 '치통'이란 낱말의 사용을 가르칠 수 없을 것이다." — 자, 그 어린아이가 천재이고 스스로 그 감각에 대한 이름을 발명한다고 가정해 보자!'

어 기호들의 의미 — 즉 지시 — 를 **확립**할 수 없다는 것을 보여 주는 것이다. 이것을 보여 주는 일은 사적 언어가 불가능하다는 것을 보여 주는 것과는 다르겠지만, 그것은 어떤 사람이 그런 언어의 낱말들을 배울 방법을 알기 어렵다는 것을 보여 줌으로써, 결과적으로 한국어와 같은 자연 언어들이 사적인 부분을 가지고 있다는 로크적 관점은 수용하기 어렵다는 것을 보여 줄 것이다. 그것은 또한 바로 이 장(章)의 도입부 말미에서 내가 언급한 반례도 무력화시킬 수 있을 것이다. 사적인 지시적 정의는 사용자가 낱말을 그것과 결합된 심상의 사용에 아무런 규칙성 없이도 적용할 수 있게 만들어 주는 수단이라고 생각되었다; 이 때문에 그것은 어떤 경우 어떤 것이 뜻해지는 방식은 그것의 관습적인 용법에 의존한다는 비트겐슈타인의 원리에 대한 하나의 반례가 될 수 있다. 우리가 지금 고찰하고 있는 논증은 만일 성공적이라면, 사적인 지시적 정의가 결국 'S' 에 아무런 의미도 부여할 수 없다는 것을 보여 줄 것이다.

따라서 넓게 본 그 논증의 취지는 분명한데, 그것은 아래와 같이 표현될 수 있을 것이다. 사적인 일기를 쓰는 사람은 'S' 라는 낱말을 도입하여 그가 현재 가지고 있는 유형의 감각을 나타내기 원한다. 그는 지시적 정의를 통해 그것을 하려 한다. 그러나 지시적 정의는 당신이 명명하려 하고 있는 유형의 감각이 출현할 때 단지 그 정의된 표현 'S' 를 발화함의 문제가 아니다. 그 유형의 감각에 **당신의 주의를 집중하는** 동안 'S' 를 발화하는 것도 충분치 않다. 더 필요한 일은 그 정의가 일기 쓰는 사람에게 그 연관을 — 즉 '기호와 감각 간의' 연관을 — 옳게 기억하게 하는 것이다. 그러나 사적인 지시적 정의는 내가 'S' 를 사용하는 것이 올바른지에 관하여 아무런 기준도 제공할 수 없으므로 그 일을 할 수 없다. 그러므로 이른바 사적인 지시적 정의는 실제로는 결코 'S' 의 정의가 아니었다. 그것은 겉도는 의식(儀式)이었다.

그러나 우리는 이런 개요를 가진 그 논증이 목적을 달성할 수 있을지를 세부 내용의 검토 없이 평가할 수 없다. 그런데 이 세부 내용에 관해서는 매우 다양한 해석의 여지가 있다. 이 해석 중 어느 것이 비트겐슈타인이 실제로 염두에 둔 것인지 결정하는 일은, 내가 그 일을 할 수 있다고 하더라도, 이 책의 범위를 넘어설 것이다. 그러므로 그 일 대신 단순히 그 논증에 대한 세 가지 주된 해석을 제시하고 그것들이 지니고 있는 논증으로서의 설득력에 관한 말을 좀 하려 한다.

PI 258의 세부 내용에 대한 고찰은 자연스레 다음 다섯 가지 질문을 제기한다:

(a) '그 연관을 올바로 기억한다'는 것은 무엇인가?
(b) 왜 성공적인 지시적 정의는 당신이 그 연관을 옳게 기억하게 하여야 하는가?
(c) '올바름의 기준'은 무엇인가?
(d) 왜 성공적인 정의는 올바름의 기준을 제공해야 하는가?
(e) 왜 사적인 지시적 정의는 조건 (b) 그리고 / 또는 조건 (d)를 만족시킬 수 없는가?

내가 고찰할 세 가지 해석들은 대략 다음과 같이 정리될 수 있을 것이다: (i) 검증주의 — 만일 당신이 어떤 유형을 'S'라 명명한다면 당신은 그것의 재발생에 관한 증거를 상술해야 하는데, 사적 언어 소유자는 이것을 할 수 없다; (ii) 의미-확인주의[25] — 만일 당신이 어떤 유형을 'S'

25 옮긴이 주: 원어는 'the meaning-check'로서 문자 그대로 번역하면 '의미-확인' 정도가 되겠지만, 이 낱말과 비교되고 있는 검증주의(verificationism) 및 종류주의(sortalism)와 동등한 범주가 되게 하려고 '의미-확인주의'로 번역하였다.

라 명명한다면 당신은 **그 기호로 당신이 처음부터 뜻한 것**을 뒤에 확인할 수 있는 방법을 상술할 수 있어야 하는데, 사적 언어 소유자는 이것을 할 수 없다; (iii) 종류주의 — 만일 당신이 어떤 유형을 'S'라 명명한다면 당신은 어떤 유형의 것을 당신이 'S'라 명명하고 있는지 상술할 수 있어야 한지만, 사적 언어 소유자는 이것을 할 수 없다. 이제 이 세 해석들을 차례로 고찰해 보자.

(i) **검증주의**. PI 258에 대한 이 해석에 따르면 우리의 질문 (a)-(e)에 대한 대답들은 다음과 같이 진술될 수 있을 것이다. (a) '그 연관을 올바로 기억한다'는 것은 그 일기 쓰는 사람이 그가 처음 'S'라 명명한 유형의 감각을 체험한 날마다 그의 일기에 'S'를 쓴다는 것이다. (b) 성공적인 지시적 정의가 이것을 가능하게 해 주어야 하는 이유는, 만일 그가 'S'를 매우 상이한 어떤 방식으로 사용한다면 그것은 기호와 감각 사이의 연관을 확립하지 못할 것이기 때문이다. (c) 올바름의 기준은 우리가 지금 체험하고 있는 것이 'S'라고 올바르게 불린다는 것을, 즉 저 처음 정의된 것과 같은 감각 유형에 속한다는 것을 검증하는 (더 일반적으로 말한다면, 그것이 그런지 그렇지 않은지 확인하는) 수단이다. (d) 'S'라는 낱말을 (b)에서 요구한 대로 그것의 정의와 일관되게 사용하기 위해서는 우리가 그렇게 하였는지 여부를 결정할 수 있어야 하므로 올바름의 기준이 필요하다. (e) 사적인 지시적 정의는 조건 (d)를 (그리고 따라서 (b)도) 만족시킬 수 없는데, 왜냐하면 사적인 경우에 그는 낱말 'S'를 그것의 정의와 일관되게 적용하고 있는지를 확인할 수단을 가지고 있지 않기 때문이다.

이 요소들 모두는 이 해석에 대한 (노만 말콤의) 최선의 진술 속에 분명히 제시되어 있다. '고통'의 사적인 지시적 정의를 상상하면서 그는 다음과 같이 쓰고 있다:

> 내가 나 자신에게 '고통'이란 낱말을 발화할 때 내가 나의 주의를 하나의 고통에 집중했다고 생각해 보자. 나는 그럼으로써 내가 그 낱말과 그 감각 사이에 하나의 연관을 수립했다고 생각한다. 그러나 만일 이어서 내가 그 낱말을 고통 외의 감각들이나, 감각들 외의 다른 것들 예컨대 감정들에 적용하였다면 나는 하나의 연관을 수립한 것이 아니다. 나의 사적인 정의는 그것이 나로 하여금 미래에 그 낱말을 올바로 사용할 수 있도록 인도할 때에만 성공하는 것이었다. 현재의 경우, '올바로'란 낱말은 '나 자신의 정의와 **일관되게**'를 뜻할 것이다. … 이제 내가 그 낱말을 일관되게 사용하였는지 여부는 어떻게 결정될 수 있을까? 내가 그것을 일관되게 사용함과 내가 그렇게 한 것으로 **보임** 사이의 차이는 무엇일까? 아니면 이 구분은 사라졌는가? "나에게 옳게 보이게 될 것은 무엇이나 옳다. 그리고 그것이 뜻하는 것은 여기에서 우리는 '옳음'에 관해 말할 수 없다는 것이다"(Malcolm 1954 : 68).

이 단락은 (a)-(d)의 요점들을 보여 주고 있다. 마지막 요점 (e)에 관하여, 말콤의 관점은 우리가 그렇게 하고 있다는 우리의 **인상**을 유일한 기초로 삼아 우리가 'S'를 올바르게 사용하고 있다는 것을 검증할 수는 없다는 것이다. 그 대신 우리는 그 인상 자체에 대한 어떤 독립적인 확인을 해야 함이 틀림없다. 그런데 나는 나의 인상을 다른 인상과 대조적으로 확인할 수 없다. 그것은 **독립적인** 확인이 아닐 것이기 때문이다. '마치 어떤 사람이 오늘 아침 신문이 진실을 쓰고 있는지를 확인하기 위해서 같은 신문 여러 부를 사는 것과 같이' (PI 265, Malcolm 같은 글 같은 쪽에서 인용). 그런데 사적 감각의 경우 더 이상 확인할 길이 **존재**하지 않는다. 왜냐하면, 그것의 발생을 통해서나 다른 방식을 통해 지금 발생하고 있는 우리의 현재 인상을 우리가 확증하거나 부정할 수 있게 해 줄 S에 대한 어떤 외부적 표시들(예컨대 전형적인 신체적 원인들이

나 행동적 결과들)도 존재하지 않기 때문이다.

그러나 첫째로, 요점 (d)는 얼마나 설득력 있을까? 왜 우리는 그가 하나의 표현을 그의 정의와 일관되게 사용하는 것과 그가 그렇게 하고 있음을 **아는** 것은 완전히 별개의 일이라고 말해서는 안 된단 말인가? 왜 전자는 후자 없이 일어날 수 없을까? 어떻게 그 일이 일어날 수 있는가에 관한 다음의 예는 스트로슨의 것이다:

> [한 사람이] 어떤 감각의 재발생에 그저 강한 인상을 받아 그것이 발생할 때마다 상이한 장소에서 어떤 표시를 하는 습관을 가질 수 있을 것이다. 그렇게 표시하는 일은 그의 기억에 그 발생을 각인하도록 도울 것이다. 우리는 이 절차가 하나의 날짜 기입 체계로 다듬어지는 것을 쉽게 상상할 수 있다. (Strawson 1954: 44)

또는 다시 말해서, 한 어린아이는 뜨거움을 느낄 때마다 'S' 라는 소리를 발화하도록 훈련될 수 있을 것이다. — 또는 그렇게 하는 습관적 경향을 마술적으로 습득한다고 상상해 보아도 좋을 것이다; 우리는 이 행동을 일종의 원시적 보고라고 생각할 수 있을 것이다. — 온도계의 작용이 온도에 관해 **그것이** 행하는 일종의 원시적 보고라고 생각될 수 있는 것과 똑같이. 이 이야기 속의 어떤 것도, 우리가 처음에 'S' 와 관련시킨 것과 같은 감각 유형을 그 감각이 보고하고 있는지 확인할 수단을 그 어린아이가 가지고 있어야 한다고 하지 않는다; 그러나 여전히, 왜 우리는 이것을 '보고하기' 라고 불러서는 안 될까?

스트로슨의 예에 대한 말콤의 대응은 예컨대 소 한 마리가 있는 데서 단순히 어떤 소리를 낸다고 해서 그 소리가, **소**를 나타내는 낱말이 되는 것은 그만두고라도, **낱말**이 되는 것은 아니라는 것이다.

그 소리는 어떤 것이라도 가리킬 수 있겠지만 아무것도 가리키지 않을 수 있다. 필요한 것은 그것이 소들을 부르기, 데려오기, 헤아리기, 다른 것들로부터 소를, 그리고 다른 것들의 그림으로부터 소의 그림을 분리하기 등의 다양한 활동 속에서 하나의 역할을 수행해야 한다는 것이다. 만일 그 소리가 이런 종류의 활동에서 아무 일정한 자리도 가지고 있지 않다면, 그렇다면 그것은 소를 나타내는 낱말이 아니다(Malcolm 1954 : 96).

그러나 왜 하나의 낱말이나 소리는 말콤이 언급한 **모든** 행위에서 — 또는 그 문제에 관하여, 그중 **어떤** 행위에서든 — 하나의 역할을 수행해야 할까? 그것의 사용에 대한 스트로슨의 매우 가벼운 소묘는 어떻게 해서 'S' 가 그의 감각을 보고하는 언어놀이에 속할 수 있는지 알려 주기에는 왜 충분치 않은가? 다시 PI 2의 매우 단순한 건축가들의 언어놀이를 고찰해 보라. '들보' 가 그 언어에서 들보들을 나타내는 이름이라고 말하는 데는 잘못된 것이 없다(PI 37 참고). 따라서 하나의 석판을 요구할 때 (A가) '석판!' 이라고 습관적으로 말하는 것은, 그리고 A가 말할 때 (B가) 습관적으로 가져오는 것은, '석판' 을 석판들에 대한 이름으로 만들 수 있다: 그렇다면 S가 있을 때 단순히 'S' 를 말하는 것이 왜 같은 일을 하지 못할까? 원한다면 우리는 이런 유형의 용법이 너무 단순하여 '보고하기' 라는 제대로 된 **우리** 언어놀이의 예로 간주될 수 없다고 주장할 수 있을 것이다; 그러나 그렇기 때문에 그것이 절대 보고로 간주될 수 없다고 주장하는 것은 보고하기의 개념 주위에 비트겐슈타인의 반대자가 받아들일 수 없는 명확한 구분선을 긋는 일이다.[26]

---

26 이 점에 대하여 두 가지 반박이 더 제기될 수 있을 것 같다.

첫 번째 요지는, 소들이 (시각적으로) 존재할 때 단순히 '소' 라고 말하는 것은 그 '소' 가 소들을 나타낼 수 있도록 하는 데 충분치 않다는 것인데, 이는 미결정의 문제에 봉착 우리가 검증주의자의 요점 (e)를 받아들여야 하는지도 분명치 않다. **공적으로 이용 가능한** 어떤 사건도 S가 다시 발생했는지에 대한 독립적인 확인을 수행할 수 없다고 말하는 것과 어떤 것도 이 역할을 수행할 수 없다고 말하는 것은 완전히 다르다. 왜 우리가, **또 하나의** 사적인 사건을 배경 삼아, '이것은 다시 S다' 라는 우리의 인상을 확인할 수 없단 말인가? 예컨대, 내가 과거에 감각 S를 가졌을 때마다 나는 동시에 감각 T도 또한 가졌을 수 있을 것이다. 그러므로 나중의 경우 T의 존재는 그 경우에 내가 지금 가지고 있는 것이 S라는 나의 인상을 확증할 수 있을 것이다; 그리고 다른 그런 경우 T의 부재는 그 다른 경우 내가 지금 가지고 있는 것이 S라는 나의 인상을 부정할 수 있을 것이다.

말콤의 옹호자는 즉시 똑같은 문제가 T 자체에 대해 일어난다고 대

하기 때문이다: 소 한 마리가 (시각적으로) 존재할 때 '소' 라고 말하는 것이나 소의 외양이 시각적으로 존재할 때 '소' 라고 말하는 것은 같다. 그렇다면 '소' 가 소들의 외양이 아니라 소들을 가리킨다는 것을 참으로 만들어 주는 것은 무엇일까? 나의 대답은 모든 언어놀이 각각이, 그것이 아무리 복잡하더라도, 똑같이 곤혹스러운 미결정 문제에 직면한다는 것이다. 사적인 일기를 쓰는 사람이 여기서 특별한 어려움에 봉착한 것은 아니다.

두 번째 요지는 그 건축가들과 같이 단순한 언어놀이에 참여하고 있는 사람이 그의 도구들에 대한 이름들을 가지고 있다고 말해질 수 있다면 사적인 일기를 쓰는 그 사람 역시 마찬가지로 말해질 수 있다는 나의 주장을 겨냥하고 있다. 나를 반대하는 사람들은 그 건축가들과 사적인 일기를 쓰는 사람 간에 차이가 있는데, 그 차이는 (건축가들의 언어놀이에서) B가 '석판!' 이란 말에 대하여 하나의 석판을 기계적으로 가져오지 않고 다른 반응들을 할 수 있다는 것이라고 주장할 수 있을 것이다. 예컨대 B는 주변에서 석판 같은 것을 전혀 볼 수 없을 때 그의 머리를 흔들고, 예컨대 석판들일 수도 있지만, 마찬가지로 들보들일 수도 있는 물건들을 볼 때는 어깨를 움츠릴 수 있을 것이다.

그러나 사적인 일기를 쓰는 사람이 마찬가지로 복잡한 언어놀이를 해서는 안 될 이유는 없다. 예를 들어 그가 S를 분명히 갖지 않은 날에는 그의 일기에 '\$' 라고 쓰는 것도 생각될 수 있을 것이다. 그리고 그 유형의 경계들은 불명확하므로 그의 행위는, PI 73에 기술된 것처럼, '내적인 견본' 을 사용하는 사람의 행위와 비슷하다고 생각될 수 있을 것이다. 그 경우 그는 예컨대 경계선의 경우를 체험한 날들을 기술하기 위해 그의 일기에 'S?' 라고 쓸 수 있을 것이다.

답할 것이다: 어떻게 내가 어떤 경우든 지금 T를 가지고 있다는 나의 인상을 확증할 수 있을까?(PI 265 참고: '같은 신문을 두 번 확인하기') 나는 지금 제3유형의 사적인 사건에 호소할 수 없다, 왜냐하면 그것은 무한 퇴행으로 인도할 것이기 때문이다. 그리고 나는 S 자체에 호소할 수도 없다, 왜냐하면 그것은 순환적이기 때문이다. 그러므로 나는 공적으로 이용 가능한 T의 어떤 상관자에 호소해야 할 것이다. 따라서 그 방책은 난시 말곰의 승리를 지연시킬 뿐이다.

그러나 이 대답의 난점은 T가 S에 대한 독립적인 확인을 할 수 있기 위해 내가 T 자체에 대한 독립적인 확인을 할 수 있어야 한다는 것을 전제한다는 데 있다. 만일 이 생각이 옳다면, 사적 언어의 이용 불가능성은 나의 문제들 중 가장 사소한 문제가 될 것이다: 왜냐하면 그것은 **공적인** 세계에도 마찬가지로 적용되기 때문이다. 나는 '책상'이란 낱말이 내 앞에 있는 이 대상에 적용된다는 것을 기억하는 것 같지만, 내가 그것을 어떻게 확인할 수 있을까? 자, 나는 책상들이 편평한 상판과 네 다리를 가지고 있다는 것을 안다. 그러나 나는 어떻게 내가 '편평한'을 내 앞의 대상에 올바르게 적용하는지 확인할 수 있을까? '자, 책상들은 통상적으로 편평하다, 그리고 내 앞에 있는 것은 하나의 책상이다, 그러므로 …' 그것은 순환적일 것이다. 따라서 나는 제3의 어떤 것에 호소해야 한다: 따라서 우리는 다시 무한 퇴행을 가지고 있다. 이 반박을 발견한 에어는 그것을 다음과 같이 요약했다.

> 우리가 알아볼 수 있는 어떤 것이 존재하지 않는다면, 어떤 검사도 완료될 수 없을 것이다: 어떤 기호의 사용이건 그에 대한 어떤 정당화도 존재하지 않을 것이다(Ayer 1954: 256).[27]

그리고 이것은 우리 언어의 공적인 부분만이 아니라 사적인 부분에도 적용된다.

(ii) **의미-확인주의**. 두 번째 해석은 우리의 다섯 가지 질문들에 대하여 다음과 같이 대답한다. (a) '그 연관을 올바로 기억한다'는 것은 'S'의 정의에 어떤 감각 유형이 나타났는지를 기억하는 것이다. (b) 그 연관을 올바로 기억하는 것이 필요한 이유는 'S'를 가지고 S를 의미하기 위해 우리는 'S'가 무엇을 의미하는지 알아야 하기 때문이다; 그런데 그것의 정의를 기억하지 못한다면 우리는 'S'가 무엇을 의미하는지 알 수 없다. (c) 올바름의 기준은 'S'의 정의에 대한 우리의 기억을 확인하는 수단이다. (d) 올바름의 기준이 필요한 이유는 그것이 없다면 우리는 그것의 정의를 기억할 수 없기 때문이다; 따라서 (b)에 의해서 우리는 'S'가 의미하는 것을 알지 못한다. (e) 사적인 경우에 우리는 그 정의에 대한 우리의 기억을 확인할 수 없는데, 이는 그것과 비교할 것을 우리가 가지고 있지 않기 때문이다.

의미-확인주의 해석과 검증주의 해석 간의 다른 모든 차이를 발생시키는 근본적인 차이는 질문 (a)와 관련되어 있다. 그 차이는 의미-확인주의자의 답변이 검증주의자의 답변에 필요하지만 충분하지는 않다는 것이다: 어떤 경우에 'S'를 그 정의와 일관되게 사용하기 위해서는, 당신은 그 **정의**를 기억할 수 있어야 한다; 그러나 우리는 'S'를 올바르게 사용하지 않고서도 그 정의를 올바르게 기억할 수 있는데, 이는 우리가 어떤 것을 오도적으로 쓰거나 아무것도 쓰지 않는 편을 선택할 수도 있기 때문이다(Kenny 1975: 192; Canfield 2001: 384).

결과적으로 질문 (b)에 대한 의미-확인주의자의 답은 검증주의자의

27 또한 Blackburn 1984: 299-300을 보라.

답과 다르다. 그러나 그것은 적어도 그만큼 설득력이 없다. 그것은 흔히 행해지지만 잘못인, '"S"를 이해함과 "S"의 의미를 **앎**'의 동일시에 의존하고 있다. 우리는 인간-간의 경우 우리가 그 연관에 압박을 가할 수 있다는 것을 이미 보았다(4.1.1): 또 다른 것을 이해하기 위해 나는 그가 무엇을 의미했는지 **알** 필요가 없고 단지 그것에 대한 **참인 믿음**을 갖고 있기만 하면 된다. 그러나 같은 점이 인간-내의 경우에도 적용된다: 내가 'S'를 어떻게 정의했는지 **올바르게 추측**할 수 있는 한, 나는 그것을 충분히 잘 이해한다.

그 대신, 내가 무엇을 의미했는가에 대한 나의 참인 믿음은, 적어도 과거를 앎에 대한 충분히 외부주의적인 파악에 따른다면, 그것의 신빙성 때문에 그 믿음이 앎으로 인정되는 인과적 과정의 결말일 수 있을 것이다. 그것은 (b)에 대한 반례가 되지 않을 것이나 (d)에 대한 반례는 될 것이다. 따라서 '의미-확인주의' 해석의 창안자인 케니는 다음과 같이 쓴다:

> 이제 사적 언어의 화자가 '나는 "S"를 가지고 과거에 내가 "S"라고 명명한 감각을 의미한다'고 말한다고 생각해 보자. 그가 더 이상 과거 감각을 가지고 있지 않기 때문에 그는 기억에 의존해야 한다: 그는 S의 기억 견본을 불러내어 그 둘이 비슷한지 보기 위해 그것을 그의 현재 감각과 비교해야 한다. 당연히 그는 **올바른** 기억을 불러내야 한다. 그런데 잘못된 기억이 불려 나올 수도 있는가? 만일 불려 나올 수 없다면, 'S'는 그것이 무엇이건 'S'와 관련하여 그에게 일어나는 기억을 의미한다. … 그에게 옳아 보이는 것은 무엇이건 옳다. 만일 그렇다면, 그는 그가 무엇을 의미한 것인지 실제로 알지 못한다(Kenny 1975: 192).

물론 과거에 우리가 어떤 감각을 'S' 라고 명명하였는지에 관하여 우리가 잘못 기억하는 일도 가능**하다**. 그러나 왜 잘못을 범할 **가능성**이 앎의 **현실성**을 몰아내야 한단 말인가? — '모든 의심은 각각 기초에 놓여 있는 빈틈만을 **보여 준다**는 듯이' (PI 87). 결국, 우리가 앎이라는 것을 신뢰할 수 있지만 확인할 수 없는 어떤 과정이 만들어 낼 수 있는 어떤 것이라고 생각한다면, 우리는 당연하게도 그 정의를 여전히 올바르게 기억할 수 있고, 따라서 우리의 기억을 우리가 확인할 수 있건 없건 간에 그것이 무엇이었는지 알 수 있다. 그리고 의미-확인주의자가 '앎은 독립적인 확인을 요구한다' 는 문장이 분석적 문장이 되는 방식으로 '앎' 이란 낱말의 의미를 주장하려 한다면, 우리는 그의 요점 (b)에 대한 본래의 반박으로 돌아갈 것이다.

(3) **종류주의**. 검증주의와 의미-확인주의 해석은 모두 그 논증이 기본적으로 인식론적이라는 것을 당연시한다: 사적인 일기를 쓰는 사람이 어떤 것을 **의미**하려고 시도할 수도 없는 이유는 그가 어떤 것을 — 예컨대, 'S' 가 현재 올바르게 적용되었는지를 — **알** 수 없기 때문이다. 제3의 해석은 이 가정을 거부한다. 대신 그 논증으로 사적인 일기를 쓰는 사람이 취한 절차에서 더 기본적인 문제점을 드러내고자 한다. 그가 알 **수 없는** 어떤 것이 있다는 것이 아니라, 그가 알 **수 있는** 것이 아무것도 없다는 것이다. 더 엄밀하게 말하자면: 사적인 지시적 정의를 하려는 그의 시도는, 그가 후에 그것에 관해서 알게 될 수 있든지 없든지 간에, 기호 'S' 를 위한 **어떤** 올바른 사용을 상술하는 일에도 실패한다. 심지어 신이 사적 언어 사용자의 마음속을 들여다보았다 하더라도 그는 기호 'S' 가 무엇을 의미하는 것으로 생각되었는지 볼 수 없을 것이다 (PI p. 185/217/『탐구』 385쪽 참고). 이 이유는 사적인 지시적 정의가 S의 최초 발생을 귀속시킬 여러 유형들 중 **어떤 것**이 'S' 가 나타내기로

뜻해진 유형 또는 종류인지 확립하지 못하기 때문이다.

우리의 다섯 가지 질문의 견지에서 보면, 이 **종류주의적** 해석은 다음과 같이 규정될 수 있을 것이다. (a) '그 연관을 올바로 기억한다'는 것은 처음의 정의가 결정해 준 올바른 사용 방식에 따라 이후에 'S'를 사용한다는 것이다. (b) 다른 점에서 만족스러울지라도 이 일을 해내지 못하는 정의는 그 기호의 의미를 확립하지 못한다. (c) 올바름의 기준은 그 일기 쓰는 사람이 올바른 사용이 무엇인지 말할 수 있게 해 주는 수단이 아니다; 그것은 저 방식이 아니라 이 방식의 사용을 올바르게 **만드는** 것이다. (d) 성공적인 정의는 그런 기준을 제공해야 하는데, 그렇지 않다면 기호 'S'의 올바르거나 그른 사용이 존재할 수 없기 때문이다. (e) 그러나 이것은 사적인 경우에는 일어날 수 없는데, 'S'를 말하는 동안 단순히 S에 우리의 주의를 집중하는 것만으로는 이후의 사용을 위해 다른 어떤 것보다 더 올바른 사용 방식을 만들 수 없기 때문이다. 이는 그것이 'S'가 어떤 **유형**의 것을 나타내야 하는지 상술하지 못하기 때문이다.

종류주의에 관한 가장 분명하고 흥미로운 두 진술 — 맥긴(1977: 131-4)과 스트라우드(2001)가 제시했다: 더 간단한 설명을 위해서는 글로크(1996: 312)를 보라. — 에는 (a)와 (b)가 매우 간단하게만 진술되거나 단지 암시만 되어 있다; 이것은 별로 중요하지 않은데 모든 일을 떠맡고 있는 것은 (c)-(e)이기 때문이다. 다음은 스트라우드의 말이다:

> [PI 258에서] 상상된 것은 화자가 어떤 기호를 말하거나 쓸 때 그것과 하나의 감각 간의 '연관'을 각인시킴으로써 그 자신에게 그 기호의 의미를 '확립할 수 있게 해 주는' '지시적 정의'를 그 자신에게 준다는 것이었다. … 그것은 그 기호가 미래에 어떻게 올바르게 사용되어야 하는지를 확립하는 하나의 연

> 관이라고 생각되었다. 그러나 하나의 낱말은 같은 것과 다양하게 '연관' 될 수 있다. '현재의 경우에 나는 올바름의 기준을 가지고 있지 않다' 고 말한다는 것은 그 기호에 관한 미래의 적용들 중 어떤 것이 올바르고 어떤 것이 올바르지 않은지 지금까지 결정된 것이 없다는 것을 자각한다는 것이다(2001: 154).

'올바름의 기준' 에 관한 이 해석에 관하여 그는 다음과 같이 계속한다:

> '올바름의 기준' 이 존재하지 않는다는 것의 요점은 화자가 그 기호를 바르게 적용했다고 말할 수 있기 위해 의존할 수 있는 **검사**가 존재하지 않는다는 것만을 뜻할 수는 없다. 그런 어떤 검사가 그것을 **위한** 검사일 수 있는 대상이 지금까지 존재하지 않고 있다. 올바르다는 **것**이 무엇인지 또는 무엇일지 결정할 수 있는 일은 전혀 행해지지 않았다(같은 곳).

그리고 'S' 의 미래 적용에 대하여 정확히 무엇이 결정되어 있지 않은가 하는 질문에 대하여 그는 다음과 같이 쓰고 있다: '그 기호의 "총괄적인 역할"이 상술되지 않았다: 지금까지 그것이 "놓일" "자리"가 전혀 없다.' 그것은 단지 어떤 경우에 쓰여지거나 발화된 하나의 표시나 소리일 뿐이다(같은 곳).

바로 앞에 언급된 '놓일' 과 '자리' 는 PI 257에 나오는 낱말들인데, 그것은 PI 28-35의 지시에 관한 논의(1.2에 논의됨)를 사적인 영역에 적용한 것이다. 거기에서 비트겐슈타인은 우리가 하나의 색깔, 하나의 숫자, 주변의 한 점 등등에 대한 이름을 이 종류의 사물이나 저 종류의 사물 이름**으로서** 도입할 수 있도록 만들어 주는 어떤 것이 존재하지 않는다면 우리가 그런 이름을 도입할 수 없으리라는 것을 논증했다. 그러나 사적인 언어를 말하는 사람이 그 이름을 그러니까 S를 포함하는 감각-유형의 이름으로 도입하였고 S를 포함하는 어떤 다른 유형의 이름으로 도입하지 않았다는 것을 참으로 만들어 주는 것은 무엇일까? '왜냐하면 "감각"은 말하자면 나에게만 이해될 수 있는 언어의 낱말이 아니라 우리의 공통 언어의 낱말이기 때문이다. 그러니까 이 낱말의 사용은 모든 사람들이 이해하는 정당화를 필요로 한다' (PI 261).

그렇지라도 그 논증을 이렇게 해석할 때 사적인 일기를 쓰는 사람에게 어떤 논리적이거나 개념적인 곤경이 초래될지는 분명치 않다. 특히 그것의 요점 (e)를 받아들여야 할 무슨 근거들이 있는지 분명치 않다. 그 일기 쓰는 사람이 어떤 경우에 하나의 감각을 느낀 상황에서 'S'라는 소리를 발화한다고 하고, 이 경우가 그의 기억에 강한 인상을 남겨 미래에 그가 **같은** 감각 유형에 속하는 어떤 것이 느껴질 때마다 일기에 'S'라고 쓴다고 하자. 확실히 그가, S를 정의함에 있어서, 그것이 '하나의 감각에 대한' 이름이라고 말할 수 있어야 하는 것은 아니다; 필요한 모든 일은, 그의 유사성 공간이 주어져 있다면, 그가 같은 감각 유형의 체험들에 대하여 유사한 방식들로 반응하는 것뿐이다. 그리고 나는 이 가능성에서 (비록 그것이 얼마나 유사한지 아는 것이 없긴 하지만) 어떤 논리적 **부정합성**도 볼 수 없다.

당신은 그가 'S'를 하나의 **감각**에 대한 기호로 이용하고 있다고 말하는 것에 대하여 어떤 정당화도 취득할 수 없으리라고 반대할 수도 있을 것이다. 물론 '우리'가 다른 인간 존재들을 의미하는 것으로 생각된다면 그것은 명백히 참이다. 왜냐하면 사적 언어는 그것에 속하는 낱말들이 아무런 외부적 표현이 없는 어떤 것을 가리키며 따라서 다른 누구도 그것이 언제 발생하고 있었는지 말할 수 없는 언어라고 정의되었기 때문이다. 우리에게 그것은 그가 불규칙하게 일기에 'S'를 쓰고 있었던 것처럼 보일 것이다. 그러나 그것은 확실히 그가 **실제로** 기호 'S'를 하나의 감각을 위한 기호로써 사용하지 않고 있었다는 것을 뜻하지 않는다. 만일 **신이** 그의 마음속을 들여다보았다면 **그가** 그것을 그렇게 기술한 것은 정당화되었을 것이다.

반대자는 다른 어떤 것을 염두에 둘 수 있을 것이다. 우리가 앞으로(4.2.5) 보겠지만, 감각에 대한 우리의 일상적 낱말들이 감각의 자연적인 (즉 신체적인) 표현들과 '결합되어' 있다는 것이 비트겐슈타인의 관점이었다(PI 256). 그러므로 모든 감각어는 자연적인 신체적 표현들을 갖는 상태들을 가리키지만, 이 'S'는 아무것도 갖지 않기 때문에 우리는 'S'가 하나의 감각에 대한 기호라고 말할 수 없다고 반대자는 계속하여 주장할 것이다(이것이 바로 Stroud 2001: 154-5에 나오는 말의 요점으로 보인다).

그러나 이 주장은 두 가지 반대에 부딪힌다. 첫째, 감각들을 나타내는 우리의 **일상적** 낱말들이 그것들의 자연적 표현들과 '결합되어' 있다는 것 — 즉, 아마도 그 낱말들의 이해를 위해 그것들의 자연적 표현들을 식별하는 일이 필요하다는 것 — 은 매우 불확실하다. 이것은 예컨대 로크주의자가 이의를 제기할 만한 것이다; 그리고 만일 비트겐슈타인주의자가 그것을 옹호하려 한다면 그는 사적 언어 논증에 대한 종류주의적 버전을 이용하지 않는 것이 좋을 것이다(그것을 이용한다면 그의 옹호는 순환적이 될 것이다). 그리고 둘째, 감각에 대한 우리의 **일상적** 낱말들이 그것들의 자연적 표현들과 그처럼 '결합되어' 있다 할지라도, **모든** 감각어들이 어떤 **가능한** 언어에서도, 실제 언어이건 상상적 언어이건, 자연 언어이건 인공 언어이건, 그렇게 결합되어 있어야 할 필요는 없다. 따라서 그 경우조차 그 논증은 논리적인 힘을 갖지 못하고 기껏해야 귀납적인 힘만을 가질 것이다.

그러므로 이 모든 해석에서 '사적 언어 논증'은 실패하는 것으로 보인다. 그러나 우리는 포기해서는 안 될 것이다. 이 세 가지 주된 해석들 외에도 PI 258과 그 주변에 많은 보물들(즉 논증들)이 감춰져 있는 것은 아닌지 생각하게 할 만큼 그 세 가지 해석과 다르고 서로 간에도 크게 다른 해석들이 있다. 실제로 건전한 논증을 발견하는 일에서 절망하기는 아직 이르다.[28]

4.1.3. 상자 속의 딱정벌레

PI 258의 논증이 비트겐슈타인이 거기에서 보여 주려고 한 관심사였다고 내가 말한 것 가운데 어떤 것을 확인해 주건 그렇지 않건 간에, 그 유명한 PI 293의 '상자 속의 딱정벌레' 논증은 적어도 그것들 중 하나에 관한 분명하고 더 결정적인 증명으로 보인다.

앞서 내가 '로크적' 파악이라고 부른 것과 관련하여, 우리는 일상 언어의 낱말들이 일차적으로 관념들을, 즉 '내적 견본들'로서 기능하는 준-감각적 내성의 대상들을 가리킨다는 것을 보았다. (이 견해에 따르자면) 나는 그렇게 '빨강'이라는 낱말과 빨강의 '내적 견본'을 결합시킨다; 그리고 만일 내가 이 사과가 빨강인지를 알고자 한다면 나에게 그 문제를 결정해 주는 것은 내적 견본과 외적 대상의 비교이다. 그리고 우리는 이 관념이 어떻게 우리의 낱말들이 가지고 있는 기능적 다양성에 관한 비트겐슈타인의 관점에 도전이 되는지 살펴보았다. 만일 우리가 이 설명을 가령 한국어의 모든 일반 명사들('빨강', '사람', '말',

---

28 이것들 중 주목할 만한 것들은 Wright 1986, Canfield 2001, 그리고 당연히 Kripke 1982이다. 그러나 이 마지막 책은 PI 258을 특별히 강조하지 않고, 대신에 그것이 PI 202에서 이미 주장한 더 일반적인 논증의 특수한 경우에 불과하다고 주장한다(Kripke 1982: 3).

'희생' 등등)로 확장한다면, 로크가 생각했듯이, 우리는 비트겐슈타인에 반대하는 다음과 같은 주장을 합리적으로 펼 수 있을 것이다: 그 낱말들의 사용에서 나타나는 피상적 다양성이 더 심층적인 공통성을 은폐한다.

만일 로크적 견해가 옳다면, 우리의 일상적인 공적 언어의 낱말들은 원리적으로 다른 어떤 사람에게도 알려질 수 없는 실재들을 가리킨다: 적어도, 다른 어떤 사람이 무엇을 가지고 있는지에 관하여 아무도 아무런 증거도 가질 수 없다. 만일 나의 '빨강'이란 낱말이 나의 내적인 빨강 견본을 가리키고 당신의 '빨강'이란 낱말이 당신의 내적인 빨강 견본을 가리킨다면, 당신의 내적인 견본이 과연 나의 것과 같은 색깔 유형에 속하는지 누가 말할 수 있을까?

처음 볼 때는 적어도 핵심적인 경우들에서는, 우리가 '빨강'이란 낱말을 사용할 때 우리 사이에서 볼 수 있는 일치를 통해 이것을 추론할 수 있는 것처럼 보일지 모른다. 예를 들어, 우리는 — 같은 각도 같은 밝기 등등의 조건하에서 우리가 관찰하는 — 이 토마토가 빨갛다는 데 일치하고, 저 사과는 빨강이 아니라 초록이라는 데 일치한다. 그러나 로크적 원리에서 보면, 이 일치 역시 적어도 두 가지 다른 방식으로 설명될 수 있을 것이다.

(i) 만일 당신이 로크적 의미 이론만이 아니라 로크적 지각 이론까지 받아들인다면, 당신은 우리 각자가 사과나 토마토에 대해 직접 지각하는 것은 **그 사물**이 아니라 그것이 우리 각자에게 산출하는 감각적 **관념**이라고 말할 것이다(*Essay* II.ix). 그러므로 상대적으로 당신이 지각하는 대상들을 내가 지각하는 대상들에 체계적으로 바꿔 넣는 일이 가능할 것이다: 당신 속에 초록의 관념을 산출하는 것이 내 속에 빨강의 관념을 산출할 수 있을 것이고, 반면 당신 속에 빨강의 관념을 산출하는

것이 내 속에 초록의 관념을 산출할 수 있을 것이다. 우리가 '초록', '빨강' 등의 낱말을 전형적으로 그 색깔을 가지고 있다고 말해지는 대상들을 보여 주는 방식을 통해 배운다면, 당신이 내가 '초록'이란 낱말과 결합시킨 것과 같은 유형의 관념과 '빨강'이란 낱말을 결합시키는 일이 일어날 수 있을 것이고, 그 역도 마찬가지로 가능할 것이다. 그 경우 당신은 '빨강'과 '초록'이란 낱말에 대한 우리의 사용이 그것들이 실제로 일치하듯 일치하리라고 기대할 것이다. 그런데 우리는 그 경우를 배제할 수 있는가?

(ii) 비트겐슈타인 자신은 PI 73에서 내적 견본이 우리의 낱말 사용을 스스로 결정할 수 없다고 말함에 있어서 옳았다: 우리는 또한 그것을 일정한 방식으로, 또는 PI 139에 따라 말하자면, **투영 방법**에 따라 결정되도록 사용할 필요가 있다. 그러므로 심지어 당신이 '빨강'을 내가 '초록'과 결합시킨 것과 같은 색깔 유형의 관념과 결합시키고, 그 역으로도 한다 하더라도, 이 차이는 우리가 '빨강'과 '초록'을 사용하는 방식에서는 여전히 모습을 드러내지 않을 것이다. 왜냐하면, 우리는 투영 방법에서도 다를 것이고, 엄밀히 상쇄적인 방식으로도 다를 것이기 때문이다: 그리하여 당신의 '투영선들'은 당신이 '빨강'을 토마토케첩, 런던의 버스, 그리고 우체통 등과 결합시킨다는 관념으로부터 확장되는 반면, 나의 것들은 같은 색깔 유형의 — 그러나 내가 '초록'과 결합시키는 — 관념으로부터 풀, 상추, 호주 크리켓 선수들이 쓴 모자들로 확장된다. 그리고 역으로, 그것들은 내가 '빨강'과 결합시킨 관념으로부터 토마토케첩 등으로 확장되고, **당신이** '초록'과 결합시킨 관념으로부터 풀, 상추 등으로 확장된다. 그것은 단지 우리가 '내부적' 관념들을 상이한 '외부적' 대상들과 결합시킨다는 것을, 그리고 역으로 우리가 상이한 '내부적' 관념들을 같은 '외부적' 대상들과 결합시킨다는 것을 말할

뿐인데, 이 중 어떤 것도 그렇게 결합된 낱말들에 대한 우리의 사용에 모습을 드러내지 않는다. 실로 이 가설은 단지 우리가 실제로 관찰하는 언어적 판단들에서의 일치만을 예견하는 것일 뿐이다; 그렇다면 무슨 근거로 우리는 그것을 배제할 수 있을까?

그러므로 로크적 관점은 각각의 사람이 가지고 있는 낱말들의 일차적 지시체를 다른 어떤 사람도 알 수 없게 한다: 적어도 그 지시체는 우리가 결정을 위한 증거로 의지할 수 있는 것이 아니다. 4.1.1의 용어법에 따르자면, 그것은 인식론적 특권을 얻기 위해 언어를 트집 잡는다. 오직 그것을 말하는 사람만이 '빨강'의 발화가 무엇을 나타내는지 아는데, 오직 그만이 그것을 어떤 관념과 결합시켰는지 알기 때문이다. '그건 마치, 내가 그 낱말을 발화할 때 말하자면 나는 이미 내가 그것으로 무엇을 뜻하는지 안다고 나에게 말하기 위해 나의 고유한 감각에 곁눈질을 하는 것과 같은 것이다' (PI 274). 비트겐슈타인의 논증이 공격하는 것은 로크적 관점의 이 측면이다. 그것은 공통적인 언어의 낱말들이 이런 식으로 사적인 것들을 가리킬 수 없다는 것을 보여 주려고 한다.

그 논증은 바로 이것이다.

> 자, 모든 사람이 자기 자신에 관해 나에게 말한다. 자기는 오직 자기 자신으로부터만 고통이 무엇인가를 안다고! — 모든 사람이 각각 상자 하나씩을 가지고 있고, 그 속에는 우리가 "딱정벌레"라고 부르는 것이 들어 있다고 가정해 보자. 아무도 다른 사람의 상자 속을 들여다볼 수 없다; 그리고 모든 사람이 자기는 오직 **자기의** 딱정벌레를 봄으로써만 딱정벌레가 무엇인지를 안다고 말한다. — 여기서 모든 사람은 자신의 상자 속에 다른 사물을 가지고 있을 수 있을 것이다. 그뿐 아니라, 우리들은 그러한 사물이 계속해서 변한다고 상상할 수 있을 것이다. — 그러나 그럼에도 불구하고 만일 이 사람들의 "딱

정벌레"라는 낱말이 어떤 사용을 가진다면? — 그렇다면 그것은 어떤 한 사물의 명칭으로서의 사용은 아닐 것이다. 상자 속의 사물은 그 언어놀이에 전혀 속하지 않는다; **어떤 무엇**으로서조차도 속하지 않는다: 왜냐하면 그 상자는 비어 있을 수도 있기 때문이다. — 아니, 상자 속의 이 사물에 의하여 '약분될' 수 있다; 그것이 무엇이건 간에, 그것은 상쇄되어 없어져 버린다.

즉: 감각 표현의 문법이 '대상과 명칭'의 틀에 따라 구성된다면, 그 대상은 무관한 것으로서 우리의 고찰로부터 떨어져 나간다(PI 293b-c).

그 비유의 의도는 매우 분명하다. 딱정벌레는 우리 각자가 예컨대 한국어의 어떤 감각어('딱정벌레')와 결합시켰다고 생각되는 내적인 또는 사적인 관념에 대응한다. 그리고 요점은 '딱정벌레'라는 표현의 공적인 사용이, 그것이 무엇이건 간에, 각자의 상자 속에 들어 있는 것에 의존하지 않는다는 것이다. 왜냐하면, 그것의 공적인 사용은 우리 각자가 자신의 상자 속에 상이한 대상을 가지고 있다고 해도 아무 문제 없이 이뤄질 수 있을 것이기 때문이다; 실로 그것은 우리 중 누군가가 상자 속에 **아무것도** 가지고 있지 **않더라도** 문제없이 이뤄질 수 있을 것이다. 그러므로 어떤 사람이 손으로 쓰거나 입으로 말하는 '딱정벌레'라는 낱말은 그것의 공적인 사용에 있어서 그의 딱정벌레를 가리키지 않는다; 그리고 유사한 결론이 많은 화자가 있는 언어 즉 한국어와 같은 일상 언어의 감각어들과 다른 모든 낱말들에 대해서도 진실로 성립한다.

우선 이 요점을 그 논증이 보여 주지 **않는** 것과 구별하자. 그것은 '빨강', '초록' 등의 낱말이 공적인 의미는 **물론이고** 사적인 의미도 가질 수 없다는 것을 보여 주지 않으며, 내가 생각하기에 그것을 보여 주려고 하지도 않는다. 그것이 보여 주려 시도한 것은 만일 우리가 이런 낱말들의 공적인 용법, 즉 우리가 일치하는 사용에만 초점을 맞춘다면 우리는

그것에 대한 설명에서 사적인 대상들에 대한 온갖 지시를 제거할 수 있다는 것이다. 그것은 내가 1.1에서 언급한 PI 1에 대한 로크적 도전을 논파하기에 충분할 것이다. 그것은 우리가 상이한 낱말들의 공적인 사용을 서로 비슷한 빙산들의 표면에 드러난 비슷하지 않은 돌출부로 보아서는 안 되며, 오히려 그런 돌출부가 그것이 무엇이건 간에 표면 아래 놓여 있는 어떤 것으로부터 완전히 단절되어 있다고 보아야 한다는 것을 보여 줄 것이다.

그러나 그것이 **이것**까지 보여 줄 수 있을까? 내 생각에 그 논증은 우리가 그 연상된 낱말의 공적인 사용을 '사용'의 어떤 뜻에서 바꾸지 않은 채 우리의 내적인 대상들을 바꿀 수 있다는 것을 아주 분명하게 설명해 준다는 데 어떤 의문도 있을 수 없다. 그러나 여기서 우리는 '사용'으로 무엇을 뜻하는 것일까?

비트겐슈타인은 어디서도 그것을 엄밀하게 하지 않았지만, 나는 이 논증을 올바르게 평가할 수 있기 위해 우리가 엄밀하게 해야 한다고 생각한다. 어쨌든 우리는 무엇이 '같은 사용'으로 간주될 수 있는지를 엄밀하게 해야 한다. 따라서 한 낱말에 대한 한 사람의 **공적인 사용**이란 주어진 감각 자극에 반응하여 그 낱말이 속한 문장을 발화하려는, 그리고 그것에 동의하거나 그것을 부정하려는, 그의 성향의 총체라고 말해보자. 예를 들어, 눈에 확 띄는 잘 익은 토마토를 앞에 두고 있을 때, 내가 '빨강?'이란 질문에 동의하는 성향이 있다는 것은 '빨강'이란 낱말에 대한 나의 공적인 사용에 속한다; 그리고 더 나아가 그 직후에 그것의 색깔에 관해 질문을 받았을 때 내가 '빨강!'이라고 말하는 성향이 있다는 것도 그 낱말에 대한 나의 공적인 사용에 속한다. (3.2.1의 용어법에 따르면, 나는 여기서 사람의 B-성향이 아닌 A-성향에 대해 말하고 있다.) 그리고 당신이 기대하고 있을 것처럼, 두 사람 중 한 사람이 어떤 낱말을 사용하는 방식이 다른 사람이 그것을 사용하는 방식과 같을 경우, 오직 그 경우에만 우리는 그 두 사람이 그것에 대하여 **같은 공적인 사용**을 한다고 말할 것이다.

이것은 '공적인 사용' 및 '같은 공적인 사용'에 관해 비트겐슈타인이 내린 정의라고 볼 수 없는 매우 인위적인 정의이다. 게다가 그것은 두 사람이 하나의 낱말에 대하여 같은 공적인 사용을 한다는 것을 거의 믿을 수 없는 일로 만들어 버린다. 왜냐하면 그것은 한 낱말에 대한 우리의 사용을 부분적으로, 그 낱말의 의미를 아는 것과 대조적으로, 통상 부수적인 정보로 간주될 것에 의존하게 하기 때문이다. 예를 들어, '린든 존슨은 미국의 36대 대통령이었나?' 라는 물음에 대한 반응으로, A는 '그렇다' 고 말하는 성향이 있는 반면 B는 '아니다' 라고 말하는 성향을 가지고 있을 수 있다; 현재의 정의를 따른다면 A와 B는 '36'에 대하여 상이한 공적인 사용을 한다는 것으로 귀결된다.

하지만 이런 문제들 중 어느 것도 상관없을 것이다. 우선 첫째로, '공적인 사용'에 대한 나의 인위적인 정의는 현재의 맥락에서 비트겐슈타인에게 아무런 해도 끼치지 않는다. 만일 상자 속의 딱정벌레가 공적인 사용의 동일성이라는 바로 **이** 개념이 의도한 결론을 확립하도록 만들어질 수 없다면, 나는 그것이 어떻게 쓸모 있게 만들어질 수 있을지 알 수 없다. 그리고 둘째, 나의 정의가 하나의 낱말에 대하여 두 사람이 같은 공적인 사용을 할 수 있으리라는 것을 아주 믿을 수 없게 한다는 사실은 어떤 실제적인 차이도 야기하지 않는다. 그것은 내가 비트겐슈타인에게 돌린 전제들 중 하나를 매우 튼튼하게 보이도록 할 것임을 뜻한다; 그러나 그 때문에 다른 전제는 상쇄적으로 허약하게 되고, 따라서 그 논증의 건전성은 전체적으로 아무 영향을 받지 않게 될 것이다.

그러므로 공적인 사용의 동일성이라는 이 개념 위에서 그 논증은 두 사람이 하나의 표현에 대하여, 그것을 상이한 사적인 대상들과 결합시키더라도, 같은 공적인 사용을 할 수 있다는 것을 보여 주는 일을 **한다.** 예를 들어, A와 B는 매우 상이한 사적인 대상들을 '치통' 이란 낱말과 결합시킬 수 있을 것이다. 그러나 그들은 모두 **여전히** 그 낱말에 대하여 정확히 같은 공적인 사용을 할 것이다. 예를 들어, 그들은 둘 다 '치통' 을 호소하면서 치과에 갈 수 있고 실제로 갈 것이며, 치과의사는 거기에 응하여 예컨대 충치를 제거함으로써 그들을 적절히 치료할 수 있고 실제로 할 것이다. 상자 속에 있는 것은 약분되어 버린다.

그러나 그것은 사적인 대상의 **어떤** 변형이라도 그 낱말에 대한 우리의 사용에서 중요하지 않다는 것을 보여 주는 것은 아니다. 어떤 사람이 '초록' 과 '빨강' 이란 낱말에 **같은** 내적 대상과 **같은** '투영 방법' 을 결합시켰다고 생각해 보자. 그 경우 그 내적인 대상은 약분되어 버리지 **않을** 것이다: '빨강' 과 '초록' 중 적어도 하나의 낱말에 대한 그와 우리의 용법 사이에는 차이가 있어야 할 것이다. 왜냐하면, **그는** 그가 **잘 익은** 토마토에 '초록' 을 적용할 경우, 그리고 오직 그 경우에만 잘 익은 토마토에 '빨강' 을 적용할 것인 반면, 우리는 잘 익은 토마토에만 '빨강' 을 적용하고 **익지 않은** 토마토에만 '초록' 을 적용할 것이기 때문이다.

그러므로 그 논증이 보여 주는 것은 우리가 다른 곳에서 상쇄적인 변경을 할 수만 있다면 내적인 대상을 **임의로** 변경하더라도 우리가 낱말들의 공적인 사용을 보존할 수 있다는 것이다. 특히 그 변경은 상이한 내적 대상들을 (또는, 당신이 좋다면, 상이한 내적-대상들-더하기-투영-방법들을) 처음에 상이한 것들에 배정되었던 낱말들에 배정해야 하고, 그것은 같은 이유로 같은 내적 대상들을 처음에 같은 것들에 배정되었던 낱말들에 배정해야 한다. 그런 변경은 내적인 대상들의 **주입**이라고 불린다. 따라서 우리는 그것을 다음과 같이 설명할 수 있다: 비트겐슈타인은 우리의 공적인 낱말들과 결합된 내적 대상들의 주입이 그것들의 공적인 사용에서 중요하지 않다는 것을 보여 주었다.

그러나 이것은 아직 상자 속의 딱정벌레 논증이 의도한 결론이 아니다. 그 의도된 결론은 PI 293c에 진술된 결론이다: 즉, 이 낱말들 중 어느 것도 어떤 내적인 대상을 나타내지 않는다. 그렇다면 **이** 주장은 우리의 공적인 낱말들과 결합된 내적인 대상들의 주입이 그 낱말들의 공적인 사용에서 중요하지 않다는 전제로부터 도출되는가?

그것은 논리적으로 도출되지는 않지만, 비트겐슈타인이 그것을 수용한다는 온갖 표시를 보여 주고 있다는 전제를 부가적으로 상정한다면 (비록 실제로 그렇게 말했다는 것에는 미치지 못하지만) 그것은 **확실히** 따라 나온다. 이 전제는 하나의 슬로건으로서 다음과 같이 제시될 수 있다: 사용의 변경 없이는 지시의 변경도 없다. '"이름"이란 낱말은 한 낱말의 매우 다양한 **사용** 방식을 특징짓는다' (PI 38b: 강조는 저자의 것임)는 말로 볼 때, 비트겐슈타인은 실제로 이 말에 거의 동의하고 있는 것으로 보인다. 그러나 비트겐슈타인이 그 어디서도 '같은 사용'에 내가 현재의 목적들을 위하여 그것에 부여한 엄밀한 의미를 부여하지 않고 있다는 단 하나의 이유만으로도, 우리는 이것을 내가 뜻한 것에 대한 동의라고 바로 간주해서는 안 될 것이다.[29] 어떤 경우에도 그것은 의미론적 현상들이 우리의 낱말 사용으로부터 독립되어 있지는 않지만, 전적으로 그것으로부터 발생한다는 비트겐슈타인의 일반적인 생각의 정

---

29 '같은 공적인 사용'의 **저** 엄밀한 의미는 그 첫 번째 전제 — 즉, 우리의 공적인 낱말들과 결합된 내적인 대상들의 대체는 그것들의 공적인 사용에 아무 문제가 되지 않는다는 — 를 매우 강하게 만드는 반면, 이 두 번째 전제를 매우 약하게 만든다는 것을 유념하라. 그리고 PI 293b는 사실 저 강한 첫 번째 전제를 확인해 준다: 그것이 바로 내가 '같은 공적인 사용'을 현재와 같이 해석하는 것이 비트겐슈타인의 논증에 가능한 최선의 승산을 제공한다고 말한 이유이다.

신 속에 매우 분명히 들어 있는 것으로 보인다. 더 정확히 말해서 그 전제는 바로 이것이다: 두 사람이 낱말들에 대해 같은 공적인 사용을 하고 있음에도 상이한 지시를 할 수는 없을 것이다. 우리는 이 전제를 '의미론적 행동주의'[30]라고 부를 수 있을 것이다.

그러나 PI 293b는 상이한 내적 대상들과 결합되어 있는 ('딱정벌레'와 같은) 낱말에 대하여 두 사람이 같은 공적인 사용을 할 수 있음을 보여 주었다. 그 낱말이 이렇게 또는 저렇게 연상된 내적인 대상을 가리킬 수 없다는 것은 우리의 두 전제로부터 따라 나온다. 낱말도 대상도 모두 자의적이기 때문에, 우리는 이 논증의 결론을 다음과 같이 일반화할 수 있다: 공적인 언어의 **어떤** 낱말도 **어떤** 연상된 내부의 대상**도** 가리키지 **않는다**. 그러므로 그 논증은 PI 293c에서 진술한 결론을 성공적으로 확립한 것으로 보인다.

그러나 우리는 그렇게 함으로써 그것이 **사적인** 대상들의 지시에 관하여 어떤 특별한 난점을 지적해 냈는가를 물을 수 있다. 결국, 우리는 공적인 대상들에 관하여 똑같은 점을 말할 수 있을 것이다; 콰인이 그렇게 했다.[31] 모든 대상 각각이 하나의 **여집합**을 가지고 있다고 생각해 보자. 하나의 대상 O의 여집합은 그 대상을 제외한 우주 (모든 시간과 공간) 전체로 구성되는 대상 O*이다(그러므로 O**=O). 이제 두 사람 A와 B를 생각해 보자: A는 그의 낱말들을 일상적인 물리적 대상들과 —

---

30 이 용어는 보통 콰인의 주장을 뜻하기 위해 사용되는데, 그것은 1968: 28-9에서 가장 잘 표현되었다: '드러난 행동으로 표출되고자 하는 인간의 성향들에 내재하는 것을 넘어서서는 의미들이 존재하지 않으며, 의미의 유사성이나 구분도 존재하지 않는다.' 그 둘이 혼동되지 않는 한 현재의 맥락에서 그 용어를 전용하는 데는 아무런 문제도 발생하지 않을 것이다; 그렇게 하는 것은 또한 이 문제에 관한 그 두 철학자 사이의 유사성을 부각시켜 줄 것이다.

31 여기서 나는 Quine 1981: 19-20에 나오는 논의의 한 버전을 묘사하고 있다.

'토마토'는 토마토들과, '피도'는 피도와, '개'는 개들과 등으로 — 결합시키는 반면, B는 그의 낱말들을 그것들의 여집합과 — '토마토'는 토마토들의 여집합과, '피도'는 피도와, '개'는 개들의 여집합과 등으로 — 결합시킨다. 분명히 모든 대상을 그것들의 여집합과 대체하는 것은, 앞에서 정의된 '주입'의 뜻에서, 그러한 대상들의 주입이다.

이제 어떤 단순화하는 가정들 위에서 B는 (예컨대) 피도*가 어떤 개의 여집합일 경우 그리고 오직 그 경우에만, 즉 피도가 하나의 개일 경우 그리고 오직 그 경우에만, 다시 말해서 A가 같은 증거가 주어져 있는 같은 문장에 동의할 경우 그리고 오직 그 경우에만, '피도는 개다'에 동의할 것이다. 일어난 일은 A가 '피도'와 결합시킨 것에 대하여 B에서 일어난 변경이 A가 '개'와 결합시킨 것에 대하여 B에서 일어난 변경을 정확히 상쇄한다는 것이다. 그리고 나는 이 점이 일반화될 수 있다고 믿는다; 따라서 A와 B는 그들의 낱말 전부에 대하여 같은 공적인 사용을 갖게 될 수 있다. 즉 우리가 일단의 **외부적** 대상들을 주입에 의해 변경할 수 있음에도 불구하고 연상된 낱말들에 대한 공적인 사용은 아무 문제 없을 수 있다.

이제 (**내부적** 대상들에 어떤 특별한 적용도 갖지 않은) 의미론적 행동주의의 전제를 적용하고 그 결과를 사적인 경우에서와 같이 일반화함으로써, 우리는 공적인 언어의 어떤 낱말도 어떤 연상된 **외부의** 대상도 가리키지 않는다고 결론지을 수 있을 것이다. 외부의 대상은 내부의 대상과 똑같은 방식으로 약분된다.

그러므로 비트겐슈타인의 논증은, 적어도 이런 해석을 통해 볼 때, 결국 우리의 낱말들이 연상된 사적인 대상들을 나타낸다는 로크의 생각에 있을지 모를 어떤 **특별한** 문제점을 드러내지 않는다. 이제 문제는 그 논증에 대한 나의 독해 속에 거주한다고 할 수 있을 것이다. 특별히 그리고 그것을 평가할 목적으로 나는 '공적인 사용의 동일성' 개념에 비트겐슈타인이 아마도 받아들이지 않았을 하나의 정의를 제시했다. '공적인 사용'에 대하여 내가 거기에서 그것과 동일시한 맹목적인 행동적 성향들이 아닌 어떤 다른 개념을 그가 염두에 둘 수 있었을까?

그것은 충분히 가능한 일이지만, 그것이 무슨 도움이 될지는 분명치 않다. 그가 무슨 '사용' 개념을 염두에 두었든지 간에 PI 293b의 논증은 연상된 대상들의 변경이 그의 뜻에서와 같이 **나의 뜻에서도** 사용의 동일성과 양립 가능하다는 것을 아주 효과적으로 보여 주는 것으로 보인다. 그러므로 PI 293b는, 그것이 다른 무엇을 확립하건 간에, 첫 번째 전제에 대한 나의 독해를 성공적으로 확립해 준다.

그리고 그가 어떤 사용 개념을 염두에 둘 수 있었건 간에 그것은 분명히 결코 나의 것보다 더 세밀하지는 않을 것이다: 나의 뜻에서 한 낱말에 대해 동일한 공적인 사용을 하고 있는 두 사람은 저 변화무쌍한 낱말의 **어떤** 뜻에서도 그것에 대해 동일한 공적인 사용을 할 것이다. 만일 '동일한 공적인 사용'에 관한 그의 해석을 의미론적 행동주의로 보는 것이 옳다면 나의 해석도 마찬가지로 보는 것이 옳다는 것이 따라 나온다. 그러므로 만일 **그의** 논증에 관한 두 번째 전제가 올바르다면, 그것이 무엇일 수 있든지 간에, 내가 독해한 것의 두 번째 전제 역시 옳다.

따라서 만일 비트겐슈타인의 상자 속 딱정벌레 논증이 내부적 대상들의 의미론적 무관성을 확립한다면 그것은 외부적 대상들의 의미론적 무관성도 또한 확립한다. 그러므로 그것은 낱말들이 연상된 사적인 또는 내부적 대상들을 나타낸다고 주장하는 우리의 언어에 관한 로크식의 해석에 어떤 **특별한** 난점도 부과하지 않는다. 상자 속의 딱정벌레 논증에서 잘못된 것은 그것이 그것의 결론을 확정하지 못한다는 것이 아니다. 우리가 그것의 방향으로 훨씬 더 멀리 나아갈 수 있다는 것이다;

우리가 그때 얻게 되는 관점에서 볼 때 비트겐슈타인이 그의 논증을 사적인 부분에 한정한 것은 자의적으로 보인다.[32]

4.2. 내부와 외부

이 장이 지금까지 주시해 온 두 소견은 감각들 및 정신생활의 전체 그림과 관련된 철학적 사유에 영향을 끼친 다양한 오해들을 다룬 훨씬 더 많은 논의 속에 새겨져 있다. 그 오해들은 서로 합해져서 데카르트적 그림이라는 이름을 역사적으로 부여받은 모습으로 나타난다; 그러나 이 명칭을 사용함에 있어서 우리는 다음을 염두에 두어야 할 것이다: 우선 데카르트적 그림은 아마도 이 위대한 철학자의 저작에 영감을 불어넣은 것보다 훨씬 더 큰 영향을 데카르트가 아닌 사람들의 사상을 형성하는 데 끼쳤다는 것, 그리고 그중에는 데카르트가 다른 점에서는 지적으로 공감하지 못할 철학자들이 있었다는 것.

이 그림을 개관하고 나서 우리는 비트겐슈타인이 비판한 다음과 같

32 이 점에서 만일 모든 사람 각각의 낱말들이 그의 사적인 관념들을 가리킨다면 두 사람 사이의 논쟁에 관한 어떤 언어적 표현도 존재할 수 없을 것이라는 프레게의 주장을 언급하는 것이 의미 있을 것이다. 프레게의 관점은 만일 당신이 '쐐기풀은 항상 초록이다' 고 하고 나는 '쐐기풀은 항상 초록은 아니다' 고 한다면, 그런데 이때 우리가 '초록' 으로 어떤 상이한 사적인 감각-유형을 각각 뜻한다면, 우리는 실제로 불일치하고 있는 것이 아니라는 것이다. 그것은 마치 두 사람이 10파운드짜리 노트가 진짜인지를 두고 논쟁하되, 거기에서 '각자는 자기 호주머니에 들어 있는 것을 뜻하고 있고 "진짜" 라는 말을 자기만의 독특한 의미로 이해한다면', 서로가 실제로 불일치하고 있는 것은 아닌 것과 마찬가지다(Frege 1967: 29). 그러나 쌍방 간의 진정한 불일치를 위해서는, 논란이 되는 문장의 진리치를 어떤 종류의 증거가 결정할 수 있을지에 대하여 그들 사이에 충분한 **일치**가 있다는 것으로 충분하다. 보다 일반적으로 말해서, 논쟁하는 사람들이 같은 낱말들을 가지고 서로 다른 것들을 가리킨다는 사실은 그들이 하나의 공적인 언어에서 크게 불일치할 가능성을 예방하지 못한다: 예컨대 유명론적 수학자는 통상적인 낱말들로 언급된 하나의 수학적 정리를 두고 확실히 플라톤주의적 수학자와 불일치를 표출할 수 있을 것이다.

은 다양한 논점들을 논의할 것이다: (a) 감각을 가진 사람은 그의 감각 상태들에 관해 특별한 인식적 권위를 갖는다는 관념, (b) 우리는 다른 어떤 사람의 감각 상태들에 관해 불가피하게 **무지**의 상태에 처해 있다는 관념, (c) 감각을 가진 주체는 사람의 육체와는 다른 자아 또는 영혼이라는 관념, (d) 우리는 1인칭의 경우에 대한 이해를 전이함으로써 3인칭의 감각적 속성들을 이해할 수 있다는 관념. 나는 (d)에 대한 비트겐슈타인의 대안을 논의하는 것으로 결론을 맺을 것이다.

4.2.1. 데카르트적 그림

기본적인 데카르트적 그림은 어떤 한 사람 예컨대 나의 관점에서 볼 때 세계는 논리적으로 독립된 두 가지 구성 요소들로 형이상학적으로 분해될 수 있다는 것이다. 한편으로 물리적인 또는 '외부적인' 세계가 존재한다(그것이 나의 두뇌뿐만 아니라 나의 신체의 내부를 포함하고 있다는 점에서, 그것을 '외부적'이라고 부르는 것이 좀 오도적이긴 하다). 적어도 원리적으로 모든 사람은 각각 이 세계에 대하여 동등하게 좋은 관찰적 접근권을 가지고 있다. 실제로 그 세계 중에는 내가 다른 어떤 사람보다 관찰하기에 더 좋은 위치에 있는 부분들이 존재한다. 예를 들어, 나는 나의 근육에서 일어나는 일을 다른 어떤 사람보다 더 잘 느낄 수 있으므로, 나는 그것들에서의 경련을 관찰하는 데 다른 어떤 사람보다 더 좋은 위치에 있다. 그러나 적어도 원리적으로는 다른 관찰자도 내 근육들을 봄으로써 그 경련을 관찰할 수 있다; 사실 원리적으로 다른 사람의 신경들이 나의 근육과 연결될 수 있는데, 그 경우 그 사람은 그 경련을 **느끼는** 일에서 나와 같은 정도로 좋은 위치에 있게 될 것이다.

다른 한편으로, 정신적인 또는 내부적인 세계가 존재한다. 이것은 정신적인 상태들, 과정들 그리고 사건들의 세계이다: 감각, 느낌, 분위기,

— 그러나 또한 사고(thoughts), 믿음, 그리고 선호. **원리적으로** 나는 나 자신의 정신적 상태들에 다른 어떤 사람보다 더 좋은 접근성을 가지고 있다. 특히 나의 감각들은 직접적인 내부적 관찰의 대상들이어서, 그것을 통해 나는 그것들에 대한 오류 불가능한 접근성을 가진다. 나는 나의 감각들에 관하여 오류를 범할 수 없다. 따라서 그것들에 대한 나의 앎은 단순히 외부적인 세계에 대한 나의 앎이 결코 획득할 수 없는 확실성을 보장받고 있다.

그러나 다른 어떤 사람도 그것들을 직접 관찰할 수 없다. 이것은 나의 골격 속에 감춰져 있기 때문이 아니다: 나의 머리가 유리로 만들어져 다른 사람들이 나의 두뇌에서 일어나고 있는 모든 일을 볼 수 있게 된다고 할지라도, 그들은 나의 감각들을 여전히 관찰할 수 없을 것이다. 그러므로 다른 사람들은 그들이 관찰하는 것의 기초 위에서 나의 감각을 추론해야 한다: 실제로 이것은 나의 행위이다.

그런데 이 감각 상태들을 관찰하는 '나'는 도대체 무엇인가? 그것은 나의 신체가 아니며 내 신체의 어떤 단순한 상태도 아니다. 그것이 '소유하는' 바로 그 감각들을 직접 관찰하는 것은 '자아'라고 불리는 정신적인 실체이다. 그런 자아들이 많이 존재하는데, 그것들은 각각 한 사람에 대응하고, 각각 **그것이** 직접 관찰하고 어떤 다른 자아도 직접 관찰할 수 없는 '그것의' 감각들을 가지고 있다. 그러나 그 자아는 다른 자아가 감각을 갖고 있다는 것이 무엇인지 그 자신의 감각에 집중해 봄으로써 이해할 수 있다. '존스가 치통을 가지고 있다는 것은 단지 (여기서 그 자신의 치통에 주의를 집중하면서) **이것**이 또 하나 발생한 것, 즉 내가 아니라 존스가 가지고 있는 하나의 사건일 뿐이다'라고 스미스는 그 자신에게 말할 수 있을 것이다.

이 그림은 데카르트가 후다닥 만들어 낸 어떤 관념 합성물이 아니다.

비록 명백하게 된 적은 없었지만 많은 사람이 (적어도 많은 서양인이) 그 견지에 서서 생각하는 것을 매우 자연스럽게 만들어 준 논란의 여지 없는 사실들이 존재한다. 그 그림에 대한 비트겐슈타인의 처지는 그것을 뿌리째 제거하려는 시도이다.

4.2.2. 인식적 비대칭성

우리는 데카르트적 그림의 중요한 구성 요소 하나가 예컨대 내가 바로 지금 두통을 느끼고 있는지를, 다른 사람들은 모두 추론해야 하지만, 나는 안다는 관념임을 보았다. 이 인식적 비대칭성에 관련하여 비트겐슈타인은 다음과 같이 쓰고 있다:

> 그런데 어떤 점에서 나의 감각들은 **사적**인가? — 자, 오직 나만이 내가 실제로 고통스러운지 여부를 알 수 있다; 다른 사람은 그걸 단지 추측할 수 있을 뿐이다. — 이 말은 한편으로는 거짓이요, 한편으로는 무의미하다. 우리가 "알다"라는 말을 정상적인 방식으로 사용한다면(그리고 우리가 그것을 어떻게 달리 사용할 수 있단 말인가!), 다른 사람들은 내가 고통스러운 경우를 매우 자주 안다. — 그렇다, 그러나 그럼에도 불구하고 나 자신이 그것을 아는 만큼의 확신을 가지고서 아는 것은 아니다! — 나에 대해서 우리들은 (가령 농담에서가 아니라면) 나는 내가 고통스럽다는 것을 **안다**고 결코 말할 수 없다. 그 말은 가령 내가 고통을 **갖고 있다**는 것 외에 대체 무엇을 뜻하겠는가?
>
> 우리들은 다른 사람들이 나의 감각을 **오직** 나의 행동거지를 통해서만 배운다고 말할 수 없다. — 왜냐하면 우리들은 나에 대해서, 나는 나의 감각을 배웠다고 말할 수 없기 때문이다. 나는 **나의 감각을 갖고 있다**.
>
> 진실은 이렇다: 다른 사람들에 대해서, 그들이 내가 고통스러운지 의심하고 있다고 말하는 것은 뜻을 가진다; 그러나 나 자신에 대해서 그렇게 말하

는 것은 뜻을 가지지 않는다(PI 246).

나는 나 자신의 감각을 안다는 것에서부터 시작해 보자. 비트겐슈타인은 ― 내가 고통스럽**다**는 것이 아니라 ― 내가 고통스럽다는 것을 내가 안다고 말하는 것이 무엇을 뜻할 수 있는지 묻는다. 그러나 왜 우리는 이 두 진술이 같은 것을 뜻한다고 생각해야 할까? 결국 그것들은 상이한 **사용**을 갖는다. 나는 치과의사에게 그가 나의 이를 빼려 할 때 그가 더 많은 마취제를 투여해야 한다는 것을 알리는 방법으로 '나는 고통스럽다' 고 말할 수 있을 것이다. 그러나 그 치과의사가 나의 첫 번째 진술에 대하여 '정말 고통스러워요?' 등의 말로 의문을 던진다면, 나는 단지 '나는 고통스럽다는 것을 안다' 고 말하는 것이 좋을 것이다.

비트겐슈타인은 의심하는 것이 아무런 의미도 없는 경우들에서 안다는 진술들은 참이 아니기 때문에, '나는 고통스럽다는 것을 안다' 는 말이 **다른** 어떤 것도 뜻하지 않는다고 생각한다. 그는 다른 곳에서 다음과 같이 썼다:

> "나는 …을 안다"는 "나는 …을 의심하지 않는다"를 뜻할 수도 있다. 그러나 그것은 "나는 …을 의심한다"는 말이 **뜻이 없음**을, 의심이 논리적으로 배제되어 있음을 뜻하지는 않는다(PI p. 188/221/『탐구』 391쪽).

그런데 그가 PI 246c에서 말할 때는, 이것은 의심의 표현이 무의미하거나 논리적으로 배제되는 그런 경우 중 하나로 보인다. 적어도 이 뜻에서는 그러하다: 나는 '내가 고통스러운지를 의심한다' 고 진실하게 말하는 어떤 사람은 그로써, 그가 쓴 낱말 중 하나에 대한 오해 외에는 아무것도 보여 주지 않을 것이다: 그는 예컨대 '고통' 이 어떤 유형의 신체적

손상을 명명하는 것이라고 생각하고 있을지 모른다.

그러나 저 논리적 배제의 뜻에서, 아주 맑은 날에 '비가 온다'고 말하는 것 또한 논리적으로 배제되어 있다: 진실하게 그렇게 말한 어떤 사람은 **그의** 낱말들을 오해하고 있다고 간주되어야 할 것이다. 그러나 그때 하나의 진술이 논리적으로 배제된다는 사실은 그 부정이 뜻있고 또한 참되다는 것을 배제할 수 없다. '비가 오고 있지 않다'는 그 경우 그 발화를 요점 없게 만들 정도로 명백한 어떤 것을 말할 것이다; 그러나 그럼에도 불구하고 그것은 **참인** 어떤 것을 말할 것이다. 그렇다면 왜 '내가 고통스럽다는 것을 나는 안다'는 말은 참인 어떤 것을 또한 말할 수 없는 것일까?

'나는 고통스럽다는 것을 나는 안다'가 '나는 고통스럽다'가 아닌 다른 어떤 것을 뜻할 수 없다고 생각할 또 다른 이유는 '나는 고통스럽다'는 말이, 결코 어떤 것에 대한 기술이 아니며 주장으로 위장되었지만 단지 주의를 끌기 위한 하나의 수단일 뿐이므로, 우리가 알거**나** 믿거**나** 할 수 있는 어떤 것이 아니기 때문이다. 이것은 비트겐슈타인이 고통의 언어적 표현은 외침을 대체한다고 썼을 때 (PI 244; PI 290b 참고) 염두에 둔 것에 속할 것이다. 분명 외침 앞에 '…을 나는 믿는다' 또는 '…을 나는 안다'를 덧붙이는 것은 아무 뜻도 없을 것이다; 그렇다면 아마도 우리는 '나는 고통스럽다'는 말 앞에 그것을 역시 덧붙여 얻게 된 진술에 대해서도 같은 말을 해야 할 것이다.

그러나 우리에게는 이것이 믿을 수 있는 것이라고 생각할 좋은 이유가 있다. 사람들에게 믿음들을 부여하는 일의 취지는 그들의 행동을 설명하는 것이다; 나에게 그 믿음을 부여하는 것을 뜻있게 만들어 주는, 내가 할 수 있는, 일들은 아주 많다. 내가 방으로 걸어 들어가면서 방 안에 고통스러워하는 다른 사람이 적어도 한 명 있다는 것을 알게 되었다고 생각해 보자; 그리고 나는 그 방 안에서 적어도 두 명의 사람이 고통스러워한다고 추론한다(즉 그런 믿음을 형성한다). 내가 이미 **나는** 고통스럽다고 믿고 있다는 것은 이것에 대한 좋은 설명이 될 수 있지 않을까? 그 경우, '나는 고통스럽다'는 어떤 사람이 믿는다고 말해질 수 있는 것을 표현한다; 그렇다면 왜 그것이 어떤 사람이 **안다**고 말해질 수 있는 것을 표현할 수는 없을까?

그러나 왜 사람들이 자주 말하는 것은 문자적으로 받아들여져야 한다고, 또는 만일 그렇게 받아들여진다면 그것은 참이어야 할 거라고 생각해야 할까? 어떤 사람이 다음과 같이 주장한다고 생각해 보자: '만일 우리가 "떠오른다"와 "진다"란 낱말들을 그것들이 통상적으로 사용되는 방식으로 사용하고 있다면(그리고 어떻게 우리가 그것들을 달리 사용할 수 있을까?) 태양은 매일 떠오르고 진다.' 이에 대한 자연스러운 반응은 '떠오른다'와 '진다'란 낱말들이 가지고 있는 아무렇게나 형성된 무수한 일상적 용법들에 노예적으로 천착하지 않고(2.3에서 제시된 것처럼) 그 낱말들의 '문자적인' 사용 중 어떤 하위 집합으로부터 하나의 개념을 추출해 내는 길이 있다는 것을 인정하는 것일 게다.

실제로 그렇게 하는 것은 **그 자체** 일상적 용법으로부터의 이탈이 결코 아니다. 왜냐하면, 일상적이긴 하지만 교육받은 대부분의 사람은 그런 문자적 핵심을 인정할 것이기 때문이다: 천문학적 증거에 직면할 때 그들은 물론 태양이 **실제로** 떠오르거나 지지 않는다는 것과 이것이 단지 하나의 말하기 방식이라는 것에 동의할 것이다. 하지만 그렇다면 왜 우리는 다른 사람들의 마음을 아는 것에 대해 똑같이 말해서는 안 되는 것일까? 결국, '철학적 증거'에 직면하여, 대부분의 일상적 화자들은 다음에 동의할 것이다: '물론 우리는 다른 사람의 이가 썩었을 때 그가 어떻게 느끼는지 **실제로는** 알지 못한다: 나는 내가 느끼는 것과 같은 것을 그도 느끼고 있다고 가정할 따름이다.' 그러므로 비트겐슈타인의 요점은 그 철학적 증거에 어떤 약점이 존재한다는 것에 의지하고 있는데, 우리는 이제 그 문제로 향할 것이다.

'다른 사람들의 마음을 앎'의 전통적인 문제는 데카르트적 그림 자체로부터 직접 유래한다. 그 그림에 따르면 존스는 나의 고통을 결코 관찰할 수 없다; 그는 내가 고통스럽다는 것의 그 참됨을 그가 관찰**하는** 나의 행동에 관한 전제들로부터 다음과 같이 추론할 수 있을 뿐이다: '아리프 아흐메드는 고통-행동을 내보이고 있다, 그러므로 그는 고통스럽다.' 그러나 그렇다면 다음과 같은 질문이 일어난다: 존스는 무슨 권리로 **그** 추론을 하는가? 결국, 그는 그것이 그 사례 중 어떤 것에 의해 확증된 것을 관찰해 본 적이 없었다: 즉, 그는 한편으로 나의 행동을 관찰하고 다른 한편으로 나의 고통을 관찰할 그런 위치에 있어 보지 않았다. 아리프 아흐메드의 고통이 아주 종종 그의 고통-행동에 동반된다는 그의 결론을 정당화하고 그럼으로써 그 미심쩍은 추론을 보증해 줄 수 있는 것은 그런 종류의 관찰뿐이다. **나**는 그런 종류의 관찰을 할 위치에 있는 유일한 사람이다. 그러나 그것은 존스에게 아무런 도움도 되지 않을 것이다: 왜냐하면 내가 그런 관찰을 한다고 하더라도, 그 결과들 — '아리프 아흐메드는 그가 고통-행동을 내보이는 경우들의 n%의 경우에 고통스럽다.' — 에 대한 나의 보고는 마찬가지로 미심쩍은 추론, 즉 '아리프 아흐메드는 그가 어떤 경우에 고통스러웠다고 보고한다'는 것으로부터 '아리프 아흐메드는 그 경우에 고통스러웠다'는 데 이르는 추론의 도움 없이는, 존스에게 그 미심쩍은 추론을 확증해 주지 못할 것이기 때문이다. 존스가 '기쁨'이라고 부르는 것을 내가 '고통'이라고 부른다는 가설을 그가 어떻게 배제할 수 있을까?(4.1.3을 보라)

물론 존스가 데카르트적 그림에 대해 관찰할 **수 있는** 것은 그 **자신**의

경우이다: 그리고 그는 그 결과들을 '존스는 그가 고통-행동을 내보이는 경우들의 m%의 경우에 고통스럽다' 는 형식으로 요약할 수 있다. 그러나 아무리 m이 크다 해도 이것은 그 추론을 **다른 사람들의** 고통-행동으로부터 그들의 고통으로 확장하기에는 매우 약한 귀납적 근거들로 보일 것이다. 그것은 PI 293의 인물 중 하나가 그 자신의 상자 속에서 검은 사슴벌레를 관찰한 것으로부터 다른 모든 사람의 상자에 검은 사슴벌레가 있다고 추론하는 것만큼이나 성급한 일일 것이다.

그러므로 내가 고통스러운지를 존스가 실제로 알지 **못한다**고 생각할 수 있는 정당한 경우가 존재한다. 이 경우는 확실히 '안다' 는 낱말의 '일상적 사용' 으로부터의 일탈을 부추기지만, 제멋대로의 일탈은 아니다. 차라리 그것은 일상의 화자들이 어떤 경우에도 인정할 앎에 관한 원칙들을, 예컨대 하나의 추론이 앎을 산출한다면 그것은 튼튼한 증거의 기초를 가져야 한다는 것과 같은 원칙들을, 그 데카르트적 — 예컨대 존스는 나의 고통을 관찰할 수 없다는 — 그림으로부터 취해진 전제들과 결합하고, 다른 사람들의 마음에 관해서는, 이 원칙들을 존중하는 '안다' 의 뜻에서, 앎이 실로 존재하지 않는다는 것을 확립하는 것으로 보인다.

그러므로 PI 246에서 '안다' 의 일상적 사용에 대한 호소는 나의 감각들에 대한 다른 사람들의 앎을 정당화하는 데 아무 일도 하지 못한다. 그러나 비트겐슈타인은 그런 앎이 불가능하다는 주장에 대하여 더 중한 난점을 제기한다. 이 반박은 데카르트적 그림의 심장을 공격한다. 그것은 그 그림과 그것으로부터 도출되는 다른 사람들의 마음에 대한 회의주의가 **고통**에 대한 — 앎이 아니라 — 일상적 개념을 오해한 데 기반을 두고 있다는 것이다. 나는 이 문제를 4.2.4에서 논의할 것이다; 그러나 그것에 대한 적절한 설명을 위해서는 먼저 자아에 관한 비트겐슈타인의 관점을 간략하게나마 설명할 필요가 있다.

4.2.3. 자아

데카르트적 그림에서는 '나는 고통스럽다'에 대한 당신의 이해는 한편으로 '고통'과 내적인 대상 사이의, 다른 한편으로 '나'와 하나의 내적인 주체 — 당신의 **자아**, 즉 이 상태들의 소유주 — 사이의 상관관계를 포함하고 있었다. 그 대상이 그 주체와 올바른 관계에 있을 때는 언제나 당신은 고통스럽다.

데카르트를 제외하면 이 주제에 관한 가장 중요한 저자는 흄인데, 주지의 사실이지만, 그가 '그 자신의 경험에 들어갈' 때 그는 그런 어떤 소유자도 만나지 않으며 단지 감각들 자체만을 만날 뿐임을 지적했다(*Treatise* I.iv.6). 비트겐슈타인은 『논고』에서 이 추론을 인정한 것으로 보인다.

> 만일 내가 "내가 발견한 대로의 세계"라는 책을 쓴다면, 그 속에는 나의 몸에 관해서도 보고하고, 어느 부분들이 나의 의지에 종속되고 어느 부분들이 종속되지 않는지 따위도 말해져야 할 터인데, 요컨대 이것이 주체를 격리시키는 한 방법이다; 또는 오히려, 어떤 중요한 뜻에서 주체라는 것은 존재하지 않는다는 것을 보여 주는 한 방법이다. 왜냐하면 오로지 그것만이 이 책에서 이야기될 수 **없을** 것이기 때문이다(TLP 5.631).

하지만 독자는 『논고』에서 그가 경험에서 발견되지 않은 '형이상학적' 자아(TLP 5.641)를 또한 믿었다는 것을 유의해야 할 것이다: 차라리 그것은 그것의 정신적 작용이 그것의 기호적 사유-과정들에 의미를 주입한 것, 또는 투영 방법을 통해(TLP 3.11) 이름들을 그 지시체들과 어떻게든 관련시킨 것이었다. 언어는 **나의** — **내가** 의미를 주입하는 — 언어이다; 그러므로 언어 자체는 사고하는 주체의 일종의 내재적 반영이다. 그것이 바로 그가 다음과 같이 쓸 수 있다고 느꼈던 이유이다:

> **나의 언어의 한계들**은 나의 세계의 한계들을 의미한다. … 세계가 **나의** 세계라는 것은, **언어**(내가 유일하게 이해하는 그 언어)의 한계들은 **나의** 세계의 한계들을 의미한다는 점에서 드러난다(TLP 5.6, 5.62).[33]

『탐구』의 시기에 이르기까지 비트겐슈타인은 그가 전기에 취한 태도를 부분적으로 바꾸었다. 한편으로, 그는 더 이상 형이상학적 자아가 의미의 필요조건이라는 데 동의하지 않았다: 우리가 3편에서 보았듯이, '의미 작용' 또는 '투영 작용'은 허상이었다: 죽은 기호를 의미 있는 기호가 되게 만들어 주는 것은 그것의 **사용**이지 영혼만이 수행할 수 있는 요술이 아니다(PI 454). 다른 한편으로, 그는 TLP 5.631에서 인용된 구절에 표현된 흄적 주장이나 적어도 그 결론에 여전히 공감하고 있었다. 즉 그는 내가 '나는 고통스럽다'고 말할 때 내가 그 속성을 부여할 대상이 존재하지 않는다고 생각했다:

> "내가, '나는 고통스럽다'고 말할 때, 나는 고통스러운 어떤 인물을 가리키지 않는다. 왜냐하면 어떤 뜻에서 나는 **누가** 고통스러운지 전혀 모르기 때문이다." 그리고 이는 정당화될 수 있다. 왜냐하면 무엇보다 먼저, 나는 이러이러한 인물이 고통스럽다고 말하지 않고, "나는 고통스럽다"고 말하기 때문이

33 인용문을 포함하고 있는 『논고』의 유아론에 대한 취급 방식은 각양각색이고 그것에 대한 해석은 논쟁이 분분하다. 그것에 관한 현재의 해석은 크립키의 해석에 기반하고 있는데, 더 자세한 내용은 Kripke 1982: 131-2 n. 13을 보라.

다. 자, 이로써 나는 아무런 인물도 명명하지 않는다. 내가 고통으로 **신음함**으로써 어떤 인물을 명명하지 않는 것과 마찬가지로. 비록 다른 사람은 그 신음으로부터 누가 고통스러운지를 알아볼 수 있지만(PI 404).

"나"는 어떤 인물을 명명하지 않는다(PI 410).

왜 '나'는 어떤 인물의 이름이 아닌가? 하나의 이유는 내가 방금 언급한 다음과 같은 흄적 사고일 것이다: 즉, 자아나 영혼이 감각의 비물질적인 주체를 의미한다면 그것은 존재하지 않는다. 그러나 이 논증은 썩 충분한 것은 아니다: 왜냐하면 그것은 '나'가 내 신체의 이름일 가능성을, 그리고 **그것**이 한 인물일 가능성을 열어 놓기 때문이다. 다른 한편, 그 제안은 옳을 수조차 없는데, 왜냐하면 만일 '나'가 나의 신체의 이름이라면 '나는 이러이러하게 느끼고 있다'는 그의 신체 바깥에서, 예컨대 다른 사람의 신체에서(PI 302a, PI 409) 또는 막대기 끝에서(PI 626), 이러이러하게 느낀 어떤 사람에 의해 참되게 발화될 수 없을 것이기 때문이다.[34]

그렇다면 '나는 고통스럽다'는 맥락에서 '나'의 기능은 무엇**이란** 말인가? 그것은 말하는 입과 글을 쓰는 손이 유기체적 신체와 아주 밀접하게 인과적으로 관련되어 있다는 사실을 이용한다. 바로 이 사실이 입과 손의 행위를 예컨대 그 신체의 질환과 특별히 밀접하게 결합시키는

34 당신은 그 경우 내가 그것을 느낀 장소는 바로 그 사실에 의해 '나의 신체'의 일부로 간주된다고 응수할지 모르겠다. 그러나 그렇다면 우리는 **그** 경우 '나'는 나의 신체를 가리킨다는 주장이 '나는 이러이러한 것을 느낀다' 속의 '나'가 **그것이 무엇이건 간에, 내가 그것을 느낄 때 어떤 것을 느끼는 것**을 가리킨다는 동어 반복과 같아져 버린다고, 그러나 그것이 '"나"가 가리키는 것'이라고 말하는 것은 '나'가 가리키는 것에 관한 **어떤 것**을 말하는 것은 아니라고 재차 응수할 수 있다.

인습을 허용한다. 그러므로 하나의 입이 '나는 고통스럽다' 고 말할 때 우리는 어떤 신체가 치료를 필요로 하는지를, 즉 그 입과 연결된 신체를 안다. 이렇게 해서 '나는 고통스럽다' 속의 '나' 란 낱말의 기능은 사람들의 주의를 특정한 신체로 이끌 수 있다.

이제 우리는 이 연관이 불변적일 필요가 없다는 것을 이미 보았다. 우리는 확실히 우리의 입에서 멀리 떨어진 세계의 어떤 부분에서 고통을 느낄 수 있을 것이다; 실로 그것이 '나' 가 고통을 느끼는 신체를 **명명한다**는 것을 의심할 이유였다. 그러나 이것이 **결코** 실현될 수 **없는** 우연적인 사실이라면 우리는 '나의' 고통에 대해 말하거나 '나는 고통스럽다' 고 말할 기회를 가질 수 없어야 할 것이다. 이야기 속의 세 마녀와 얼마간 비슷하게, 우리가 각각 라디오 수신기와 송신기를 통해 연결되어 있는 런던의 중심에서 우리가 모두 하나의 입을 통해 교대로 말하게 된다면, 이 입은 예컨대 '나는 고통스럽다' 라고는 결코 말할 수 없을 것이고 '나의' 고통에 대해서도 말할 수 없을 것이며, 좌우간 그렇게 말해도 아무 요점이 없을 것이다. 대신 그것은 '글래스고, 램지가(街) 36번지에 고통이 있다' 와 같은 것을 말할 것이고, 그때 사람들은 그 장소에 있는 신체들에 주목하게 될 것이다. 여기서 우리는 매우 일반적인 자연 사실들이 달라져 있는 것을 상상하고 있다; 그 일은 우리의 개념들과 매우 상이한 개념들의 형성을 이해할 수 있도록 한다(PI II xii p. 195/『탐구』 405쪽).

그러나 만일 자연 사실들이 그대로라면, 1인칭 현재 시제 문장 '나는 고통스럽다' 는 하나의 울부짖음과 같은 — 즉, 사람들의 주의를 어떤 신체로 이끄는 — 기능을 수행한다는 것을 우리는 알 수 있다. 그리고 그것이 이에 관한 비트겐슈타인의 설명이다: '나는 고통스럽다' 는 울부짖음을 **대체**하며, 울부짖음을 **기술**하지 않는다(PI 244).

이 모든 것을 염두에 두고, 이제 고통의 개념으로 그리고 특히 3인칭적 감각 귀속을 통해 우리가 고통을 표현하는 문제로 돌아가 보자.

4.2.4. 3인칭 감각 부여: 부정적 설명

인식적 비대칭에 관한 데카르트의 생각 밑에 놓여 있는 것은 내가 다른 어떤 사람에게 감각들을 부여할 때 내가 무엇을 하고 있는가에 관한 생각이다. 이 생각은 우리가 어떻게 3인칭에 귀속하는 그런 것들을 이해하게 되는가에 관한 주장으로 표현될 수 있다. 그것은 우리 각자가 처음에는 가령 고통**스럽다**는 것이 무엇인가를 이해한다는 것이다: 즉, 우리는 처음에 고통의 1인칭적 표명을 배운다. 그리고 나서 우리는 반성을 통해 그것의 3인칭적 상관물 즉, **조니**가 고통스럽다는 것은 내가 고통스러울 때 내가 가진 바로 그것을 그가 가지고 있다는 것임을 이해하게 된다. 매우 자연스러운 이 설명에 1인칭적 감각 언어의 이해로부터 3인칭적 감각 언어의 이해에 이르는 이행에서 특별히 신비로운 것은 없다. 그것은 내 것에 대한 이해로부터 다른 사람의 것에 대한 이해로의 이행에 관하여 우리가 가지고 있는 — 그리고 우리가 다른 경우들에 보여 주는 — 더 일반적인 능력 중 특별한 경우일 뿐이다.

이런 식으로 빌리는 '**그의** 장난감들'에 속하는 것들과 속하지 않는 것들 사이의 차이를 처음으로 배울 수 있을 것이다: 그는 자기의 장난감들에 대하여 다른 장난감들에 대해서는 행사할 위치에 있지 않은 어떤 권리들을 행사할 위치에 있다. 그리고 그 후 '**그의** 장난감들'이라는 개념에서 그 자신을 추상하는 과정을 통해 그는 어떤 장난감들은 '**조니**의 장난감들'이고 어떤 장난감들은 아니라는 것을 이해하게 된다: 즉 그가 배우는 것은 조니의 장난감들이란, **그의** 장난감들에 대하여 그(빌리)가 서 있는 바로 그 동일한 소유격 관계들에 **조니**가 서 있는 바로 그 장난감들이라는 것이다.

데카르트적 그림에 따르면 '나의 고통'으로부터 '조니의 고통'으로의 이행은 본질적으로 같은 방식으로 진행된다. 감각어를 이해하는 것은 첫 번째 경우 그것이 당신이 특별한 관계에 있는 내부적 대상을 나타낸다는 — 이것들은 **나의** 고통, **나의** 잔상 등이라는 — 것을 이해하는 것이다; 그리고 우리가 '조니의 고통'이 조니에게 내적인 대상, 즉 **당신의** 고통에 대해 당신이 서 있는 것과 같은 관계에 **조니가** 서 있는 그런 대상을 나타낸다는 것을 알게 될 때 우리는 우리의 이해를 3인칭적 경우로 확장한다.

그러나 전편에서 우리가 한 논의를 기억하자. 우리는 거기에서 1인칭적 표명들의 경우 '나'의 기능은 어떤 것을 명명하는 것이 아니라 사람들의 주의를 그것을 말하는 입으로 (그리고 결합된 신체에로) 이끄는 것이었다. 이제 만일 그것이 '나는 고통스럽다'와 같은 맥락에서의 '나'의 기능이라면, '나는 고통스럽다'는 말을 터득하는 일이 한 유형의 내부적 대상(고통)과 하나의 내부적 주체('그것을 소유하는' '자아') 간의 어떤 관계에 익숙할 것을 (그 관계로부터 내부적 주체가 추상작용을 통해 '나는 고통스럽다'의 파악에서 '조니는 고통스럽다'의 파악으로 이행할 수 있기 위해) — 또는 어떤 다른 앎을 — 필요로 하지 않는다는 것은 자명하다. '나는 고통스럽다'가 방금 묘사된 대로 기능할 수 있기 위해서는 그것을 터득하는 일이 (대충 말해서) 당신의 입과 결합된 신체에서 어떤 신체적 사건이 발생할 때, 그리고 오직 그때에만 그것을 발화하는 성향을 포함하는 것이 필요하다. 그러나 이것은 '나는 고통스럽다'의 터득이 당신에게 추상 작용을 통해 '조니는 고통스럽다'의 터득으로 이행할 수단을 제공하지 않는다는 것을 뜻한다. 왜냐하면, 당신은 그것**으로부터** 추상 작용을 해야 할 것에 대해 아무것도 모르기 때문이다.

따라서 비트겐슈타인은 다음과 같이 쓴다:

> 우리들이 다른 사람의 고통을 자신의 것을 본보기로 해서 상상해야 한다면, 이는 그리 쉬운 일이 아니다: 왜냐하면 나는 내가 **느끼는** 고통에 따라서 내가 **느끼지 못하는** 고통을 상상해야 할 것이기 때문이다. 즉 나는 상상 속에서 고통의 한 장소로부터 다른 한 장소로 이행하기만 하면 되는 게 아니다. 마치 손의 고통으로부터 팔의 고통으로의 이행처럼 말이다. 왜냐하면 나는 내가 그의 육체의 어떤 한 곳에서 고통을 느낀다고 상상해서는 안 될 것이기 때문이다(비록 그것이 가능하다 할지라도)(PI 302).

이것이 바로 저 유명한 '태양에서 다섯 시'와 비교되는 요점이다.

> "그러나 내가 어떤 사람이 고통을 갖고 있다고 가정한다면, 나는 단순히 그는 내가 매우 자주 가져 본 적이 있는 것과 같은 것을 가지고 있다고 가정하는 것이다." — 이는 더 이상 우리를 이끌지 못한다. 그것은 마치 내가 다음과 같이 말하는 것과 같다: "당신은 '여기는 다섯 시이다'가 무슨 뜻인지 분명 안다; 그렇다면 당신은 태양에서 다섯 시라는 게 무슨 뜻인지도 안다. 그것은 바로, 여기가 다섯 시일 때 거기는 여기와 꼭 같은 시간이라는 뜻이다." — **같음**에 의한 설명은 여기서 기능하지 않는다. 왜냐하면 나는 여기의 다섯 시가 저기의 다섯 시와 "같은 시간"이라고 할 수 있다는 것은 알고 있지만, 우리들이 어떤 경우에 여기와 저기의 동시성에 관해서 말해야 할지는 알고 있지 못하기 때문이다(PI 350).

데카르트적 그림에 따르면 내가 고통스러울 때 나는 고통과 나 자신 둘 다를 관찰한다; 그때 내가 하게 되는 일이란 조니가 고통스럽다는 것은 또 다른 주체가 내가 고통스러울 때 내가 가지고 있는 것과 같은 대상에 대하여 같은 관계를 가지고 있다고 생각하는 것이다. 이에 반하여 우리는 앞의 소견들에서 비트겐슈타인이 고통의 주체를 부정하는 일이 다음과 같이 귀결된다는 것을 볼 수 있다: '나는 고통스럽다' 속의 '나'는 어떤 주체를 가리키지 않기 때문에, 우리가 '조니는 고통스럽다'를 단순히 '나는 고통스럽다'의 대상을 변경한 것이 아니라 주체를 변경한 것으로 간주함으로써 이해할 수 있다고 생각할 근거는 존재하지 않는다. 그것이 바로 '태양에서의 다섯 시'와의 비교의 요점이다: 'x에서 5시다' 형식을 갖는 시간적 표현들에 대한 우리의 이해는 단지 x가 지구 표면상의 한 장소를 나타내는 경우들에 대해서만 확장될 수 있기 때문에, 우리가 '태양에서 다섯 시이다'를 예컨대 '그리니치에서 다섯 시이다'에 대하여 시간이 아닌 단지 위치상 변경을 가한 것일 뿐이라고 간주함으로써 이해할 수 있다고 생각할 근거는 존재하지 않는다.

4.2.5. 3인칭 감각 부여: 긍정적 설명

그렇다면 우리는 어떻게 감각의 3인칭적 귀속을 **이해하는**가? 비트겐슈타인은 '"내적 과정"은 외적 기준들을 필요로 한다'고 썼다(PI 580). 그러므로 고통의 기준들 — 그것의 자연적인 그리고 비자의적인 행동적 표현 — 에 의해 우리는 그것을 귀속시킬 것인지 여부를 말한다.

이 지점에서 비트겐슈타인의 **기준** 개념에 관해 중요한 점을 간단히 말할 필요가 있다. 주어진 유형의 사태들에 대한 두 유형의 증거를 구별하자. 한 종류의 증거는 그것이 **증거로서의** 지위를 갖기 위해 그 증거 자신과 그 증거를 **필요로 하는** 것 사이의 관찰 가능한 상관관계에 의존한다; 다시 말해서, 그 증거의 상대적 비율이 높을 때가 그 사태의 **부재**시라는 것을 우리가 알아낸다면 그것은 증거로 간주되지 않게 될 것이다.

이런 종류에 속하는 증거의 예는 바로미터인데, 그것의 비 예보는 비에 대한 파기 가능한 증거일 뿐이다. 만일 우리가 바로미터의 비 예보 뒤에 비가 오지 않았다는 것을 충분히 관찰했다면, 우리는 결국 바로미터를 비 예보의 수단으로 삼지 않게 될 것이다. 이런 일이 일어날 수 있다는 사실은 바로미터의 움직임이 앞으로 올 비에 대한 파기 가능한 증거일 뿐이라는 말의 뜻을 설명해 준다.

그러나 다른 종류의 증거는 증거로서의 지위를 그 증거 자신과 그 증거를 필요로 하는 것 사이의 그런 관찰 가능한 상관관계에 의존하지 않는다; 그것이 증거로서 갖는 지위는 선천적이다(또는 비트겐슈타인이 PI 354에서 말하듯이, 하나의 정의에 기반을 둔다). 고통-행동의 증거로서의 지위를 고찰해 보자. 어떤 종류의 증거가 우리로 하여금 (사람들 사이에서의) 고통-행동은 그들이 실제로 고통스러워하고 있음의 증거라는 것을 의심하게 할 수 있을까? 그 답은 어떤 증거도 그렇게 할 수 없다는 것이다. 대신에 우리는 (예컨대) 고통-행동이 **있음**에도 고통이 **없다**고 말해 주거나 고통-행동이 **없음**에도 고통이 **있다**고 말해 주는 '증거'에 대하여 그것의 증거로서의 지위를 의심해야 할 것이다.

첫 번째 종류의 증거는 비트겐슈타인이 '징후'라는 낱말로 의미한 것이다. 두 번째 종류의 증거는 그가 '기준'이란 낱말로 의미한 것이다(그는 PI 354에서 그 둘을 대조시키고 있다). 하나의 사태에 대한 기준은 그 자체 그 사태에 대한 **파기 가능한** 증거일 수 있을 것이다. 즉 그것을 위해 충분치 않을 수 있을 것이다;[35] 파기 불가능한 것은 그것의 증거로

35 이것이 비트겐슈타인의 그 용어에 관한 유일한 해석은 아니다; 그것과 겨룰 만한 가장 걸출한 (맥도웰의) 해석은 바로 이 점에서 그것과 다르다. McDowell 1982, 특히 p. 380을 보라.

서의 지위이다.

그리고 고통-행동이 고통의 기준이라는 것은 분명하다. 왜냐하면 — 우리의 고통 개념이 현재와 같이 주어져 있다면 — 아무것도 **저** 증거의 고리를 거슬러 증거로 간주될 수 없을 것이기 때문이다. 그런 '증거'는 다음과 같이 보일 수 있을 것이다: 당신이 어떤 사람을 망치로 때릴 때 그는 울부짖지도 않고 어떤 적대적인 반응도 보이지 않는다. 그리고 그는 미래에 망치질을 피하기 위한 아무 일도 하지 않는다. 다른 한편 당신이 그에게 처음으로 딸기를 주었을 때 그는 움츠리더니 곧 (당신을 때림으로써) 보복을 하고, 그 후로 딸기-기피 행동을 **내보인다**. 이 경우를 관찰한 사람은 누구라도 그의 고통-행동이 결국 그의 고통의 증거가 아니라고 결론 내리지 않을 것이다. 오히려, 그는 **우리**를 아프게 하는 것이 **그**를 아프게 하지 않는다고 (그리고 그 역도 성립한다고) 결론 내릴 것이다.

여기에 감각의 3인칭적 귀속에 대한 비트겐슈타인의 설명이 있다. 어떤 화자는 **그것들의** 기준들을 배움으로써 그것들을 배운다. 당신이 배우는 것은 고통-행동으로 간주되는 종류의 행동이다(그리고 다른 감각 상태들의 경우 당신은 그것들의 기준들을 배우는데, 그것은 예컨대 그것들의 원인들 또는 결과들일 수 있을 것이다). 그리고 '고통'이란 낱말의 터득은 고통-행동과 다른 종류의 행동을 구별할 수 있을 것과 고통-행동을 다른 사람이 고통스럽다고 주장할 수 있는 파기 가능한 근거들로 다룰 것을 포함한다. 이 근거들 위에서 '고통'의 귀속을 터득하는 것은 적어도 3인칭적 맥락에서 우리의 고통 개념을 터득하는 일이다.

그 설명에 관해 이야기되어야 할 것은 분명 많지만, 이제 우리는 다른 사람들의 마음을 아는 문제에 관하여 중요한 것을 더 말해야 할 위치에 있다. 기준들과 징후들을 구별하는 소견들에서 비트겐슈타인은 시각 인

상들과 관련하여 유사한 점을 말한다. 그는 다음과 같이 쓰고 있다:

> 우리는 가령 이렇게 말한다: "경험은 기압계가 떨어지면 비가 온다는 것을 가르쳐 준다. 그러나 경험은 우리가 습기와 추위의 특수한 느낌들을 가지거나 이러이러한 시각 인상을 가질 경우 비가 온다는 것도 또한 가르쳐 준다." 그러고 나서 이에 대한 논거로서 우리들은 이러한 감각 인상들이 우리를 기만할 수 있음을 진술한다. 그러나 이때 우리들은, 그것들이 우리로 하여금 다름 아닌 비를 믿도록 속이고 있다는 사실은 하나의 정의(定義)에 의거하고 있다는 점을 고려하지 않는다(PI 354).

> 중요한 것은 우리의 감각 인상들이 우리에게 거짓말을 할 수 있다는 점이 아니라, 우리가 그것들의 언어를 이해한다는 점이다(그리고 이 언어는 다른 모든 언어와 마찬가지로, 약정(約定)에 의거하고 있다)(PI 355).

다른 사람들의 마음에 대한 적용은 분명해져야 한다. 문제는 존스가 나의 고통을 관찰할 수 없기 때문에 내가 고통스럽다고 생각할 어떤 이유도 존스가 가질 수 없다는 것이었다. 그에 대한 답은 존스가 그런 근거들, 즉 나의 고통-행동을 가질 수 있다는 것이 고통의 **개념**에 속한다는 것이다. 따라서 나의 고통-행동이 적어도 나에게 고통을 귀속시킬 **근거들**인지 진지하게 의심하는 사람은 또한 그 개념을 이해하지 못하고 있다. 그것은 고통-행동이 고통의 **기준**이기 때문이다.

3인칭적 감각 귀속에 대한 이 설명은 그 문제를 처음 발생시킨 데카르트적 그림을 완전히 전복시킨다는 것이 분명하다. 그러나 그것이 데카르트적 개념을 다른 방식으로 계속하여 소화하려는 어떤 매우 자연스러운 사유 노선들까지 잘라 버릴 위험이 있다는 것도 분명하다. 이러한 사유 노선들에 대한 비트겐슈타인의 처방은 이 논제들을 『논고』와 『탐구』 둘에 모두 걸치는 다른 핵심적인 주제들과 관련짓고 있기 때문에, 나는 그 둘을 고찰함으로써 결론을 맺고자 한다.

4.2.6. '고통은 고통이다'

비트겐슈타인의 설명에 대한 가장 명백한 반박은 그것이 '고통'에 대한 우리의 3인칭적 귀속에 매우 결정적인 어떤 것을 누락했다는 것이다. 우리는 '다른 사람의 고통을 우리 자신의 모델에 따라 상상'하지 않는다는 것을 보았다(PI 302). 그러나 비트겐슈타인의 설명은 반대 방향으로 너무 멀리 나가는 것으로 보인다. 그는 다른 사람의 고통을 우리 자신의 고통과는 **완전히 다른** 어떤 것의 모델에 따라 상상하는 것을 암시하는 것 같다. 왜냐하면 우리는 두 가지를 가지고 있기 때문이다: **내가** 고통스럽다고 내가 말할 때 내가 느끼는 고통, 그리고 **그가** 고통스럽다고 내가 말할 때 존스가 보이는 고통-행동. 이 둘은 매우 다르다; 따라서 **x가 고통스럽다**라는 형식의 진술을 할 수 있는 나의 근거는 피할 수 없이 선언적(選言的)인 것으로 보인다.

따라서 그것에 대한 비트겐슈타인의 설명에서, '고통'이란 낱말은 1인칭적 사용과 3인칭적 사용 사이에서 양의적일 따름이라고 보이기 시작한다. 그렇다면 내가 각 사람에게 **상이한** 낱말들을 사용하기로 해도 나의 언어에서 상실되는 것은 아무것도 없을 것이다. 그런데 비트겐슈타인은 이 놀라운 결론을 기꺼이 도출하려는 것으로 보인다.

> 만일 내가 '고통'이란 낱말을 내가 이때까지 "나의 고통"이라 불러 왔던 것, 그리고 다른 사람들이 "비트겐슈타인의 고통"이라 불러 왔던 것만을 위해 전적으로 요구할 경우, 다른 맥락들에서의 "고통"이란 낱말의 결손을 보상할

> 표기법이 어떤 방식으로든 제공되기만 하면, 그로써 다른 사람들에게 아무런 부정도 행해지지 않을 것이다. 그 경우 그럼에도 불구하고 타자들은 불쌍히 여겨지고, 의사에 의해 치료 따위를 받는다. "그러나 다른 사람들은 당신이 가진 것과 정확히 동일한 것을 가지고 있다!", 이렇게 말하는 것도 물론 이러한 표현 방식에 대해 **아무런** 반대가 아닐 것이다(PI 403).

물론 그들이 '나와 꼭 같은 것'을 가지고 있다고 말하는 것은 (적어도 한국어에서 '그들은 고통을 가지고 있다'고 말하는 것이나 '나는 고통을 가지고 있다'고 말하는 것은 옳기 때문에) **옳은** 것이지만, 그것은 그 대상들 자체 속에 있는 어떤 것 — 즉, 그들의 고통과 우리의 고통의 고유한 본성 — 이 우리에게 그 둘에 대해 같은 표현을 이용하는 표기법을 부과한다는 것을 뜻하지는 않는다.

그러나 그렇다면 '고통'은 '은행'과 비교할 만하지 않은가? 물론 '고통'의 양의성은 '은행'의 양의성과 똑같지는 않을 것이다. 왜냐하면 '고통'이 하나의 의미를 가지고 있다는 것은 주로 한 종류의 맥락(1인칭적 맥락)에서이고, '고통'이 또 다른 의미를 가지고 있다는 것은 주로 또 다른 종류의 맥락(3인칭적 맥락) — 우리가 그것의 기준들을 식별하게 됨으로써 배우는 맥락 — 에서이기 때문이다. 하지만 '은행'은 단 한 번 나타나는 것만으로도 상이한 의미를 가질 수 있다('나는 은행을 발견했다'). 아마 더 나은 비교는 '고통'이란 낱말과 'March'(월의 이름과 정렬 방식의 이름)란 낱말 사이에서 이뤄질 수 있을 것이다. 그 낱말이 하나의 의미를 갖는 맥락은 그것이 다른 의미를 갖는 맥락과 별 상관이 없다. 그리고 'March'란 낱말이 이런 맥락들에서 완전히 다른 종류에 속하는 것들을 나타낼 수 있다는 것이 우리 언어의 단순한 우연일 뿐이라고 하는 것은 올바른 기술이다. 그러므로 '고통'에 대한 비트겐슈타인의 의미론이 주어진다면, 그 한국어 낱말의 1인칭 사용이 있는 표현은 무엇이든지 3인칭 사용도 있다는 것이 (아마도 모든) 인간 언어의 단순한 우연일 뿐이라고 — 아무 설득력도 없이 — 기술해야 하지 않을까?

『논고』의 한 핵심 주제는 이 질문에 대한 긍정적인 답변을 남겼다. 그 책에 따르면 한 낱말의 문법적 성질은 그것이 나타낸 단순한 대상의 본성에 의해 결정되고, 그 대상을 아는 것은 사태들 속에서 그것이 나타날 가능성 **전체**를 아는 것이다(2.0123). 이제 PI 403의 표기법이 가능하다는 사실은 『논고』의 저자에게, 어떤 사람은 그 언어에서 '고통'이 무엇을 나타내는지 즉 고통이 무엇인지를, 다른 사람들도 역시 고통스러울 수 있다는 것을 모르고도, 알 수 있다는 것을 보여 줄 것이다. 그러나 그것은 '고통'이라는 낱말이 한국어에서 나타날 때, '상이한 지칭 방식들을 가져, 상이한 상징들에 속한다'(TLP 3.323)는 것을 뜻한다. 그리고 그런 우연적 양의성의 경우에 '우리는 같은 기호를 상이한 상징들로 사용하지 않음으로써 그러한 오류들을 배제하는 기호 언어를 사용**해야 한다**'(TLP 3.325). 즉 만일 우리가 PI 403의 것과 같은 언어를 사용할 수 있다면 — 논리적 관점에서 볼 때 — 우리는 반드시 그런 언어를 사용해야 한다.

『탐구』에서 비트겐슈타인은 다음 질문을 끌어들이는데, 그 뒤에는 그것을 뒤이은 진술들이 연이어 나타난다.

> 그러나 어느 것이 표기법의 본질적인 특징이고 어느 것이 비본질적인 우연적인 특징인지 나는 어떻게 결정할 수 있는가? 대체 표기법의 배후에 그것의 문법이 본받는 어떤 실재가 있는가?(PI 562)

조금 뒤에서 그는 고통에 직접 적용될 수 있는 방식으로 물음을 제기한다. 그리고 그는 하나의 예비적인 답변으로 돌아온다:

> 무엇 때문에 같은 낱말인가? 우리는 계산법에서는 이러한 동일성을 사용하지 않는다! … 그러나 여기서 "동일성을 사용하다"란 무슨 뜻인가? 우리가 정말로 같은 낱말을 사용한다면, 도대체 그것은 하나의 사용이 아닌가?(PI 565)

그러나 그것은 매우 불만족스럽다. 당신은 우리가 한편으로는 예금하고 대출하는 기관에 대하여 다른 한편으로는 은행나무 열매[36]에 대하여 낱말의 '동일성을 사용한다' 고 말하는 편이 더 나을 것이다. — 하긴 우리는 **그것들** 각각에 대하여 같은 낱말('은행')을 사용하지 않는가? 그러고 나서 또 하나의 제안이 따른다:

> 여기서 이제 같은 낱말의 사용, [가령 어떤 놀이에서] 같은 돌의 사용은 — 그 동일성이 우연적이 아니고, 비본질적이 아니라면 — 어떤 **목적**을 가지고 있는 듯이 보인다. 그리고 그 목적은 우리들이 그 돌을 재인식할 수 있고, 어떻게 놀이를 해야 하는지를 알 수 있는 것인 듯이 보인다(PI 566).

이에 따르면, 우리가 '고통' 이라는 같은 낱말을 1인칭과 3인칭에서 모두 사용하는 일의 요점은 사람이 그것의 사용을 하나의 (그러니까 1인칭적) 맥락에서 나타나는 낱말로 재인식할 수 있기 때문에 그것을 다

36 옮긴이 주: 원문에는 '강변을 따라 나 있는 경사지' 인데, 이는 '은행' 의 영단어 'bank' 의 또다른 의미가 '제방' 이기 때문이다.

른 (그러니까 3인칭적) 맥락에서도 택하여 사용할 수 있으리라는 것이다.

만일 우리가 이 제안에서 '목적'이란 낱말에 내포된 '고안하는 의식'이란 관념을 제거해 버린다면 매우 설득력 있는 제안이 남게 될 것이다. 그 요점은 '고통'이란 낱말을 1인칭적 맥락에서 이해하는 사람은, 그 사용 덕분에, 우리가 실제로 가지고 있는 근거들에 바탕하여 그가 '고통'이라 부른 것을 다른 사람들에게 귀속시키는 식으로 (비록 그렇게 해야 한다는 논리적 강제를 받는 것은 아니지만), 그것을 3인칭적 맥락으로 **자연스럽게** 확장할 것이기 때문에 우리는 같은 낱말을 사용한다는 것이다. 다시 말해서: 고통에 대한 우리의 느낌들을 중심으로 하는 확장된 '유사성 공간'이라는 것은 우리가 이 느낌들을 나타내는 우리의 낱말을 다른 유형의 행동을 표출하는 사람들보다 상해를 입거나 울부짖는 사람들에 대하여 더 기꺼이 확장하려 하는 그런 것이다.

이것은 손쉽게 결정될 수 없는 흥미로운 경험적 추정이다; 만일 확인될 수만 있다면, 그것은 우리가 같은 낱말을 1인칭과 3인칭에 모두 사용하는 것이 사물들의 본성 때문이라거나 논리적으로 바람직하지 않은 우연한 결과라고 간주하지 않기 위해 우리가 가질만한 이유를 알려 줄 것이다. 더 잘 말하자면, 우리가 어떻게 어떤 한정된 영역에서 우리에게 가르쳐진 낱말들의 사용들을 확장하는가에 관한 사실들은 연상된 개념의 형성을 설명해 줄 '자연의 사실들'에 속할 것이다(PI p. 195/230/『탐구』 405쪽).

4.2.7. '신은 그것을 본다'

여기서 비트겐슈타인이 논의를 풀어 나가는 방식에 관하여 매우 일반적인 비판을 제시하고자 하는데, 그것은 이 문제에 대해서뿐 아니라 언어놀이, 가족 유사성, 읽기, 이해와 의미에 관한 그의 논의에도 적용되는 것이다. 그 이유는 그 방식이 『철학적 탐구』의 방법적 특성을 지배하여 이 책 전체를 관통하는 한편 그 접근법을 『논고』의 접근법과 매우 분명하게 구별 짓기 때문이다.

우리는 어떤 사람이 '존스는 어느 시간에 책을 읽고 있었다'와 같은 문장의 뜻을 알기 원한다 할 때 비트겐슈타인이 어떻게 대답할지 알아보았다. 비트겐슈타인은 그가 책을 읽고 있었다는 우리의 말이 언제 **정당화**되는지를 설명해 줄 것이다. 그가 쓰여진 낱말들을 (가령) 연속하여 50번 옳게 말했다면 우리의 말은 정당화된다(PI 157). 좀 전에 소개된 용어를 쓰자면, 우리는 그가 그렇게 행동한 것이 그가 읽었다는 하나의 기준이라고 말할 수 있다.

다시 말해서, '수열 +2를 쓰라'는 명령을 내린 사람은 그것과 다른 어떤 것이 아니라 바로 그 수열 +2를 뜻했다고 말할 때 우리는 **정당화**될 수 있다. 그것을 정당화해 주는 것은 사실적인 경우들에서 그가 '규칙을 따름'과 '규칙을 위반함'으로 간주하는 것이다(PI 201). 우리는 이것 역시 그가 그 명령으로 뜻한 것의 한 **기준**이라고 말할 수 있을 것이다.

그리고 3인칭적 감각 귀속에 대한 그의 설명에서도 명백히 같은 방식이 사용되고 있다. 그 설명은 우리에게 무엇이 그런 귀속을 정당화해 주는지를, 즉 기준들을 말해 준다. 고통의 경우, 이것들은 행동적이어야 하지만 '외부적'이어야 할 필요까지는 없다. 예를 들어, 혈압 상승과 같은 어떤 생리학적 사건이 기준인 어떤 감각이 있을 수 있다(PI 270).

이 모든 경우에 우리는 문제가 된 진술들의 **진리**-조건들에 관한 말을 들을 수 없다. 들리는 말은 오로지 우리가 언제 그런 진술에서 **정당화**되는가 하는 것뿐이다. 우리가 확실히 진리-조건들을 **제공하는** 진술들과 대조해 보자. **x는 하나의 입방체이다** 형식의 한 진술은 x의 대입례가 **직각에서 만나는 네 개의 등변을 갖는** 어떤 것을 나타내는 경우에만 참이다. 여기서 말하고 있는 것은 그 진술이, 즉 어떤 것이 입방체라는 진술이, 실재에 대해 하고 있는 어떤 주장이다. 그런데 읽기, 의미, 이해, 그리고 3인칭적 감각 귀속 등에 관한 후기의 설명들은 바로 이것을 회피하고 있는 것으로 보인다.

우리는 이미 『논고』에서 진리-조건들의 진술이 한 명제를 설명하는 유일한 방법이었음을 보았다: 왜냐하면 명제의 본질은, **사정이 이러이러하다**고 말함으로써, 실재에 관한 하나의 주장을 하는 것이기 때문이다(TLP 4.5). 3인칭적 감각 귀속에 대한 데카르트적 설명이 이 요구를 만족시킨다는 것 역시 자명하다. 그 설명을 따르자면, 당신은 나에게 '당신은 당신이 고통스럽다는 것이 무엇인지 확실히 안다' 고 말함으로써 '조니는 고통스럽다' 의 의미를 나에게 설명할 수 있다. '조니는 고통스럽다' 는 단순히 당신이 고통스러울 때 당신이 가지고 있는 것을 그가 가지고 있다는 것을 뜻한다(PI 350 참고). 이 설명의 결함이 무엇이건 간에, 그것은 적어도 『논고』의 저 이상에 **이르려고 한다**. 즉, 그것은 단지 내가 그렇게 말하는 것을 **정당화**해 주는 종류의 것만이 아니라, 무엇을 조니가 고통스럽**다는** 것으로 간주할 것인지를 상술하려 한다. 반면 우리가 지금 고찰하고 있는 설명은 그런 종류의 일을 전혀 하지 않는다: 그것은 고통-행동을 재인식할 수 있는 사람은 '조니가 고통스럽다' 의 의미에 관해 알 필요가 있는 것을 다 아는 것처럼 보이게 한다.

자, 그것에 관해 특별히 놀라거나 반대할만한 것은 존재하지 않는다고 말할 수도 있을 것이다. 『철학적 탐구』의 전체 요점은 문장 분석의 모든 경우에 하나의 이상을 따라야 한다는 고도로 획일적인 언어 개념의 마법을 푸는 것이었다. 그 마법이 풀릴 때 우리는 실로 **매우 다양한**

종류의 뜻있는 문장이 있으며, 그 때문에 한 문장의 뜻에도 매우 다양한 종류의 **설명**이 있다는 것을 본다. 그렇다면 왜 '조니는 고통스럽다'의 올바른 설명이 '이러이러한 것은 입방체이다'의 올바른 설명과 형식상 매우 다르다는 것에 대해 놀라거나 염려해야 할까?

그 대답은 — 그리고 이것이 바로 반박인데 — **논리 자체**는 다르게 말해 주는 것 같다는 것이다. '그는 고통스럽거나 고통스럽지 않다'는 문장은 배중률로 알려진 고전적 논리에 속하는 법칙의 한 사례이다; '그는 그 첫 번째 낱말을 읽고 있었거나 읽고 있지 않았다'도 그러하고(PI 157의 예를 기억하라); '그는 +2를 뜻했거나 뜻하지 않았다'도 그러하다. 그런데 이 경우들에 대한 그 법칙의 적용은 읽기, 의미, 이해, 그리고 고통의 부여 등에 대하여 비트겐슈타인이 허용하는 것보다 더 많은 것이 있다는 것을 보여 주는 것 같다. 왜냐하면 그 법칙은 **우리가** 그것이 무엇인지 모를 때조차 어느 쪽으로든 하나의 사실이 **존재**해야 한다고 주장하는 것으로 보이기 때문이다. **우리는** 고통이나 이해의 이러한 외부적 표시들에 의존해야 한다; 하지만 그 진술 자체는 그것을 어떤 경우라도 **참** 또는 **거짓**으로 만드는 감추어진 실재의 영역에까지 다다른다.

그러나 이 진술들에 대한 비트겐슈타인의 설명에서는 이것이 어떤 종류의 사실들일 수 있을지 보여 주는 것이 전혀 없다: 그것이 우리에게 말해 주는 것이라고는, 예컨대 그가 고통스러운지를 우리가 어느 쪽으로든 말할 **수 있는** 경우 무엇이 우리를 정당화해 주는가 하는 것뿐이다. 그러므로 비트겐슈타인의 설명은 피상적인 것으로 보인다. 논리 자체는 이들 진술의 의미에 대하여 그가 우리에게 받아들이게 하려는 종류의 설명 범위를 넘어서는 어떤 파악을 요구하고 있는 것으로 보인다.

비트겐슈타인은 두 소견을 통해 이 문제를 강하게 표현했다. 그중 하나는 정말 멋진 문구로 이루어져 있다.

> 그런데 여기서, 우리의 사유가 우리에게 이상한 장난을 치는 일이 일어난다. 우리는 배중률을 인용해서 다음과 같이 말하고 싶어 한다: "그에게 그런 그림이 떠오르거나 떠오르지 않는다; 제3의 가능성은 존재하지 않는다!"(PI 352)

> 뜻을 **일의적으로** 확정하는 것처럼 보이는 어떤 그림이 주문에 걸린 듯 불려 나온다. 실제의 사용은 그 그림이 우리에게 그려 보이는 것에 비하면 오염된 어떤 것으로 보인다. 여기서 다시 집합론에서와 같은 일이 벌어진다: 그 표현 방식은 우리는 알지 못하는 것을 아는 어떤 신(神)을 위해 재단되어 있는 것처럼 보인다; 그는 무한수열 전체를 보며, 사람의 의식 속을 들여다 본다. 물론 우리에게는 이러한 표현 형식들은 우리가 몸에 걸치더라도 그로써 많은 일을 행할 수는 없는 제복(祭服)과 같다. 왜냐하면, 우리에게는 이러한 옷차림에 뜻과 목적을 줄 실제적 힘이 결여되어 있기 때문이다.
>
> 그 표현들의 실제 사용에서 우리는 말하자면 우회로를 만들고, 골목길들을 통해서 간다; 우리는 우리 앞에 곧게 뻗은 대로를 보고 있기는 하지만, 물론 그 도로를 이용할 수는 없다. 왜냐하면, 그 도로는 항시 차단되어 있기 때문이다(PI 426).

바로 앞의 소견에는 비트겐슈타인이 제시할 답변의 씨앗들도 담겨 있다. 우리는 단순히 우리 언어의 관습일 뿐인 논리 법칙 자체와 그것이 우리에게 제시한 **그림**을 구별해야 한다. 그 그림은 그것의 가시적인 부분을 넘어선 실재의 영역에, 그러니까 어떤 사람의 마음 내부에, π의 소수 전개에서는 무한한 연속에 속한다. 그러나 그 그림은 **단지** 하나의 그

림일 뿐이다: **그것은** 우리에게 그 표현의 실제 사용에 관해서는 아무것도 말해 주지 않으며 단지 하나의 텍스트에 대하여 무관계하거나 장식적일 뿐인 삽화처럼 존재할 뿐이다.

PI 352는 다음과 같이 계속된다:

> 배중률은 여기서, 그것은 **이렇게** 보이든가 아니면 **그렇게** 보이든가 둘 중의 하나라고 말한다. 그러므로 그것은 실제로는 — 사실 이 점은 자명한데 — 아무것도 말하지 않는다; 그것은 오히려 우리에게 어떤 그림을 제공한다. 그리고 이제 문제는 현실이 그 그림과 일치하는지 여부라야 한다. 그런데 이 그림은 우리가 무엇을 해야 하며 무엇을 어떻게 찾아야 하는지를 결정하는 것으로 **보이기**는 하지만, 실제로 결정하지는 않는다. 왜냐하면 우리는 그것이 어떻게 적용되어야 하는지 모르기 때문이다. …
>
> 똑같이, 어떤 사람이 "그는 이 감각을 가지고 있거나 가지고 있지 않거나 둘 중의 하나이다"라고 말한다면, — 이때 우리에게는 무엇보다 먼저, 그 진술들의 뜻을 이미 **오해할 수 없게** 결정하는 것처럼 보이는 어떤 그림이 떠오른다. "이제 당신은 무엇이 문제인가를 안다" — 이렇게 그는 말했으면 한다. 그런데 바로 그것이 그가 그 그림으로는 아직 알지 못하는 것이다(PI 352).[37]

실재 가운데 가시적인 부분을 넘어서는 영역에 속하는 그 형이상학적 **그림**은 비활성이다: 한 번 그것이 배중률로부터 분리되면 그것은 어떤 사람이 우리에게 그 그림을 '수용할' 것인지 말 것인지에 관하여 실제로 말하는 어떤 것에 대해서도 아무런 역할도 하지 못한다. 그러므로 우리는 — 당연히 — 그 법칙(배중률) 자체는 받아들여야 한다; 하지만 우

37 McDowell 1978: 303 n. 16은 이 소견에 대한 유익한 주석이다.

리는 **그것(법칙)이** 우리가 실제로 3인칭적 감각 귀속을 처리하는 방식 속에 어떤 부정합성이 있다는 것을 — 폭로한다고 생각해서는 안 될 것이다. — 바로 이것이 비트겐슈타인 스스로 자기가 기술하고 있다고 간주한 일이다.

이것은 증거가 양의적인 경우, 마치 **존스가 고통스러웠다는 것이나 그렇지 않았다는 것이** 참인지 아닌지를 철학자들이 결정해 줄 수 있다는 듯이, 배중률이 그 자체 철학적인 정밀 검토의 대상이 되어야 한다는 것을 뜻하는 것도 아니다. 그렇게 하는 것은 '존스가 고통스러웠다'는 것이 참인지 거짓인지 말해 줄 수단을 내가 전혀 가지고 있지 않은 경우들에, 그것을 결정할 어떤 독립적인 수단을 내가 가지고 있다는 말이 될 것이다. 그것을 결정할 수 있는 어떤 독립적인 수단도 **존재**하지 않는다. 비트겐슈타인의 진리 개념을 전제하면, '존스가 고통스러웠다는 것은 참이거나 존스가 고통스러웠다는 것은 거짓이다'는 말은 '존스는 고통스러웠거나 고통스럽지 않았다'를 말하는 다른 방식일 뿐이고, 따라서 그것은 어떤 우선적인 방법에 의해 평가될 수 없다(2.4에서 논의된 PI 136a 참고).

'철학은 정녕 모든 것을 단지 내세울 뿐이고 아무것도 설명하고 추론하지 않는다'(PI 126). 우리는 2.3에서 그 일반적 태도가 만족스럽지 않아 보이는 이유들을 살펴보았다. 그러나 비트겐슈타인의 진리 개념을 전제하면 현재의 비판에 대한 그것의 적용은 완벽히 적절한 것이다.

4장 수용과 영향

1953년 출간 이래 『철학적 탐구』는 위대한 저서로 널리 인정되었다. 스트로슨의 서평은 '복잡하게 연관된 수많은 문제들에 대한 한 천재 철학자의 처치' (1954: 22)라고 말했고, 파이어아벤트는 전통 철학에 대한 비판이라기보다 그 기획에 대한 공헌으로 생각될 때 '하나의 위대한 업적' (1955: 149)이라고 썼다. 더 최근에 마이클 더밋은 그 책의 앞부분 100여 개의 소견들에는 '거의 모두 동의하지 않을 수 없다; 비록 거기에서 어떻게 나아가야 할지에 관한 중대한 문제들이 남을지라도, 그 소견들을 읽고서 그것들이 다룬 주제들에 대한 이 결정적인 처치에 대하여 유보적인 태도를 취한다는 것은 거의 불가능하다' 고 썼다(1981: 239).

그 책에 대한 가장 주목할 만한 초기 비판자는 러셀이었는데, 그는 다음과 같이 썼다:

> 후기 비트겐슈타인은 … 진지한 사고에 지쳐 그런 활동을 불필요하게 만들 원리를 창안한 것으로 보인다. 나는 이런 나태한 결과를 야기한 원리가 옳다고는 한순간도 믿지 않는다. 나는 그것에 매우 강한 반감을 느끼고 있는데, 만일 그것이 옳다면 철학은 기껏해야 사전 편찬자들에게나 좀 도움이 될 뿐이고 최악의 경우에는 심심풀이에 불과하게 될 것이기 때문이다(Russell 1959: 216-7).

비트겐슈타인의 철학 개념에 빠져 있는 사람은 왜 그것을 그렇게 중시하게 될까 하는 러셀의 당혹감에 공감하기는 쉽지만, 그럼에도 러셀의 태도를 부당하다고 생각하지 않기란 어려운 일이다. 『철학적 탐구』에는 실재에 대한, 특히 사고, 의미, 그리고 이해의 본성에 대한 우리의 이해에 실질적인 기여를 하지만 사전 편찬에는 아무 기여도 하지 않는 것들이 많이 있다. 러셀의 판단은 비트겐슈타인을 라일과 그리고 오스틴 밑에 있던 옥스퍼드의 '일상 언어' 학파와 일괄 취급함으로써 치우치게 되었을 수도 있다(Ayer 1984: 133-6을 보라).

1925년쯤부터 비엔나 서클로 알려진 과학자 및 철학자 — 그중에는 카르납, 슐리크, 그리고 노이라트가 있었다. — 집단의 사고를 지배하였고, 그럼으로써 — 1930년대의 디아스포라의 결과 — 미국에서의 실증주의 유산에 간접적이지만 깊은 영향을 미친 『논고』와 달리, 『철학적 탐구』로부터 주된 영감을 끌어낸 '학파'는 전혀 없었다. 그러나 그 책은 수많은 개별 철학자들에게는 강력한 영향력을 발휘했다; 또한 비트겐슈타인의 후기 철학을 흡수할 만큼의 직관력을 가졌으면서도 그것에 압도당하지 않을 만큼 심지가 굳은 사람들의 마음속에서 그 책은 비트겐슈타인 이래 가장 독보적이고 중요한 몇 가지 철학적 작업을 일궈 냈다. 나는 이들 중 셋을 언급하려 한다.[1]

논리와 반실재론에 관한 마이클 더밋의 작업은 무엇보다도 비트겐슈타인적 전제로부터 출발한다. 그가 비트겐슈타인으로부터 취한 것은 공적인 언어에는 어떠한 사적인 의미론적 요소도 존재할 수 없다는 생각이었다(4.1.3을 보라): 만일 두 사람이 하나의 진술을 가지고 할 수

---

1 여기에 해당하는 철학자가 세 명뿐이라는 말이 아니다. 그 세 명 외의 가장 중요한 철학자들 가운데 G. E. M. 안스콤이 있다. 그녀의 독창적인 책 *Intention*(1957)은 비트겐슈타인의 통찰을 의도, 행위, 결단, 그리고 의지에 관한 문제들에 적용한 것이다.

있는 사용에서 완전히 일치한다면 그들은 그것의 의미에서 일치하는 것이다(Dummett 1975a: 216, 226). 그는 더 나아가 언어적 사용의 **모든** 측면 각각이 관련 표현들의 의미를 이루는 것은 아니라고 주장했다; 오히려 어떤 사용들만이 말하자면 그런 표현들을 정의할 수 있다: 그것들은 그 의미를 설정하는데, 그 밖의 사용 방식들은 그 의미에 대해 충실하지 않다는 비판을 받을 수 있다. 특히 고전적 논리를 규정하는 추론 방식들이 그런 비판을 받게 된다: '참'과 '거짓'을 단순한 수학적 진술들에 적용하는 우리의 공공연한 적용 방식에는 그런 개념들을 증거와 반박 개념들로부터 구별 지어 주는 것이 아무것도 없다; 그러므로 각각의 모든 진술은 참 또는 거짓이라는 또 다른 고전적 가정을 정당화해 주는 것은 아무것도 없다; 따라서 최종적으로, 고전적 배중률을 위한 (익숙한 진리표 방식의) 정당화는 없다(Dummett 1975a: 225-6).

우리는 언어적 사용이 비판될 수 있다는 생각을 비트겐슈타인이 거부하리라는 것을 보았다: 철학자들의 일은 언어적 사용을 **기술하는** 것이지 그것을 비판하는 것이 아니다. 이 문제에 대한 그와 더미트 간의 차이는 아마도 참(진리) 개념이 탈인용의 장치[2]로서가 아니라면 아무 내용을 갖지 않는다는 비트겐슈타인의 주장에 이르기까지 소급될 수 있을 것이다(3.4를 보라). 왜냐하면 만일 비트겐슈타인이 그 점에서 옳았다면, 예컨대 '그는 읽고 있었거나 읽고 있지 않았다'를 그 선언지들이 **참**일 조건들을 통해 '정당화'하는 일은 어떤 경우에도 쓸모없을 것이기 때문이다(4.2.7을 보라). 물론 더밋은 그 진리 '잉여'론을 거부한

2 옮긴이 주: 예를 들어, '"그녀가 돌아왔다"는 참이다'란 문장은 '그녀가 돌아왔다'라는 문장과 같은 뜻을 갖는다고 할 때, 앞 문장에 사용한 참 개념은 인용된 문장이 인용되지 않고 쓰일 수 있음을 나타내는 탈인용의 장치라 할 수 있다. 이는 '참'(진리)이 잉여적이라는 것과 통한다.

다(Dummett 1959: 4-7).

우리는 이미 크립키의 독창적인 논문(Kripke 1982) — 아마도 이는 『철학적 탐구』에서 주로 영감을 받아 온 한 미국 철학자의 가장 영향력 있는 작품일 것이다. — 을 고찰해 볼 기회를 가졌다. 거기에서 크립키는 우리가 3편에서 고찰한 규칙-따르기에 관한 말들에 기반하여 의미에 관한 광범위한 회의주의를 전개한다. 그것에 따르면 의미, 이해, 규칙을 따른다는 것 등과 같은 것은 단적으로 **존재**하지 않는다. 그러나 그는 또한 흄을 따라 '이 의심들에 대한 회의적 해결'이라고 부르는 것을 제시한다: 우리는 여전히 어떤 사람이 그의 낱말들을 가지고 다른 것이 아니라 어떤 것을 의미한다고 적법하게 **말할** 수 있다. 다만 우리는 그렇게 말함에 있어서 우리가 어떤 **사실들을** 기술하고 있다고 생각해서는 안 된다. 그 회의주의 자체는, 비록 해결은 아니라 하더라도, 번역 불확정성과 지시 불가해성에 관한 W. V. 콰인의 작품과 주목할 만한 연속점들을 가지고 있다. 주된 차이는, 크립키 자신이 지적하듯이(1982: 57), 콰인의 주장들은 어떤 '내부적' 과정들도 (그 밖에는 무의미한) 기호들에 의미를 줄 수 없다는 **가정** 위에서 이뤄지는 데 반해, 비트겐슈타인의 업적에는 이 전제를 **입증하는** 논증들이 있다는 것이다(3.3.2를 보라).

그러나 우리는 또한 크립키의 비트겐슈타인 해석과 비트겐슈타인이 실제로 쓴 것 사이의 두 가지 차이점을 살펴보았다. 의미와 이해와 같은 것들이 **있다**는 것은 물론 비트겐슈타인의 관점인데, 그는 그것들에 관한 어떤 오해들과 싸우는 데에만 관심이 있었다. 보다 중요한 점을 말하자면, 비트겐슈타인의 진리 개념은 그가 주장들 사이에서 '사실들을 진술'하는 것과 하지 않는 것 간의 경계선을 그을 수 있다고 생각하지 않았고, 따라서 크립키의 '회의적 해결'에 관하여 결국 회의적인 어떤 것이 있다는 것을 부정하였을 것임을 강하게 암시한다(3.4.2를 보라).

존 맥도웰의 작품은 비트겐슈타인적 사고임을 알아볼 수 있는 많은 생각들을, 특히 PI 63-4(1.3.4를 보라)에서 우리가 살펴볼 기회를 가졌던 그의 작품에서 저 '낭만적인' 측면을 가진 몇 가닥의 생각들을, 아주 다른 방식으로 전개한다. 예를 들어 PI 201에 나오는 표출이라는 생각을 고찰해 보자: 우리는 당신이 다른 어떤 사람에게 당신의 의미를 표출할 수 있지만, 그는 당신의 자연적인 반응들을 공유한다는 뜻에서 당신의 공동체에 속하는 사람이어야 한다는 것을 보았다. 맥도웰 자신의 인식론은 이것을 전개한 것이다: 그 기반에서, 우리는 우리 자신의 공동체에 속하는 어떤 사람이 무엇을 생각하는지를 (예컨대, 당신이 +2 수열을 계속해 나가기를 그가 원한다는 것을) 문자적으로 **들을** 수 있는 반면 그 공동체 **바깥의** 어떤 사람은 들을 수 없다: '한 언어 공동체에서의 공유된 멤버십은 단지 그것이 무엇이건 간에 우리가 어떤 사람에게 제시하는 외적인 것에 관하여 여러 측면에서 일치를 보는 문제일 뿐인 것이 아니라, 우리가 외부인들에게 제시하는 것과는 다른 외적인 것을 지니고 서로를 마주함으로써 우리의 마음을 서로 이용할 수 있도록 우리를 준비시킨다' (McDowell 1984 : 253).[3] 이것은 맥도웰이 그 자신의 방식으로 취하여 전개한 많은 비트겐슈타인적 사유 중 하나일 뿐이다. 그 밖의 것들에는 사적 언어 논의와 구성적 활동이 아니라 본질적으로 반응적 활동인 비트겐슈타인적 철학 개념이 포함되어 있다. 맥도웰(1994)은 그 결과물들을 종합적으로 집대성한 것이다.

---

3 민족의 성격을 낭만적인 생각과 관련짓고 있다는 것은 명백하다. 흄과 비교해 보라: '그리스인들과 로마인들의 정서, 경향, 그리고 삶의 과정을 당신이 알까? 프랑스인들과 영국인들의 삶의 과정을 잘 고찰해 보라: 당신이 후자에 관해 행한 대부분의 관찰을 전자로 옮겨 보아도 큰 실수를 범할 일은 없을 것이다.'

이들 철학자들이 묘사한 대로 비트겐슈타인의 후기 저서는 현대의 영역에 강력하고 매우 유익한 영향을 끼쳤다. 또한 그들은 모두 다음과 같은 점을 나름대로 말하고 싶어 했다: 이 영향은 그 자신의 철학적 관점들에 대한 노예적 천착을 통해서나 그가 권장한 방식으로 철학하려는 시도를 통해서가 아니라, 그의 원리들 중 어느 것이 우리의 철학적 지식에 기여할 수 있는지를 식별해 내고 추출하기 위한 시도에서 그 관점들에 비판적으로 참여함으로써 가장 잘 고취될 수 있을 것으로 보인다. 그것은 당신이 그 저서에 접근할 때 역시 가지고 있어야 할 정신이기도 하다.

5장 더 읽어볼 책

본문에 언급된 문헌들 외의 다음 문헌들도 독자들에게 유익할 것이다.

맥락

『논고』에 대한 짤막한 최선의 연구서는 램지의 평서이다(Ramsey 1923). 하지만 그 책은 초심자가 읽기에는 매우 어렵다. Mounce(1989)와 Kenny(1975)는 그 책에 관한 탁월한 소개서들이다.

1편 아우구스티누스적 그림

『탐구』에 관한 베커와 헤커의 기념비적인 연구서는 각 장마다 딸린 본문 주석과 본문에서 제기되는 맥락적이고 철학적인 질문들에 대한 폭넓은 에세이들을 함께 제공하고 있다. 최근에 제1권의 신판이 출간되었다(Baker and Hacker 2004): 그중 제1장은 이 책에 논의된 문제를 탁월하게 다루고 있다. 마이클 룬틀리는 아우구스티누스에 대한 비트겐슈타인의 태도를 비정통적인 방식으로 읽어 내는 매우 흥미로운 사례를 제공하고 있다: 곧 출간될 그의 책과 그 속에 있는 참고문헌들을 보라.

2편 가족 유사성과 정확성의 이상

Bambrough(1960-1961)는 비트겐슈타인의 가족 유사성 원리를 보편자들의 문제에 적용하려는 시도이다. Forter(근간)는 비트겐슈타인의 논의에 대한 철저하고 통찰력 있는 비평적 연구서이다. 어떤 주석가들은 철학이 정말 가능한가에 대한 비트겐슈타인의 의심들을, 나는 그 의심들을 그 책의 나머지에 대한 해석으로부터 분리하였는데, 그 책 해석의 열쇠로 간주한다. 나는 이와 같은 독법이 이런 종류의 도입서에는 적합하지 않다고 보아 그것을 대개 무시하였다. 그러나 Stern(2004)은 이와 같은 회의론적 빛으로 『철학적 탐구』를 본 탁월하고 예민한 독해서이다.

3편 의미와 이해

Heal(1989)의 제9장은, Wright(1980, 이 책은 비트겐슈타인의 관점에 대한 논의만큼 더밋의 관점에 대한 논의도 담고 있다)처럼, 증거와 의미에 관한 비트겐슈타인의 관점을 논의하고 있다. Miller and Wright(2002)는 규칙-따르기에 관한 크립키의 저서를 다룬 유익한 에세이 모음이다.

4편 사밀성

Kripke(1982)의 '후기'는 다른 사람들의 마음에 관한 비트겐슈타인의 관점을 명쾌하게 논하고 있다. BB의 마지막 15페이지는 자아에 관한 비트겐슈타인의 관점 중 유익한 논의를 담고 있다. 그리고 PO에서 볼 수 있는 그의 '사적 경험과 감각 자료에 관한 강의 노트'는 '사적 언어 논의'에 대한 매우 유익한 배경을 담고 있다.

참고문헌

비트겐슈타인의 문헌

BB *The Blue and Brown Books*. Oxford: Blackwell, 1960. 『청색책-갈색책』 이영철 역, 책세상, 2006.

LFM *Lectures on the Foundations of Mathematics: Cambridge 1939*. Ed. Cora Diamond. Chicago: University of Chicago Press, 1975.

NB *Notebooks 1914-16*. Ed. G. E. M. Anscombe and G. H. von Wright, trans. G. E. M. Anscombe. Second edition. Chicago: University of Chicago Press, 1984.

OC *On Certainty*. Ed. G. E. M. Anscombe and G. H. von Wright, Trans. G. E. M. Anscombe and D. Paul. Oxford: Blackwell, 1969. 『확실성에 관하여』 이영철 역, 책세상, 2006.

PI *Philosophical Investigations*. Ed. G. E. M. Anscombe and R. Rhees, trans. G. E. M. Anscombe. Third edition. Oxford: Blackwell, 2001. 『철학적 탐구』 이영철 역, 책세상, 2006.

PO *Philosophical Occasions 1912-1951*. Ed. J. Klagge and A. Nordmann. Indianapolis: Hackett, 1993.

RFM *Remarks on the Foundations of Mathematics*. Ed. G. E. M. Anscombe, R. Rhees and G. H. von Wright, trans. G. E. M. Anscombe. Oxford: Blackwell, 1991.

TLP *Tractatus Logico-Philosophicus*. Trans. D. F. Pears and B. F. McGuinness. London: Routledge, 1961. 『논리-철학 논고』 이영철 역, 책세상, 2006.

Z *Zettel*. Ed. G. E. M. Anscombe and G. H. von Wright, trans. G. E. M. Anscombe. Second edition. Oxford: Blackwell, 1981. 『쪽지』 이영철 역,

책세상, 2006.

다른 문헌들

Ahmed, A. 2007. *Saul Kripke*. London: Continuum.

Ayer, A. J. 1954. 'Could there be a private language?' *Proceedings of the Aristotelian Society*, Supplementary vol. 28: 63–76. Reprinted in G. Pitcher, ed., *Wittgenstein: The Philosophical Investigations*: 251–66. London: Macmillan.

______. 1971. *Language, Truth and Logic*. Second edition. Harmondsworth: Penguin.

______. 1984. *Wittgenstein*. Harmondsworth: Penguin.

Baker, G. P. and Hacker, P. M. S. 2004. *Wittgenstein: Understanding and Meaning. Part I: Essays*. Oxford: Blackwell.

Bambrough, R. 1960–1961. 'Universals and family resemblances' . *Proceedings of the Aristotelian Society* 61: 207–22.

Blackburn, S. 1984. 'The individual strikes back.' *Synthese* 58: 281–301.

Canfield, J. V. 2001. 'Private language: The diary case.' *Australasian Journal of Philosophy* 79: 377–94.

Carnap, R. 2003. *The Logical Structure of the World*. La Salle, Ill.: Open Court.

Craig, E. J. 1997. 'Meaning and privacy' . In R. Hale and C. Wright, eds, *Blackwell Companion to the Philosophy of Language*: 127–45. Oxford: Blackwell.

Dummett, M. A. E. 1959. 'Truth' . *Proceedings of the Aristotelian Society* 59: 141–62. Reprinted in his *Truth and Other Enigmas* (1978): 1–24. London: Duckworth.

______. 1975a. 'The philosophical basis of intuitionistic logic.' In H. E. Rose and J. C. Shepherdson, eds, *Logic Colloquium* 73: 5–40. Amsterdam: North-Holland. Reprinted in his *Truth and Other Enigmas* (1978): 215–47. London: Duckworth.

______. 1975b. 'Wang' s paradox' . *Synthese* 30: 301–24. Reprinted in his

Truth and Other Enigmas (1978). London: Duckworth.

_____. 1981. Frege and Wittgenstein. In I. Block, ed., *Perspectives on the Philosophy of Wittgenstein*: 31-42. Oxford: Oxford University Press. Reprinted in his *Frege and Other Philosophers* (1991): 237-48. Oxford: Clarendon Press.

Evans, G. 1980. 'Things without the mind'. In Z. van Straaten, ed., *Philosophical Subjects: Essays Presented to P. F. Strawson*: 76-116. Oxford: Clarendon Press. Reprinted in his *Collected Papers* (1985): 249-90. Oxford: Oxford University Press.

Feyerabend, P. 1955. 'Wittgenstein's *Philosophical Investigations*'. *Philosophical Review* 64: 449-83. Reprinted in G. Pitcher, ed., *Wittgenstein: The Philosophical Investigations*: 104-50. London: Macmillan.

Fogelin, R. 1987. *Wittgenstein*. Second edition. London: Routledge.

Forster, M. Forthcoming. 'Wittgenstein on family resemblance concepts'. In A. Ahmed. ed., *Wittgenstein's Philosophical Investigations: A Critical Guide*. Cambridge: Cambridge, University Press.

Frege, G. 1967. 'The thought: A logical enquiry'. Trans. A. M. and M. Quinton, in P. F. Strawson, ed., *Philosophical Logic*: 17-38.

Frege[1982] 1960. 'On sense and reference'. In P. Geach and M. Black, eds, *Translations from the Philosophical Writings of Gottlob Frege*: 56-78. Oxford: Blackwell.

Glock, H.-J. 1996. *A Witttgenstein Dictionary*. Oxford: Blackwell.

Hacker, P. M. S. 1999. 'Naming, thinking and meaning in the *Tractatus*'. *Philosophical Investigations* 22 (2): 119-35.

Heal, J. 1989. *Fact and Meaning: Quine and Wittgenstein on Philosophy of Language*. Oxford: Blackwell.

Hume, D. [1739] 1949. *Treatise of Human Nature*. Ed. with an analytical index by L. A, Selby-Bigge. Oxford: Clarendon Press.

Kenny, A. J. P. 1975. *Wittgenstein*. Harmondsworth: Penguin.

Kripke, S. A. 1982. *Wittgenstein on Rules and Private Language*. Oxford: Blackwell.

Locke, J. [1694] 1979. *Essay Concerning Human Understanding*. Ed. P. H. Nidditch. Oxford: Clarendon Press.

Luntley, M. Forthcoming. 'What's doing? Activity, naming and Wittgenstein's response to Augustine'. In A. Ahmed, ed., *Wittgenstein's Philosophical Investigations: A Critical Guide*. Cambridge: Cambridge, University Press.

McDowell, J. 1978. 'On "The reality of the past"'. In C. Hookway and P. Pettit, eds, *Action and Interpretation: Studies in the Philosophy of the Social Sciences*: 127-44. Cambridge: Cambridge University Press. Reprinted in his *Meaning, Knowledge and Reality* (1998): 295-313. Harvard: Harvard University Press.

______. 1982. 'Criteria, defeasibility and knowledge'. *Proceedings of the British Academy* 68: 455-79. Reprinted in his *Meaning, Knowledge and Reality* (1998): 369-94. Harvard: Harvard University Press.

______. 1984. 'Wittgenstein on following a rule'. *Synthese* 58: 325-63. Reprinted in his *Mind, Value and Reality* (1998): 221-62. Harvard: Harvard University Press.

______. 1994. *Mind and World*. Harvard: Harvard University Press.

McGuinn, M. 1997. *Wittgenstein and the Philosophical Investigations*. London: Routledge.

Malcolm, N. 1954. 'Wittgenstein's *Philosophical Investigations*'. *Philosophical Review* 63:530-59. Reprinted in G. Pitcher, ed., *Wittgenstein: The Philosophical Investigations*: 65-103. London: Macmillan.

Miller, A. and C. Wright, eds. 2002. *Rule-Following and Meaning*. London: Acumen.

Moran, R. 2003. *Authority and Estrangement*. Princeton: Princeton University Press.

Mounce 1989. *Wittgenstein's Tractatus: An Introduction*. Chicago: Chicago University Press.

Quine, W. V. 1968. 'Ontological relativity'. *Journal of Philosophy* 65: 185-212. Reprinted in *Ontological Relativity and Other Essays* (1969): 26-68.

New York: Columbia University Press.

______. 1969. 'Natural kinds'. In N. Rescher, ed., *Essays in Honour of Carl G. Hempel*: 5-23. Dordrecht: Reidel. Reprinted in *Ontological Relativity and Other Essays* (1969): 114-38. New York: Columbia University Press.

______. 1981. 'Things and their place in theories'. In his *Theories and Things*: 1-23. Harvard: Harvard University Press.

Ramsey, F. P. 1923. 'Critical notice of the *Tractatus*.' *Mind* 32: 465-78.

Russell, B. [1912] 2001. *The Problems of Philosophy*. Oxford: Oxford University Press.

______. 1959. *My Philosophical Developement*. Working: Unwin.

Stern, D. 1995. *Wittgenstein on Mind and Language*. Oxford: Oxford University Press.

______. 2004. *Wittgenstein's Philosophical Investigations: An Introduction*. Cambridge: Cambridge University Press.

Strawson, P. F. 1954. 'Review of Wittgenstein's *Philosophical Investigations*'. *Mind* 63: 70-99. Reprinted in G. Pitcher, ed., *Wittgenstein: The Philosophical Investigations*: 22-64. London: Macmillan.

Stroud, B. 2001. 'Private objects, physical objects and ostension'. In D. Charles and W. Child, eds, *Wittgensteinian Themes: Essays in Honour of David Pears*: 143-62. Oxford: Oxford University Press.

Sullivan, P. 2003. 'Simplicity and analysis in early Wittgenstein'. *European Journal of Philosophy* 11: 72-88.

Wright, C. 1980. *Wittgenstein on the Foundations of Mathematics*. London: Duckworth.

______. 1986. 'Does *Philosophical Investigations* I, 258 suggest a cogent argument against private language? In J. McDowell and P. Pettit, eds, *Subject, Thought and Context*. New York: Oxford University Press.

찾아보기